上海市哲学社会科学学术话语体系建设办公室

上海市哲学社会科学规划办公室

———

资助出版

上海市纪念改革开放40年
研究丛书

浦东开发开放与
国家战略推进的关系

沈开艳 等著

上海人民出版社

总　序

2018 年，是我国改革开放 40 周年。40 年改革开放历程波澜壮阔，中国人民用双手书写了一部国家和民族发展的壮丽史诗，中华民族沿着改革开放的康庄大道，续写从站起来、富起来到强起来的历史新篇章。

回首 40 年光辉历程，我们对中国特色社会主义道路坚定不移，充满自信。我国从农村联产承包到城市经济体制改革，从深圳特区创建到中国加入世界贸易组织，从浦东开发开放到自由贸易试验区建设，从实行社会主义市场经济到全面推进依法治国，从沿海沿边开放到"一带一路"建设，改革开放一次次突破禁区，冲破禁锢，打破常规，革故鼎新。无数雄辩的事实和辉煌的发展成就充分证明，改革开放是党在新的历史条件下领导人民进行的新的伟大革命，是决定当代中国命运的关键一招，也是决定实现"两个一百年"奋斗目标、实现中华民族伟大复兴中国梦的关键一招。改革开放道路是完全正确的，完全符合中国的国情。改革开放 40 年伟大实践昭示世人，中国之所以能够快速发展，最根本的一条是坚持改革开放。

"改革开放是我们党的历史上一次伟大觉醒，正是这个伟大觉醒孕育了新时期从理论到实践的伟大创造。"党的十八大以来，以习近平同志为核心的党中央继续高举改革开放伟大旗帜，以更大的政治勇气和政治智慧推进改革，用全局观念和系统思维谋划改革，以自我革命的精神重启全面深化改革的进程，推动形成新一轮改革大潮，改革全面发力、多点突破、纵深推进，系统性、整体性、协同性不断增强，重要领域和关键环节改革取得突破性进展，主要领域改革主体框架基本确立。

回首 40 年光辉历程，我们获得弥足珍贵的经验和启示。一个国家要发展、一个民族要振兴，就必须在历史前进的逻辑中前进、在时代发展的潮流中发展。中国的改革开放之所以能够成功、必然成功，根本的一条是顺应了中国人民要发展、要创新、要美好生活的历史要求，契合了世界各国人民要发展、要合作、要和平生活的时代潮流。纵观当今世界，变革创新是大势所趋、人心所向，是推动人类社会向前发展的根本动力。世界各国都在加快推进改革创新，新一轮科技革命和产业革命正在孕育兴起，谁更有智慧、更有勇气，敢于变革、敢于创新，谁就会抢占发展先机，谁就会居于主导地位。可以说，改革是对执政党生命力的考验，是国家发展能力和竞争力的根本保证。能否改革、能否持续改革，是对当今世界各国执政党政治潜力和执政能力的最大考验。什么样的执政党具有锐意改革的哲学、文化支撑，就具有延绵不绝的竞争力和生命力，就能在未来的世界发展格局中立于不败之地。

回首 40 年光辉历程，我们对于改革开放自身规律的认识更加深刻。中国共产党领导下的改革开放之所以能够成功，重要的一条是把改革提升到哲学的高度、方法论的层面，用辩证思维把准改革脉搏，妥善处理各方关系，在整体谋划、系统思考中把准改革开放脉搏，在统筹兼顾、综合平衡中把改革开放全面引向深入，这是中国共产党积累的一条基本的改革经验、执政经验。

一是妥善处理顶层设计与基层积累的关系。党的十八大以来，我们更加注重对一些必须取得突破，但一时还不那么有把握的改革，开展一系列先行先试的试点探索，投石问路，然后再把基层积累的可复制、可推广的成功经验，提升到国家顶层设计的层面。当然，决定在哪些领域改革、试点哪些举措、在哪些区域试点，这要从加强改革顶层设计和总体规划的角度去选择。党的十八大以来的发展历程一再明示，基层积累要在顶层设计的前提下进行，顶层设计也要在基层积累的基础上来谋划。

二是妥善处理系统推进和重点突破的关系。随着改革的全面深化，必须强调系统性、完整性、协调性，不可能再像改革初期在某个领域某个方面的单项改革那样，单兵突进，而是要把改革从以经济为主，延伸到经济社会、文化民生等各个领域。同时，改革又不能平均用力、齐头并进，搞一刀切、齐步走，而是要确立关键环节、重点领域，寻找到把改革推向纵深的着力点。整体推进和重点突破，这两者必须相辅相成，不可偏废。

三是妥善处理解放思想与实事求是，胆子要大与步子要稳的关系。搞改革肯定要打破现有的工作格局和体制机制，必然会有风险，不会四平八稳。触动利益的改革，不可能都是敲锣打鼓、欢欢喜喜、轻而易举。各级干部都要有胆量和魄力，必须解放思想，拿出勇气，认准的事就要甩开膀子大胆地干。还要坚持稳中求进工作总基调，推出改革的具体举措一定要充分研究、反复论证、科学评估，做到稳妥审慎，稳扎稳打，蹄疾步稳。

坚持和推进全面改革开放，最重要和最根本的一条，是坚持党的领导不动摇，落实人民中心思想不松劲。我们要始终坚持在中国共产党的领导下，尊重人民群众的主体地位，把改革开放伟大事业深深植根于人民群众之中，紧紧依靠人民的力量推动改革。我们要紧紧围绕人民所思所想所盼，深入开展社会化宣传教育活动，为改革开放事业凝聚力量人心，营造有利氛围。尤其要增强党员干部对改革开放事业的认同感和使命感，引导广大干部群众真心诚意接受改革、拥护改革，引领社会成员自觉地把个体的命运与改革开放事业的兴衰成败相联结，牢固树立以人民群众幸福感获得感和满意度，作为衡量改革发展成败的标尺的执政理念。

"一个时代有一个时代的问题，一代人有一代人的使命。"中国特色社会主义进入了新时代，改革开放又到了一个新的历史关头。我们已经处于"两个一百年"奋斗目标的交汇期，处于迈入实现第一个百年目标、向第二个百年目标进军的关键期，美好的目标就在眼前，更大风险和考验也摆在面前。潮平两岸阔，风正一帆悬。改革开放40年伟大历程告诉我们，始终高举改革开放的旗帜，坚定不移，坚韧不拔，不断把改革开放向全面、系统、纵深推进，是中国特色社会主义伟大事业从胜利走向新的胜利的唯一选择。我们要按照党的十九大和十九届一中、二中、三中全会的战略安排和部署，贯彻新发展理念，深化供给侧结构性改革，加快完善社会主义市场经济体制，推动形成全面开放新格局，深化机构和行政体制改革，改革生态环境监管体制，继续深化国防和军队改革，健全党和国家监督体系。

当好"改革开放排头兵、创新发展先行者"，是习近平总书记对上海一以贯之的要求。党的十八大以来，上海承担了一系列全面深化改革的先行先试任务。上海自贸试验区改革，是通过负面清单的方式解决政府管得太多、太全的问题，探索形成以简政放权、转变职能为核心，以创新方式、提高效能为重点，符合现代治理体系要求、对标国际高标准贸易规则的政府服务管理新模式；上海建设科创中心，是要让我国在从要素驱动、投资驱动发展为主，向以创新驱动发展为主的发展模式切换中，能够走到世界前列；上海为创新社会治理、加强基层建设推出"1＋6"文件，是要走出一条符合超大城市特点和规律的社会治理新路子；上海率先出台国资国企改革"20条"，是要实现从"管企业"向"管资本"的转变；上海积极探索司法体制改革，是要率先建立符合司法规律和职业特点的人员分类管理制度。此外，上海还承担了"营改增"税制改革、群团改革、高考综合改革和教育综合改革，等等。这一系列改革使得我们的各项制度、政策更加符合经济社会发展需要，这种勇于改革、善于改革的精神，也成为上海和国家保持发展活力、前进动力的重要支撑和思想驱动。在庆祝改革开放 40 年之际，总结上海经验，为深化我国改革开放事业源源不断提供上海的新思考和新方案，是我们责无旁贷的时代重托与使命担当。

广大社科理论工作者要以庆祝改革开放 40 年为契机，继承和发扬改革开放精神，把我国改革开放基本进程、主要成就、基本经验和内在规律系统总结好、深入挖掘好、广泛传播好，切实转化为学习思考能力、理论创新能力和学术原创能力，使之成为构建中国特色哲学社会科学的出发点和着力点。我们要更好地结合当代中国实际，立足各自学科领域，坚持问题导向、需求导向和价值导向，以中国理论解读中国实践，以中国实践丰富中国理论，在守正出新、博采众长中推进理论和学术创新，久久为功，善作善成，着力推进改革开放史和相关理论研究，为形成布局合理的学科体系、植根中国的学术体系、融通中外的话语体系，加快构建中国特色哲学社会科学作出贡献。

2017 年，在中共上海市委宣传部指导下，上海市哲学社会科学学术话语体系建设办公室、上海市哲学社会科学规划办公室启动实施了上海市"改革开放 40 周年"系列研究。复旦大学、华东师范大学、上海社会科学院等上海多所高校和社科研究机构的专家学者，历时一年辛勤工作，爬罗剔抉，刮垢磨光，探赜索隐，钩深致远，按照"论从史出""史论结合"的研究路径，在回顾中国和上海 40 年改革开放伟大实践的基础上，尊重学术规律，凝练理论思考，打造标识概念，构建话语体系，取得了"纪念改革开放 40 年"系列研究成果。现在选取其中的一部分，汇编成这套"上海市纪念改革开放 40 年研究丛书"。本丛书囊括经济、政治、社会、文化、哲学、法律、科技、教育、国际关系等多个学科领域，对中国改革开放 40 年的发展历程，进行全方位阐释和理论解读，对当下我国发展面临的众多问题，进行深入剖析，展开学理论证，谋划应对举策，为我国改革开放再出发提供学术性探索和学者版建议。本丛书能够代表上海学术界对于改革开放 40 周年的思考水准，呈现了上海社科理论界应当具有的历史责任，反映了社科理论界对我国改革开放未来发展和综合国力继续提高，最终实现中华民族伟大复兴中国梦的美好愿景。

是为序，以纪念改革开放 40 年！

燕　爽

中共上海市委宣传部副部长、上海市社联党组书记

目　录

第一章 导 论

1990 年 4 月 18 日，党中央国务院正式宣布开发开放上海浦东。浦东开发开放是中国向全世界表明我国将继续实行改革开放的重大国策。深化改革和扩大开放是我国进入 20 世纪 90 年代党中央与国务院既定的方针与路线。同时，从国内改革开放的空间格局来看，浦东开发开放促进了我国对外开放由南向北发展，带动了长江三角洲和长江流域经济与社会的全面发展，促进了上海城市功能转型发展，促进了 20 世纪 90 年代长江三角洲经济的起飞与发展，也推动了长江三角洲城市群的崛起，促使其成为世界第六大城市群。由此，上海在改革开放中的角色实现了从"后卫"到"先锋"的转变。28 年来，浦东开发以艰苦创业的历程和举世瞩目的成就，成为"上海现代化建设的缩影"和"中国改革开放的象征"。

第一节 浦东开发开放的时代背景与意义

浦东开发开放是党中央国务院作出的重要决策，也是我国改革开放进入一个新阶段的标志。它向全世界表明我国将继续实行改革开放的国策，深化改革和扩大开放将是我国进一步发展的基本路线。在浦东开发开放的引领之下，我国的对外贸易和吸收外商直接投资的速度在不断增长，带动了长江三角洲和长江流域经济的快速增长。在浦东开发开放的引领之下，我国的改革开放事业从20世纪90年代进入了新的阶段，我国的经济与社会发展跃上了一个新的台阶。因此，研究浦东开发开放与我国国家战略推进的关系，总结浦东开发开放的成功经验，不仅具有理论意义，而且对于指导我国下一步改革开放具有实践上的指导意义。

一、浦东开发开放表明我国将继续推行改革开放国策

20世纪80年代末，当时国内外较多人士对于我国是否继续走改革开放的道路表示怀疑。因此，浦东开发开放是向世界表明改革开放是我国既定的国策，我国将继续走改革开放的道路。我国在20世纪80年代如果没有改革开放的成果，就没有当时的经济与社会发展。因此，我国将会继续走改革开放的路线，不会走关门的道路。相反，深化改革与扩大开放是20世纪90年代我国的发展路线。浦东开发开放这面旗帜正是在这样的背景下打出来的。"浦东开发开放战略决策展示了我国坚持改革开放的政治形象，树立了一面改革开放的政治旗帜。"[①]这是党中央与国务院作出的正确的战略决策。它把人们从怀疑改革开放的国策是否继续的疑虑中解放出来。进入20世纪90年代的改革开放，不仅是南方沿海城

---

① 陈高宏：《浦东开发的历史作用与评估》，《浦东开发》2017年第7期。

市的开放，而且是特大中心城市的开放，更是中部地区和我国经济核心地带的开放。我国不仅延续了先前的改革开放的国策，而且还是更大的范围和更深程度的开放。因此，邓小平提出："要抓紧浦东开发，不要动摇，一直到建成。"①这是中国共产党领导人对浦东开发开放的高瞻远瞩和远见卓识。

我国的改革开放在 20 世纪 80 年代创办经济特区的基础上，选择了上海作为进一步改革与扩大开放的突破口。上海是我国经济规模最大与人口最多的城市。这旗帜鲜明地回答了"中国向何处去"的问题，充分表明了我国将继续以"一个中心、两个基本点"为国策，坚定不移地走中国特色社会主义道路，坚持改革和对外开放的路径。浦东开发开放向全世界表明，我国不会回到传统计划经济的时代，不会回到闭关锁国的时代，也不会在改革上保持停滞状态。相反，我们将继续朝着市场经济、深化改革与对外开放方向不断前进。由于浦东新区处于长江口，浦东开发开放有利于带动长江三角洲、长江流域的发展，从而推动我国横向中轴地带的经济与社会快速发展。浦东新区地处我国从南到北、从东到西、从点到面的中枢地位，它的开发开放将会对我国全面改革开放产生重要的枢纽作用，激活我国改革开放的全盘"棋局"。因此，浦东开发开放的作用与意义非凡，它进一步树立中国改革开放的旗帜，进一步确立市场经济改革的方向，进一步加快我国对外开放的进程。②实践表明，浦东开

①　邓小平：《视察上海时的讲话》，载《邓小平文选》第 3 卷，人民出版社 2001 年版，第 366 页。

②　陈亚琴、李幼林：《上海浦东新区 2010 年发展报告》，中国皮书数据库，2010 年 6 月 1 日。

发开放是我国改革开放过程的关键环节，对于推进我国经济与社会发展起到了不可缺少的作用。

在 1992 年，党的十四大提出"建立社会主义市场经济体制"，浦东开发开放成为这一政策的体现与有力实施点。在浦东开发开放过程中，由于需要相关的生产要素市场的配合，浦东新区不断推进我国社会主义市场经济体制的建设，包括土地批租制度、设立证券交易所、银行同业拆借、以土地使用权作为融资抵押等。这些生产要素市场后来不断推广到全国或者影响到全国，对于我国建立社会主义市场经济体制起到较为积极的促进作用。

2017 年 3 月，在参加全国人大上海代表团讨论时，习近平总书记进一步提出，要树立系统思想，注重改革举措配套组合，同时要强化区内改革同全市改革的联动、同上海国际金融中心和科技创新中心的联动，不断放大政策集成效应。要发挥先发优势，率先建立同国际投资和贸易通行规则相衔接的制度体系，力争取得更多可复制可推广的制度创新成果。要加强同其他自由贸易试验区试点的合作，相互学习、相互促进。①

二、浦东开发开放表明我国将进一步扩大对外开放

浦东开发开放表明我国改革开放的深化与发展。从空间布局上看，我国改革开放始于 20 世纪 80 年代的广东与福建，改革的重心偏于我国南方。在整个 80 年代，5 个经济特区、1984 年开放的 14 个沿海城市和 1985 年开

---

① 《习近平为什么希望上海在这些方面有"新作为"?》，新华网，2017 年 3 月 7 日。

辟的经济开放区，形成了我国对外经济开放的总体格局，这些地区构成了我国经济对外开放的经济带。这些对外开放地区在出口创汇、引进先进技术、发展外向型经济和实行出口导向战略等方面起到了"窗口"作用，促进和带动了我国其他地区的对外开放。从总体上看，这样的开放布局有其合理性，有利于发挥沿海对外经济联系的区位优势。我国南方地区的经济增长速度超过了北方。但是，由此也造成了我国南北与东西地区的经济发展差距问题，加剧了东部加工业密集地区与西部原材料、能源和初级产品产地之间的矛盾。①因此，有必要把我国改革与对外开放从南向北部地区推进，促进体制改革与对外开放的深化与发展，尤其是从市场经济相对活跃的南方如广东省向计划经济体制下的工业生产基地的中部和北部地区发展。由于浦东地区在空间上正好处于我国由南到北和由东到西的交汇点，因此，浦东的开发开放是我国对外开放战略深化的重要步骤，也是借鉴南方经济特区成功经验，在计划经济条件下发展城市新区的尝试，对于把改革开放事业从南方地区向北乃至向全国推开具有重要意义。

2014 年 12 月，习近平总书记在中共中央政治局关于加快自由贸易区建设的集体学习时表示：不断扩大对外开放、提高对外开放水平，以开放促改革、促发展，是我国发展不断取得新成就的重要法宝。开放带来进步，封闭导致落后，这已为世界和我国发展实践所证明。尤其是在"我国经济发展进入新常态"的情况下，"妥善应对我国经济社会发展中面临的困难和挑战，更加需要扩大对外开放。'机者如神，难遇易失。'我们必须审时度势，努力在经济全球化中抢占先机、赢得主动。"因为，"多边贸易体制和

---

① 夏禹龙：《中国开放的战略布局与浦东开发》，《社会科学》1990 年第 9 期。

区域贸易安排一直是驱动经济全球化向前发展的两个轮子。现在，全球贸易体系正经历自 1994 年乌拉圭回合谈判以来最大的一轮重构。我国是经济全球化的积极参与者和坚定支持者，也是重要建设者和主要受益者"。①

这样，以浦东开发开放为契机，我国对外开放实现了从南到北、从东到西、从沿海到沿边沿江全面性的战略性推进。浦东新区作为我国经济改革开放的枢纽作用不断得到体现，激活我国经济发展的全盘"大棋局"，我国改革开放事业跨上了一个新台阶。这依赖于在开发开放过程中贯彻"开发浦东、振兴上海、服务全国、面向世界"的方针，使得浦东新区成为长江三角洲和沿江地区开放型经济发展的桥头堡，也成为我国改革开放和制度创新的重要试验田。

三、浦东开发开放表明我国经济体制改革将进一步深化

从我国经济体制转型来看，浦东开发开放意味着我国把改革开放引向我国的经济重心地带。上海作为我国重化工业生产基地、城市人口规模最大的城市，具有我国计划经济的特征。因此，浦东开发开放，不仅有利于上海的对外开放，而且有利于上海的经济从计划经济体制向市场经济体制转型，加快市场化、国际化的步伐，起到以改革促开放、以开放促改革的作用。它力图在向社会主义市场体制转轨的条件下，探索一条具有中国特色的城市建设之路。由于是在我国计划经济生产重镇——

———————————

① 《习近平关于社会主义经济建设论述摘编》，中央文献出版社 2017 年版，第 291—292 页。

上海开展改革与开放，浦东开发开放对于全国的经济体制改革具有示范与引领作用，成为全国改革开放的标杆与旗帜。事实上，浦东开发开放28年的生动实践证明：市场经济不仅可以在我国南方经济生产较为活跃的地区搞，而且也可以在诸如上海等计划经济生产特征较为浓厚的城市与地方搞。因此，浦东开发开放用发展的实践证明了社会主义也可以搞市场经济，成为我国经济体制改革向纵深推进的重要标志。上海在浦东开发开放的带动之下，城市产业开始战略性重组，一大批具有计划经济生产特征的国有企业开始从城市的中心城区向外搬迁。许多城市也开始了相应的体制改革。在1992年，党的十四大提出"建立社会主义市场经济体制"，浦东开发开放成为这一政策的落地点与实施点。

通过浦东开发开放，我国传统计划经济体制被不断突破，市场经济体制所需要的各项条件被不断地确立起来，上海的经济体制不断从计划经济体制向市场经济体制转变。在当时条件下，建立社会主义市场体系、有效地利用市场的活力作用促进浦东的开发开放，成为一个必须在实践过程中加以解决的问题。例如，土地批租以及建设资金的融通问题，都逐渐在浦东开发开放过程中加以解决，金融市场以及其他生产要素市场逐渐建立起来。此外，浦东开发开放使得外来直接投资从港澳台和华人投资向全球转变，我国的出口生产也向世界全方位发展。浦东开发开放促进了运输物流、出口加工、港口吞吐、进口贸易、转口及离岸贸易等原本不同的业务整合成一条产业链，从而为我国大规模、高效率地参与国际贸易的竞争起到促进作用。这样，浦东开发开放促进了上海在改革开放的角色从"后卫"到"先锋"的转变，也促进了20世纪90年代长江三角洲经济的起飞与发展，推动了长江三角洲城市群的崛起。

四、新时期浦东开发开放实践充分体现了习近平经济思想的开放性特征

新时代的浦东开发开放，是我国社会主义改革开放实践的前沿阵地，践行党和国家的改革开放路线，体现新时代党和国家的发展理念，推进我国改革进一步深化，促进我国扩大对外开放，带动长三角经济乃至全国经济参与国际经济循环，更加深入地融入全球产业链与创新链之中。党的十八届五中全会提出，要牢固树立并切实贯彻创新、协调、绿色、开放、共享的发展理念，破解发展难题，厚植发展优势。习近平经济思想的开放性特征，就包含在这五大发展理念之中。浦东的开发开放是对五大发展理念的生动和成功实践。根据国内外政治与经济形势的变化，我国适时调整了国际战略。我国的国际战略包括在对外开放战略之中，国际战略包括加强亚太经济合作、设立亚洲基础设施银行和提出"一带一路"倡议等，特别是"一带一路"倡议产生了重大的世界影响。在持续推进"一带一路"建设的同时，中国在对外开放的国内举措方面又有实质性的突破。这些国际战略对浦东开发开放具有较大的影响，同时，浦东开发开放又是积极地施行我国国际战略的重要抓手，包括加强亚太经济合作、设立亚洲基础设施银行和提出"一带一路"倡议等。2018 年 4 月，习近平主席在博鳌亚洲论坛 2018 年会开幕式上发表题为《开放共创繁荣，创新引领未来》①的主旨

---

① 《习近平在博鳌亚洲论坛 2018 年年会开幕式上的主旨演讲》，新华网，2018 年 4 月10 日。

讲话。习近平主席表示："当今世界，和平合作的潮流滚滚向前。和平与发展是世界各国人民的共同心声，冷战思维、零和博弈愈发陈旧落伍，妄自尊大或独善其身只能四处碰壁。只有坚持和平发展、携手合作，才能真正实现共赢、多赢"；"当今世界，开放融通的潮流滚滚向前。人类社会发展的历史告诉我们，开放带来进步，封闭必然落后。世界已经成为你中有我、我中有你的地球村，各国经济社会发展日益相互联系、相互影响，推进互联互通、加快融合发展成为促进共同繁荣发展的必然选择"；"当今世界，变革创新的潮流滚滚向前。"这些新的开放理念必然引领浦东开发开放走向一个新的阶段。

浦东新区作为我国对外开放的窗口，经过 28 年的发展，目前已经具有比重较高的金融业和专业服务业，拥有较多的外商直接投资企业。同时，在新经济时代，浦东开发开放在知识产权保护方面面临着新的难题，也在主动扩大进口方面承担着新的任务。面临新情况并解决新难题，是新时期浦东开发开放对习近平经济思想的实践，也推进我国的改革开放事业。在博鳌亚洲论坛 2018 年会开幕式讲话中，习近平主席代表中国政府宣布了四项扩大开放的举措：1.大幅度放宽市场准入。内容包括确保落地此前作出的放宽银行、证券、保险行业外资股比限制的措施，加快保险行业开放进程，放宽外资金融机构设立限制，扩大外资金融机构在华业务范围，拓宽中外金融市场合作领域，尽快放宽外资股比限制特别是汽车行业外资限制等。2.创造更有吸引力的投资环境。内容包括对现有政府机构作出大幅度调整，坚决破除制约使市场在资源配置中起决定性作用、更好发挥政府作用的体制机制弊端，完成修订外商投资负面清单工作，全面落实准入前国民待遇加负面清单管理制度。3.加强知识产权保护。内容包括重新组建国家知识产权局，完善执法力量，加大执法力度，鼓励中外企业开展正常技术交流合作，保护在华外资企业合法知识产权。4.主动扩大进口。内容包括不以追求贸易顺差为目标，促进经常项目收支平衡，相当幅度降低汽车进口关税，同时降低部分其他产品进口关税，努力增加人民群众需求比较集中的特色优势产品进口，加快加入世界贸易组织《政府采购协定》进程等。这四项扩大开放的举措必将为浦东开发开放注入新的活力，也为浦东开发开放的难题解决提供了方向。

第二节　文献综述

一、主要资料来源

原始资料是本书的研究基础。本书广泛搜集浦东开发开放的有关文献资料，包括从准备阶段到实施阶段，从中央政府到地方各级政府，从官方发布到个人出版的各种来源的文献资料。

首先，1992年以来的历次党的全国代表大会报告均对浦东开发开放作出重要论述，是本研究的重要参考资料。1992年，中国共产党第十四次全国代表大会报告提出："以上海浦东开发开放为龙头，进一步开放长江沿岸城市，尽快把上海建成国际经济、金融、贸易中心之一，带动长江三角洲和整个长江流域地区经济的新飞跃。"1997年，中国共产党第十五次全国代表大会报告提出："进一步办好经济特区、上海浦东新区。

鼓励这些地区在体制创新、产业升级、扩大开放等方面继续走在前面，发挥对全国的示范、辐射、带动作用。"2002 年，中国共产党第十六次全国代表大会报告提出："鼓励经济特区和上海浦东新区在制度创新和扩大开放等方面走在前列。"2007 年，中国共产党第十七次全国代表大会报告提出："更好发挥经济特区、上海浦东新区、天津滨海新区在改革开放和自主创新中的重要作用。"此外，党和国家领导人在各种会议和视察地方工作时的讲话精神，也是重要的参考资料。

其次，中央层面对浦东开发开放的指导性和政策性文件。包括：第一，国家重要会议作出的重要论述，如历年中央政府工作报告；第二，中央对浦东开发开放作出的指导性文件，如"八五计划"以来的历次"五年计划"纲要（国民经济和社会发展五年计划纲要），对浦东开发开放都有重要指导意见；第三，中央对浦东开发开放出台的政策性文件，如 1995 年 6 月出台的《国务院关于"九五"期间上海浦东新区开发开放有关政策的通知》，2009 年 4 月出台的《国务院关于推进上海加快发展现代服务业和先进制造业建设国际金融中心和国际航运中心的意见》，2013 年 9 月出台的《国务院关于印发中国（上海）自由贸易试验区总体方案的通知》；第四，中央对上海市政府上报的事项所作的批复意见，如三次《国务院关于上海市城市总体规划方案的批复》（1986 年，2001 年，2017 年）。

再次，上海市和浦东新区地方政府为浦东开发开放出台相关政策文件和制定的具体细则，如历年上海市政府工作报告及浦东新区政府工作报告，历次上海市城市发展规划及浦东新区发展规划，等等。

最后，浦东地方资料。如浦东新区年鉴、浦东统计年鉴、浦东地方志、浦东地方报纸、浦东开发地方杂志、浦东地方文史资料以及个人撰写的回忆录，等等。

二、学界关于浦东开发开放的研究

目前学界对浦东开发开放的通论性研究，主要包括两大类：一为历史总结，二为理论总结。

一、学界有较多对浦东开发开放历史进行回顾的文献，主要对浦东发展成就的概括和发展经验的总结。其中，比较有代表性的有赵启正和陈高宏的研究，他们两位都是浦东开发开放的亲历者、见证者、参与者。赵启正（2007）对浦东开发开放的发展历程进行了回顾，并且从经济全球化的角度对浦东开发开放的发展路径——浦东逻辑进行了总结，对浦东开发开放和经济全球化的关系进行了全方位的考察。陈高宏（2017）从战略的视角对浦东开发开放的历史进行回顾和总结，从历史和空间的维度全面梳理了浦东开发开放的历史背景、详细梳理了浦东开发开放战略分阶段实施的具体过程，进一步深化和发展浦东开发开放的战略思想，最后对浦东开发开放战略的历史作用进行了评估。

二、学界还对浦东的发展道路进行理论总结，提出"浦东模式"的研究课题，并且将"浦东模式"和其他地区的区域经济发展模式进行比较研究。曾刚和赵建吉（2009）对浦东模式产生的背景、发展历程、核心内容、主要特征等进行了分析，认为大量吸引高端外资、走开发公司主导下的国家级开发区建设之路、善于吸收发达国家政府先进管理经验的海派文化、大力发展高新技术产业和高端服务业是浦东模式的核心内容。曾刚和倪外（2009）进一步归纳出了浦东区域发展路径的 5 个特点：实施外源型产业战略与设立较高产业进入门槛、拓展融资渠道与建立创投基金、重视功能分区与发挥产业集聚效益、注重政策引导与政策适时更新、建立高效政府与扶持中介服务机构。钱运春（2010）对浦东模式形成的背景、内涵、特点、价值进行了深入的分析，认为浦东模式是中国改革开放以来从工业化向市场化转型的重要阶段，对中国探索社会主义市场经济体制以及开放型经济体制建设作出了重要贡献。曾刚等（2015）从要素、制度、关系三个维度构建区域经济发展模式类型划分的概念框架，根据三个维度指标的不同组合方式，将区域经济发展模式划分为资源—市场—内生型模式等 8 种类型，将以浦东为代表的"上海模式"放在全国的区域经济发展模式中进行横向比较。

具体到本书的研究问题，现有文献对浦东开发开放与国家战略之间的关系研究主要集中在以下几方面：

一是认为浦东开发开放是国家战略的时代产物。对于浦东的开发开放，党中央一直高度重视和关心，党的十四大、十五大、十六大、十七大都对浦东开发开放提出了目标方向。（中共上海市委宣传部、求是杂志社文化编辑部联合调研组，2008）。中央决定开发开放上海浦东这一重大决策是在上海面临发展困境而谋求突破、多年争取的结果，是党中央面临重大国际环境变化急于打破国际制裁、发展经济的重大抉择。在中央和上海多次互动下，此决策得以形成和确立（沈传亮，2014）。万曾炜（2012）认为浦东开发开放是特殊历史背景下的国家行为和国家战略；陈高宏（2008）认为基于政治大局的考量使浦东开发应运而生，是为了有效提高我国经济中观层面的竞争力；钱运春（2010）、翟磊（2011）、王建刚（2014）等认为浦东开发开放是中国改革开放形势的发展需要，既关系到上海，也关系到长江三角洲和长江流域发展。

二是研究浦东开发开放体现国家的战略部署。一种观点认为浦东开发开放是区域发展的国家战略体现。李云新（2016）认为，作为最初唯一的国家级新区，浦东新区是沿海开放格局形成的重要起点，承担着国家改革开放的使命，是国家意志的试验田，其历史地位可与改革开放之初的经济特区、经济开发区战略比肩。一种观点认为浦东开发开放是中国渐进式开放、逐步推进的节点战略体现。齐元静等（2016）认为，以上海为首的长三角地区是推广成功经验带动全国发展的重要地区，浦东新区则是带动长三角的重要节点；张东保（2015）认为，发挥示范效应，服务国家战略，是浦东开发开放的出发点和落脚点。

三是研究浦东开发开放体现国家的战略意图。浦东开发开放体现国家先行先试战略意图。钱运春（2010）认为，从经济发展目标到探索现代市场经济的体制机制、从完善市场经济运行体制机制到率先实践科学发展观、从国内增长极和经济中心建设到构建经济强国的战略平台，这三重使命使得浦东开发开放始终秉承国家意志，充分凸显浦东作为国家战略核心功能区的地位和作用；尤存（2016）认为，浦东是中央要求上海成为排头兵和先行者的先行先试核心区域。浦东开发开放体现改革开放的国家战略意图，万曾炜（2012）认为浦东开发在起步时就瞄准了率先建立社会主义市场经济体制的目标，对我国整体从计划经济向市场经济转变起到了探索作用；翟磊（2011）认为，浦东综合配套改革试点是对经济特区经验的进一步运用与升华，既可以发挥经济特区先试点后推广的优势，又把改革的内容从经济领域向政治社会领域全面推进，把单项的改革与综合协调改革充分结合起来，发挥综合改革的协调与配套作用，突破改革的难点与重点，建立科学发展的体制机制。

四是研究浦东开发开放的国家战略意义。王践等（2010）认为，浦东科学发展的战略基点始终聚焦国家战略使命。20年来，浦东开发开放国家战略的定位一以贯之、与时俱进。在中国加入WTO的过程中，浦东发挥了先行先试的基地作用，为全面参与经济全球化进行了体制制度政策层面的探索；浦东发挥了长江三角洲、长江流域开放型经济发展的龙头作用，通过建设"四个中心"的框架，通过与周边区域联动发展，带动长三角这个中国经济最活跃的地区发展起来，提高了整个经济带的国际竞争力。

已有文献为我们了解浦东开发开放和国家战略的关系提供了很好的基础，但从浦东开发开放本身的发展历程并进一步上升到国家战略角度的集中系统研究，相对来说，还有进一步深入的需要。本书将力图在这方面取得更多进展。

三、本书的核心观点和创新点

本书研究内容的重点包括以下三个方面：

一是浦东开发开放模式的内涵。浦东开发开放将上海推向全国改革开放的前列，形成了开放倒逼改革、推进发展的改革开放模式，其许多特点也构成了中国改革开放模式的主要内容。如何将其总结提炼，进而对中国发展与开放战略的本质形成全面而清晰的认识，是本书关注的重点。

二是浦东综合配套改革的核心特征。1990年中央宣布浦东开发开放，给予浦东一系列的优惠政策，主要关注点是吸引外资。2005年浦东被批准为全国第一家综合配套改革实验区。综合配套改革不是一个为改革而改革的试验，而是围绕发展和开放这两个重要环节，引入开放和发展元素，打破原有的平衡，通过改革达到新的平衡。浦东综合配套改革试点工作在前期已取得积极进展，在近几年却进展迟缓、成效不大。对其核心特征的认识，有助于进一步拓展今后的改革思路。

三是"新常态"下浦东开发开放的新定位。现阶段浦东发展面临的挑战包括：成本高企，当前浦东已经成为国内的成本高地，用工成本是成都、苏州的两倍，部分行业成本竟然不输于欧洲；土地稀缺，25年的高强度开放使浦东建设用地捉襟见肘，离用地"天花板"只剩25平方公里，未来显然难以轻易满足每年约10平方公里的用地需求；转型任务艰巨，浦东的外向型经济比重较大，但一些发达国家出现制造业回流，浦东内生的民营企业发展还不够强大；改革领跑难度更大，从新区到综合配套改革试点再到自贸试验区，浦东不再"一枝独秀"，而是要与国内其他改革试点地区同场竞技。

本书的创新点包括以下两个方面：

一是突破"就浦东谈浦东"的局限，重点探究浦东发展历程中的每一步如何与国家战略布局紧密相连。从浦东开发开放的理念创新、战术创新、体制创新等方面，揭示浦东开发的成功是国家战略的成功，总结浦东开发开放对中国特色社会主义道路的探索实践与启示，提炼浦东开发开放实践对于在邓小平理论、三个代表重要思想、科学发展观，特别是在习近平新时代中国特色社会主义思想的指导下解放思想、不断创新理论体系的证明与贡献。

二是多角度、立体式阐述浦东开发开放与国家战略推进之间的关系。战略实施方式方面，突出"渐进式""自下而上与自上而下"的特征；战略规划布局方面，包含沿海开放、开发区、"四个中心"等；战略先行先试方面，涵盖体制机制、经贸规则、制度法律等；战略突破方面，区分了城市建设、开发园区、外资外贸、政府职能转变等。在回顾历史进程的同时，展望未来，对浦东开发开放如何在自贸试验区建设、"长江经济带"发展、"一带一路"建设、深化金融改革创新等新时期国家发展战略中的职能和作用进行探究。

第三节　本书研究框架

一、研究内容

本书主要研究浦东开发开放如何一贯性承载国家战略先行先试"排头兵"的历史使命。20世纪90年代初邓小平同志指出，开发浦东"不只是浦东的问题，是关系上海发展的问题，是利用上海这个基地发展长江三角洲和长江流域的问题"；江泽民同志在党的十四大报告中指出"以上海浦东开发开放为龙头，进一步开放长江沿岸城市，尽快把上海建成国际经济、金融、贸易中心之一，带动长江三角洲和整个长江流域地区经济的新飞跃"；胡锦涛同志在党的十七大报告中进一步强调"更好发挥经济特区、上海浦东新区、天津滨海新区在改革开放和自主创新中的重要作用"。2005 年浦东成为我国首个综合配套改革试点地区。如今浦东再度面临新的历史使命——加快推进上海国际金融、国际航运"两个中心"核心功能区以及自贸试验区建设,提高我国在全球资源配置的能力,增强参与国际竞争的影响力、话语权。

本书将突出浦东开发开放与国家战略互动关系的四大核心特征,这四个特征也体现了浦东对于国家开放战略、科学发展战略、创新战略的推动:

一是始终秉承国家开放发展意志,这是浦东开发开放的战略基点。根据中央部署,浦东始终坚持服从服务国家发展大局,立足不同发展阶段,主动应对国内外环境变化,不断丰富和拓展国家战略内涵。浦东开发之初,在政治上树立起了中国更加改革开放的旗帜;在中国加入 WTO 过程中,浦东为全面参与经济全球化进行了体制制度政策层面的探索;在国际金融危机关键时刻,浦东服务上海"四个中心"功能建设,对于应对金融危机、保持经济又好又快发展有着十分重要的现实意义;党的十八大之后中国改革开放出现新形势新特点,浦东发展重点成为坚定改革攻坚,对标国际最高标准、最好水平的自贸区,紧紧围绕制度创新这个核心,加快推动改革系统集成。党的十九大以来,中国改革开放进入全新历史关头。国际经济和政治格局发生深刻变化,贸易保护主义抬头,开放还是封闭,前进还是后退,全球面临着新的重大抉择。2018 年博鳌亚洲论坛上,习近平主席宣布了新一轮扩大开放的重大举措,发出新时代改革开放再出发的动员令。面对新时代新形势新要求,浦东作为全国改革开放的前沿和窗口,担起新使命、实现新作为,将改革开放向纵深推进,再次为新时代全国改革开放探路破局,参与国际合作与竞争。

二是不断突破发展模式制约,这是浦东开发开放的实践过程。浦东开发开放以来，注意吸收借鉴国内外发展经验教训，注重发展的科学性、规律性、协调性，不断突破发展方式的制约，努力实现起点更高、后来居上。一方面是不断优化载体建设，高起点规划建设了若干个功能各异的国家级开发区，形成了比较好的产业规划，促进了要素的有效组合和产业集群的形成，优化了生产力布局；另一方面是不断深化先行先试，通过综合配套改革，不断推进适应服务经济、创新经济、开放经济发展要求的制度创新，以制度创新推进自主创新。

三是在扩大开放中推进自主创新，这是浦东开发开放的辩证法则。浦东发展始终是以全球视野审视自身、定位自己，坚持全球资源为我所用。一方面积极学习借鉴国际通行规则，使经济环境更加国际化；另一方面基于国情、发展阶段，基于产业结构、市场特点，创造适合自身的产业形态和商业模式。

四是发扬首创精神、坚持真抓实干，这是浦东开发开放的不懈动力。按照中央对浦东在改革开放和自主创新中发挥重要作用的要求，浦东干部群众在推进开发开放的过程中，大力发扬首创精神，创造了许多"第一"和"率先"。浦东 20 多年走过的路，是敢为天下先、善于集大成，不断解放思想、解放生产力之路。

二、基本思路

本书思路框架构成如下：

（一）浦东开发开放的基本历程与重大改革事项

一是以浦东开发开放大事记为线索，串联 28 年开发开放实践的历史进程和主要成就。将历程划分为如下阶段：开发起步阶段（1990 年 4 月至 1995 年，国家计划的"八五"时期）、重点开发阶段（1996 年至 2000 年，国家计划的"九五"期间）、全面建设阶段（2001 年至 2010 年）、"二次创业"阶段（2010 年至今）。

二是集中梳理浦东在国家和上海开发开放历史上的"第一"和"率先"，说明浦东"改革开放排头兵中的排头兵、创新发展先行者中的先行者"的作用和地位。例如，第一个国家级的保税区、第一个外资百货公司、第一个外资贸易公司、第一个楼宇党支部，率先开展外资银行经营人民币业务外资参股中资银行等试点，率先开展跨国公司地区总部外汇资金管理方式试点，率先对外资 PE 管理公司开放，率先推进"三港三区"联动，率先设立政府创业风险投资引导基金，率先开展教育医疗的"管、办、评"联动试点，率先实现城乡基础教育卫生管理体制二元并轨，率先成立国内首家社区服务行业协会、社会工作者协会，率先建立社会组织孵化基地，等等。

（二）浦东开发开放与中国渐进式改革开放的关系

一是考察浦东开发在中国渐进式经济体制改革进程中的作用和意义。我国市场经济体制改革走的是一条渐进的道路，基于谨慎探索和稳步推进的原则，改革开放经历了一个由浅入深，从简到繁的过程。20 世纪 80 年代后期的改革仅仅完成了生活资料和一部分生产资料的商品化和市场化改革，在不得不停顿以后，直到 90 年代初浦东开发带来了全方位的生产要素市场化改革以后才得以继续。上海证券交易所、期货交易所、产权交易所、人才市场的建立，土地和房产实行完全市场化在浦东新区最早实行。因此，浦东开发在起步时就瞄准了率先建立社会主义市场经济体制的目标，也由此把要素市场建设放到了浦东开发开放最重要的议事日程之中。

二是考察浦东开放本身在中国渐进式开放进程中的作用和意义。浦东开放之前中国内地的对外开放，只是面向港澳台地区，主要在制造业领域采用"三来一补"的合资合作方式，开放地域有限，开放产业层次更低。浦东开放后，地域上采取以日、美、欧为主，产业上逐渐从引进家用电器等中端产业上升到通信电子、仪器装备、汽车以及高技术产业点，同时还从制造业领域扩展到商业、金融、保险、证券等现代服务业。

三是考察浦东开发开放过程本身的渐进式特征与路径。涉及的改革开放事项包括：多层次商品市场体系的构建、劳动力市场的改革开放、财税改革的阶段性特征、政府职能转变的阶段性路径、国资国企改革的逐渐深化、社会管理创新的探索、自上而下与自下而上结合等。

（三）浦东开发开放与国家战略布局的关系

一是研究浦东开发开放在沿海开放中的重要作用。1990 年开始的浦东开放与从 1980 年建立的 5 个经济特区、1984 年开放的 14 个沿海城市、1985 年开辟的经济开放区一起形成了沿海经济开放带。这些对外开放地区，由于实行不同的优惠政策，在发展外向型经济、出口创汇、引进先进技术等方面起到了窗口和对内地的辐射作用。同时，浦东开放还催生我国沿海保税经济蓬勃成长，把港口吞吐、运输物流、出口加工、进口贸易、转口及离岸贸易等原本不同的业务整合成一条产业链的这种新兴经济，对我国大规模、高效率地参与国际航运和国际贸易的竞争及合作起着极大的推动作用。

二是研究浦东开发开放对于国家级新区布局的支持和贡献。作为第一个国家级新区，浦东不断探索特殊政策和管理体制，在外商投资、发展对外贸易等方面为中国开拓国际市场积累了经验，在体制创新、产业升级、扩大开放等方面，都走在全国的前列，发挥了对全国的示范作用。

三是研究浦东开发开放服务"四个中心"建设的重要支撑。浦东是上海"四个中心"建设的主战场，如何抓好"四个叠加"——自贸试验区和浦东综合配套改革叠加、自贸试验区和张江国家自主创新示范区叠加、自贸试验区和国际金融中心建设叠加、自贸试验区和国际人才创新试验区叠加，是浦东下一步发展的重点。

（四）浦东开发开放与国家战略先行先试的关系

一是探索浦东在体制创新上的先行先试。包括浦东凭借敢闯敢试的冲劲，尊重客观规律，把握趋势变化，冲破思想观念束缚，打破利益固化藩篱，服从服务国家战略，在全国、全市发展的大格局中思考谋划，以宽阔的国际视野，积极参与全球经济合作与竞争。

二是探索浦东在经贸规则上的先行先试。包括浦东经历海关特殊监管区的初步发展、拓展、转型探索到自贸试验区建设，对标国际最高标准、最好水平的自贸区，初步形成了与国际惯例接轨的发展软环境。

三是探索浦东在制度创新上的先行先试。包括浦东以创建国际航运发展综合试验区、现代国际贸易示范区、国家自主创新示范区和探索实施服务业税制改革试点等为重点，率先探索形成符合国际惯例、有效促进功能建设和产业发展的制度环境；率先推进政府职能转变和管理创新，适应国际大都市特大城区发展要求，建立扁平高效的新型区域管理体制；完善开发区体制，形成联动发展机制；逐步推进农村资源要素市场化和公共服务均等化；积极探索改进法律监督、民主监督、社会监督的新社会管理制度，等等。

（五）浦东开发开放与国家战略率先突破的关系

一是浦东在特大城市边缘新城建设方面的突破。浦东新区的建立实际上是提升了经济技术开发区建设的能级，不但明确新区建设要带动老城改造，还明确新区城市布局有明确的功能分区概念，进一步提出新区基础设施建设必须超前于经济社会发展的要求。新区建设普遍强调规划先行，注重环境、形态和功能的紧密结合等新理念，以及不断运用新科技、新材料、新方法和新手段，为90年代后期以来我国出现的一轮城市建设热潮以及城市面貌的大变革起到了积极的引领和示范作用。

二是浦东在园区建设方面的率先突破。浦东围绕发展金融、贸易、科技创新等功能，最早规划建立了陆家嘴金融贸易区、外高桥保税区、金桥出口加工区、张江高科技园区四个特色鲜明、功能各异的开发区，已经成为上海建设"四个中心"的重要功能载体。

三是浦东在利用外资方面的率先突破。围绕建设经济、金融、贸易、航运"四个中心"的目标，浦东坚持"有所为、有所不为"，在开发开放中集聚世界经济的精华，推行金融贸易先行、高新技术产业先行的产业发展方针，精心挑选外资项目，大力培育和引进具有国际竞争力的产业和大企业。浦东引进的外资企业中，绝大多数制造业的技术水平属于国际先进水平，尤其是世界500强企业，使浦东越过"三来一补"的初级加工阶段，直接发展先进制造业和高新技术产业。

（六）浦东开发开放与国家战略融合联动的关系

一是浦东开发开放与金融开放及人民币国际化的关系。陆家嘴已经形成了比较好的金融产业优势，新一轮"金改51条"出台后，将进一步加快人民币资本项目可兑换、扩大人民币跨境使用、扩大金融业对内对外开放，有力推动国际金融中心建设。

二是浦东开发开放与"一带一路"建设的关系。浦东的开发开放这一系统性大工程的展开和成功锤炼了上海，让上海在国家战略下具有特别的资源整合能力；而"一带一路"建设的丰富性、复杂性、艰巨性，正需要政府很强的资源整合能力。在具体服务功能上，浦东金融创新能为"一带一路"建设提供资金支持；科创中心建设能支持自主技术和品牌创新"走出去"；自贸区建设能加快与国际规则接轨，形成宽广度、差异化、全谱系制度创新产品体系；价值链优势能将国内产业链向外延伸，建立跨国产业链。

三是浦东开发开放与长江经济带的关系。浦东开发开放的带动下，先是上海呈现了"一年一个样，三年大变样"的高速、高质和高效发展格局。同时在江苏，从苏州、无锡、常州到南京，在浙江，从杭州、嘉兴、湖州到宁波、温州，出现了一系列呈高速增长和发展的城市及区域。安徽省也及时提出呼应浦东开发的皖江战略，推动沿长江的芜湖、安庆、铜陵等地区能够及时接受东部的辐射和产业转移，实现改革开放以后的第一轮快速发展。从整个长江流域看，江西省、湖北省、重庆市和四川省都顺应了浦东开发开放带来的市场经济体制改革动能，抓住了国际产业转移和对华投资出现热潮的机会，经济总量和结构都得到明显的提升和改善。

三、研究方法

本书研究方法包括：

1. 层次分析法。一是研究浦东开发开放本身，包括过去、现在与将来；二是研究浦东开发开放对上海发展的影响，以经济为主，兼及社会、文化与政治等方面；三是研究浦东开发开放在全国的作用和地位。

2. 历史归纳法。从体制变迁视角，描述1990年浦东开发开放以来所经历的各个不同历史阶段，通过查阅和摘录珍贵史料、党和国家、上海市委市政府、浦东新区政府、自贸试验区管理委员会的相关决议和文件，以及本书参考文献中所列的主要著述，梳理和揭示浦东开发开放的历史脉络，提炼出其在实践中一步一步深化的清晰路径。

3. 案例分析法。在梳理浦东开发开放历史变迁的同时，采用案例分析的研究方法，考察浦东在重点领域和关键环节的改革开放实例，特别是浦东发扬首创精神所创造出的许多"第一"和"率先"。这些方面构成了开发开放的主导因素。

4. 比较研究法。一是将浦东开发开放置于全国战略的视野中予以比较分析。不只是上海的浦东，也是中国的浦东；浦东的改革开放不是上海一个行政区的行为和作为，更是全国一盘棋考虑的结果。这样才能真正认识其在全国改革开放中的地位和意义。二是使用比较方法寻找在中国改革开放中浦东与其他新区（如天津滨海新区、河北雄安新区）、特区、开发区的异同点，更清晰地看出浦东开发开放的特色与特殊性。

第二章　国家战略下浦东开发开放的历史进程

　　经过 40 年的改革开放，上海基本形成了坚持以浦东开发开放为龙头，构建多领域、多形式、多层次的全方位发展格局。通过浦东开发开放，上海不断融入国际社会，增强国际吸引力，引入国际资源，并随着外部资源的进入推进各项体制改革，不断完善经济体制和提高经济效率，使上海的改革开放在全国始终起到率先和引领作用。浦东在推进国家战略的过程中充分发挥了其对上海和全国改革发展的示范和辐射带动作用，并以助力上海成为国际经济、金融、贸易和航运中心，建设卓越全球城市和社会主义现代化国际大都市的目标而迈进。浦东开发开放的历史进程为建设新时期中国特色社会主义和推进、落实国家重大战略部署提供了宝贵借鉴。

第一节　浦东开发开放的国家战略标志性事件

一、浦东开发开放的起点

浦东的开发开放主要有三个历史背景：第一，从 20 世纪 80 年代开始，上海居于全国经济中心的地位逐步下降，投资的边际生产率下降，经济增长率落后全国，经济总量占全国的比重从 7.1% 下降到 4.1%，城市基础设施积欠过多，以工业为主导的产业结构问题突出。第二，上海作为 14 个沿海开放城市之一，虽有闵行、虹桥、漕河泾三个国家级经济技术开发区，但相较于南方沿海特区，上海的对外开放仍然受限制。第三，当时中国对外关系形势紧张，全球高新技术迅猛发展，中国既需要向世界展示改革开放的决心和信心，又要紧跟全球经济发展的步伐。

1990 年以前，中央鉴于上海这个全国最大的经济城市计划经济程度较高，又是当时中央政府财政收入的主要来源和全国商品生产的输送基地，没有将开放的重心放在上海，以避免万一改革尝试失败对全国经济可能产生的重大影响。在这样的情况下，虽然上海自身有很强的改革动力，但仍然配合中央的改革部署，在有限的政策空间中实施对外开放，总体上处于开放的后卫地位。

1984 年，在《上海经济发展战略汇报提纲》中，上海市委、市政府首先提出了开发浦东的问题。1985 年 2 月，国务院在对《汇报提纲》的批复中明确提出，要创造条件开发浦东，筹划新市区的建设。1986 年 10 月，国务院又在《上海市城市总体规划方案》的批复中明确指出："当前特别要注意有计划地建设和改造浦东地区"，"使浦东成为现代化的新区"。党中央、国务院顺应国内外形势作出开发开放浦东的战略决策，把上海推向了改革开放的最前沿。1990 年，上海向党中央、国务院提交《关于开发浦东的请示报告》，提出"贸易兴市""调整中心城市功能""东西联动、内外循环"三大战略，确立加速建设世界级大上海都市圈的目标。浦东结合自身发展特点，充分发挥潜在优势，通过不断解放思想，成功破解了开发开放中遇到的各种瓶颈，成为引领我国改革开放的示范地区。①

1990 年 4 月 18 日，国务院总理李鹏在上海宣布了浦东开发开放的重大决定。6 月，国务院正式批复上海关于开发开放浦东的请示，指出"开发和开放浦东是深化改革，进一步实行对外开放的重大部署……有计划、有步骤、积极稳妥地开发和开放浦东，必将对上海和全国的政治稳定与经济发展产生极其重要的影响"。由此，浦东的开发开放上升为国家战略。

1992 年 10 月 11 日，国务院批复设立上海市浦东新区。1993 年 1 月浦东新区正式成立（党工委和管委会）。2005 年，浦东率先进入综合配套改革试点。浦东开发开放之后，中央持续地予以坚定的政治支持。党的十四大报告提出："以上海浦东开发开放为龙头，进一步开放长江沿岸

---

① 参见《在改革开放的伟大旗帜下前进——党中央关怀浦东开发开放纪实》，《人民日报》2010 年 4 月 15 日。

城市，尽快把上海建成国际经济、金融、贸易中心之一，带动长江三角洲和整个长江流域地区经济的新飞跃"。党的十五大报告明确："进一步办好经济特区、上海浦东新区。鼓励这些地区在体制创新、产业升级、扩大开放等方面继续走在前面，发挥对全国的示范、辐射、带动作用。"党的十六大再次提出了"鼓励经济特区和上海浦东新区在制度创新和扩大开放等方面走在前列"。党的十七大报告提出："更好发挥经济特区、上海浦东新区、天津滨海新区在改革开放和自主创新中的重要作用"。[①]

　　浦东开发开放之初，上海的产业结构不尽合理，第三产业比重较低，第二产业中重化工业比重较高。上海在"依托浦西、以东带西、东西联动"方针的指导下，在浦东相继建成了陆家嘴金融贸易区、张江高科技园区、外高桥保税区、金桥出口加工区等功能各异的国家级开发区，后又成立了外高桥保税区，使浦东崛起了精细化工、生物医药、电子通信及设备、加工贸易等产业，促进上海工业布局趋向合理。另一方面，浦东新区在对外开放过程中不断吸纳外商投资，世界 500 强企业已有 308家落户浦东。浦东已成为名副其实的中国对外开放的窗口，而且在吸引外资的过程中注重引进先进的科学技术，消化吸收国际先进技术水平，推动上海传统产业升级。同时，随着各大银行、保险等金融机构在陆家嘴金融贸易区集聚，以及上海钻石交易所、中国金融期货交易所等在浦东成立，上海第三产业在 GDP 中的比重也得到逐年提升。随着浦东新区

---

　　① 唐连英：《毛泽东、邓小平、江泽民发展上海战略的比较研究》，《中共党史研究》2001 年第 4 期；严爱云：《上海对外开放的起步历程研究》，载中共中央党史研究室第三研究部编：《中国沿海城市的对外开放》，中共党史出版社 2007 年版，第 169—200 页；唐连英：《建国后党中央关于上海发展战略思想的演变》，《党政论坛》2001 年第 6 期。

国际国内金融机构的集聚效应增强，上海建设国际金融中心的地位也进一步得到提升。以港口为依托的大物流发展也带动了港口经济的大发展，发挥了浦东的区域辐射带动作用。

实践证明，浦东高起点、全方位的开发开放，成为上海重整雄风、再造辉煌的强大动力，推动了上海全面改革开放的发展。

二、浦东推行综合配套改革试点

浦东开发开放以后，中央始终予以坚定的政治支持和指导。党的十四大报告提出："以上海浦东开发开放为龙头，进一步开放长江沿岸城市，尽快把上海建成国际经济、金融、贸易中心之一，带动长江三角洲和整个长江流域地区经济的新飞跃"。党的十五大报告明确："进一步办好经济特区、上海浦东新区。鼓励这些地区在体制创新、产业升级、扩大开放等方面继续走在前面，发挥对全国的示范、辐射、带动作用。"党的十六大报告再次提出了"鼓励经济特区和上海浦东新区在制度创新和扩大开放等方面走在前列"。

2005年6月21日，国务院批准浦东新区进行综合配套改革试点，赋予浦东为全国深化改革攻坚探路的新使命，把改革从经济领域拓展到社会领域。20多年来，浦东的建设围绕市委、市政府"先行一步"的要求，力求"浦东能突破、上海能推广、全国能借鉴"，在转变政府职能、转变经济运行方式、改变城乡经济和社会二元结构方面先行先试，取得了一系列进展和突破。浦东的开发开放成为了中国改革开放的象征。在这个过程中，浦东率先对招商引资工作实行"一门受理、并联审批、两审终结",率先在全国试行"小政府、大社会、大服务"的管理模式,张江高科技园区成为全国第一个实行政府服务项目"零收费"的地区。

2005年6月实施的浦东综合配套改革对上海政府职能转变意义重大。国务院对浦东综合配套改革提出了"三个着力、四个结合"的总体要求,即着力转变政府职能、着力转变经济运行方式,着力改变二元经济与社会结构;把改革与发展有机结合起来,把解决本地实际问题与攻克面上共性难题结合起来,把实现重点突破与整体创新结合起来,把经济体制改革与其他方面改革结合起来。从国务院对上海浦东新区的要求可以看出,综合配套改革是原有改革的深化。它源于传统改革,但又异于传统改革,必须以原有改革为基础,将改革成果在整体框架下,实现资源配置、改革成效的优化和系统化。浦东综合配套改革具体思路可概括为"两个作用"和"三个三个"。

"两个作用"就是浦东综合配套改革要发挥好两个示范带动作用。"三个三个"就是要求浦东综合配套改革要坚持三个立足、三个结合和三个提供。一是立足于国家,把浦东改革与国家改革结合起来,为全国深化改革扩大开放提供舞台和经验;二是要立足上海,把国家确定的综合配套改革试点任务与上海"四个中心"建设结合起来,为上海实施科教战略和提高国际竞争力提供制度保障;三是立足浦东,把浦东的改革与发展结合起来,为浦东又快又好发展提供强大动力。

在市区层面,共同推进五个方面的改革。在行政管理体制改革方面,在规划项目土地等方面赋予浦东先行先试的权力;在科技体制改革方面,重点在张江高科技园区探索多层次多渠道的风险投资试点;在金融改革和创新方面,重点配合中国人民银行上海总部完善运行机制和实施中央银行公开市场操作方案；在社会经济体制方面，重点研究大通关方案，完成保税物流园区和浦东空港物流园区的建立；在城乡二元结构改革方面，重点探索土地改革管理。这些改革均以上海市各个部门为主导，与浦东新区共同推进。

在浦东新区层面，重点推进六个方面的改革。1.深化行政管理体制改革；2.推进金融改革创新，探索金融衍生品交易的创新；3.推进科技综合配套改革，推动自主创新，探索创业投资体制改革；4.深化教育、医疗、卫生、文化体制改革；5.在城乡二元结构改革方面，加快农村综合改革，推进村镇体制建设和治安管理改革，推进教卫文以及就业保障改革；6.再就业方面，配合上海市有关部门推进海关体制改革和外包试点。

上海"两级政府、三级管理"建设为主要内容的行政体制改革作为改善治理基础条件的前提，体现了主体优势和体系优势，有其现实的合理性。1996年，上海率先启动了城市社区治理建设，其改革的重点是赋予社区居民委员会以更大的自主职权和更多的管理资源，通过将原来的党政权力系统下放到街道"复制"出次一级的准行政管理机关。相对于原有的行政管理格局而言，这种依托社区中心的治理改革最为突出的成绩，就是带动了治理主体因地制宜解决问题能力的提高。

浦东自开发开放以来，前后在金融、航运、贸易、行政管理体制、城乡二元结构等领域推出了200多项改革任务，其中70多项部市合作项目做到了可在全国复制推广。如今，综合配套改革已经有十个年头，浦东新区先后进行了2005—2007、2008—2010、2011—2013三轮综合配套改革试点"三年行动计划"。在综合配套改革中，浦东新区率先向自己"动刀"，探索"大部门""大管委会""大镇"制，政府实现了"瘦身"，确立了"小政府、大社会"的机构设置理念和编制管理约束机制。浦东的行政审批事项从最初的 724 项减少到 242 项，降幅达到 72%；平均审批时限从法定 22 个工作日压缩到 8.4 个工作日，减少了 60%；平均审批环节从 3.4 个精简到 2.8 个，压缩了 18%；平均审批时限从法定 22 个工作日压缩到承诺 8.4 个工作日，成为全市乃至全国行政效率最高、行政透明度最高、行政收费最少的地区。浦东成为"中国改革开放的象征"和"上海现代化建设的缩影"。

三、中国（上海）自由贸易试验区的创立

自 20 世纪 90 年代浦东开发开放之时，上海已作了建设自贸区的打算。时任上海市市长的朱镕基指出，浦东开发开放"以建立一个'自由港'为目的，建立一个保证商品、人员、商船关税豁免，自由出入的自由贸易工业区"。经过 20 多年的探索，上海对建设自贸区已做好充分准备。1990 年 6 月，国务院批准设立上海外高桥保税区，成为全国第一个保税区和第一个实行区港联动的保税区。2002 年，国务院批准了《国家计委关于审批上海国家航运中心洋山深水港一期工程可行性研究报告的请示》，洋山深水港和洋山保税港区成为我国第一个保税港区，结束了上海没有深水港的历史。2009 年 11 月 18 日，上海综合保税区管理委员会正式挂牌成立，统一管理外高桥保税区（含外高桥保税物流园区）、浦东机场综合保税区、洋山保税区的行政事务。上海拥有证券、期货（包括商品期货和金融期货）、黄金、外汇等一批国家级要素市场和区域性市场，实现了土地要素、资本要素和知识产权的市场化，为建设自贸试验

区提供了强有力的制度支撑。

在中国经济平稳渡过 2008 年全球金融危机并逐步转向经济新常态的过程中，党中央对上海浦东始终给予了重视和关切。党的十七大报告提出："更好发挥经济特区、上海浦东新区、天津滨海新区在改革开放和自主创新中的重要作用"。党的十八大报告提出全面提高开放型经济水平的要求，"加快实施自由贸易区战略"。2013 年 9 月 29 日，中国（上海）自由贸易试验区在上海成立，成为我国第一家自由贸易试验园区。是年，自贸试验区负面清单列出 190 条管理措施；完成首笔跨境人民币双向现金池业务；自贸区跨境电子商务试点平台"跨境通"启动。2014 年，自贸区启动首笔支付机构跨境人民币支付业务；首批银行开启自由贸易账户业务；新增 31 条扩大开放措施，负面清单调整减少至 139 条。2014 年底，国家批准上海自贸试验区扩区，将浦东陆家嘴、金桥、张江纳入其中，并将自贸试验区的各项制度创新向浦东新区覆盖。

2015 年，自贸试验区负面清单缩减至 122 项；全国唯一自由贸易账户启动外币服务功能；扩展区域揭牌，新增陆家嘴金融片区（含陆家嘴金融贸易区、世博开发园区）、金桥开发片区、张江高科技片区；推出市场准入改革两个十条创新举措；进一步推进自贸试验区金融开放创新的"40 条"意见发布。2016 年，浦东新区"证照分离"改革正式实施；自贸区平行进口汽车改革举措开始落地实施；首个国际金融组织的自贸区账户开立；全国第一套事中事后监管方案出炉。下一阶段，上海自贸试验区继续坚持先行先试，把制度创新作为核心任务，以开放促改革、促发展，率先建立符合国际化、市场化、法制化要求的投资和贸易规则体系，更好地发挥示范引领、服务全国的积极作用。

上海自贸试验区成立以来，在投资管理、贸易监管、金融创新、政府职能转变四个方面均取得了重大突破。在投资管理制度方面，实施了以负面清单为核心的投资管理模式，实施"法无禁止皆可为"，出台了2013年版、2014年版负面清单。2014年版负面清单将对外商投资特殊管理措施由190项降低为139项，减少比例为26.8%，提升了自贸试验区的开放度和自由度。2015年，国务院公布了适用于上海、广东、天津、福建等4个自贸试验区的统一负面清单，将特殊管理措施由139项降低为122项，减少比例为12.2%；将外商投资的项目核准和外商投资企业的合同、章程审批改为备案制；将自贸试验区内企业境外投资由审批制改为备案制；实施商事登记制度改革，将注册资本由实缴变为认缴，取消前置审批实行"先照后证"，取消注册资本最低限额，实行企业准入的"单一窗口"制度。在贸易监管制度方面，实行了国际贸易"单一窗口"制度，货物状态分类监管制度，海关、检验检疫联动实施"一次申报、一次查验、一次放行"监管试点；在金融创新制度方面，开立了自由贸易账户，实行了跨境人民币双向资金池试点，建立了"反洗钱、反恐融资、反逃税"监管机制和跨境资金监测机制。在政府职能转变方面，创新事中事后监管，建立外资安全审查制度，形成反垄断审查联席会议制度，建立企业年报公示和经营异常名录制度。2015年1月29日，《国务院关于推广中国（上海）自由贸易试验区可复制改革试点经验的通知》发布，包括在全国范围内复制推广的改革事项和在全国其他海关特殊监管区域复制推广的改革事项两个大的方面，其中的28项要求在2015年6月30日前落实。

2015年，国务院新公布的《进一步深化中国（上海）自由贸易试验区改革开放方案》提出了要形成以资本项目可兑换和金融服务业开放为目标的金融创新制度，形成与国际投资贸易通行规则相衔接的制度创新体系，研究完善适用于境外股权投资和离岸业务的税收制度。2017 年，国务院印发了《全面深化中国（上海）自由贸易试验区改革开放方案》，要求进一步对照国际最高标准、查找短板弱项，大胆试、大胆闯、自主改，坚持全方位对外开放，推动贸易和投资自由化便利化，加大压力测试，切实有效防控风险，以开放促改革、促发展、促创新；进一步加强与上海国际金融中心和具有全球影响力的科技创新中心建设的联动，不断放大政策集成效应，主动服务"一带一路"建设和长江经济带发展，形成经济转型发展新动能和国际竞争新优势；更大力度转变政府职能，加快探索一级地方政府管理体制创新，全面提升政府治理能力；发挥先发优势，加强改革系统集成，力争取得更多可复制推广的制度创新成果，进一步彰显全面深化改革和扩大开放试验田作用。

2017 年版自贸试验区"负面清单"实现了大幅"瘦身"。与 2015 年版相比，2017 年版减少了 10 个条目和 27 项措施，在采矿业、制造业、交通运输业、信息和商务服务业、金融业、科学研究和文化等领域进一步扩大开放，特别是管理措施减少至 95 项，开放度、透明度大大提升，并将覆盖现有的 11 个自贸试验区。此外，2017 年版"负面清单"在进一步对标国际规则的同时，按照现行国民经济行业分类的标准表述对 27 个领域的具体条目加以规范，对具体限制性要求的描述更详细，使清单更具可操作性。

党的十九大要求赋予自由贸易试验区更大改革自主权，探索建设自由贸易港，提出了"拓展对外贸易，培育贸易新业态新模式，推进贸易强国建设""实行高水平的贸易和投资自由化便利化政策，全面实行准入前国民待遇加负面清单管理制度，大幅度放宽市场准入，扩大服务业对外开放，保护外商投资合法权益"等各项要求。

上海自贸试验区的成立是以开放促改革，以改革促发展，主动对接国际投资贸易新规则，转变政府职能，发挥市场在资源配置方面的决定性作用的重大举措，为可复制、可推广探路引航，旨在为全面深化改革和扩大开放探索新途径、积累新经验。现阶段，上海自贸试验区作为最早获批的中国开放度最高的自贸试验区，是我国新一轮改革开放战略布局的重要支点。作为中国新一轮开放和制度创新的前沿，上海自贸试验区在政府管理、投资开放、贸易便利和金融创新方面均达到了预期成果，各类"第一""首创""率先"更是不胜枚举。

第二节　浦东推进国家战略的四个历史阶段

浦东的对外开放是上海一跃成为改革开放排头兵的第一大事。1990年中央宣布开发开放浦东之后，上海抓住机遇，以更加积极的姿态走向世界，大胆地突破各种束缚，引领全国改革开放的重心逐步向以上海为龙头的长江三角洲地区以及更加广阔的长江流域推进。

28年来，浦东开发开放国家战略的定位一以贯之、与时俱进。1991年1月28日至2月28日，邓小平同志在上海视察期间深刻指出，"开发浦东，这个影响就大了，不只是浦东的问题，是关系上海发展的问题，是利用上海这个基地发展长江三角洲和长江流域的问题"。①浦东始终坚

---

① 《邓小平文选》第3卷，人民出版社2001年版，第366页。

持服从服务国家和全市发展大局，立足不同发展阶段，主动应对国内外环境的变化，不断丰富和拓展国家战略的内涵——根据中央指示，"只要有利于发展，任何改革都可以在浦东先试先行；要发挥浦东的示范带头作用，加强对外开放，形成与国际运行做法一致的运行机制"。①

作为中国开发开放的先行区及与国际经济的率先接轨区，浦东始终发挥核心功能作用、示范作用、带动作用。随着浦东科学发展水平的进一步提高和国际综合发展的需要，浦东所承载的"国家战略"的分量也越来越重。1990 年以来，中央针对浦东先后提出四大国家战略。一是 20世纪 90 年代初党中央国务院作出的开发开放浦东决定。该战略主要立足于高水平开发、高层次开放，为我国改革开放战略升级和形成全方位、多层次、宽领域的开放格局奠定基础。二是 2005 年国务院批准综合配套改革试点，从国家战略高度要求浦东探索综合配套改革，特别要在转变政府职能、改变经济运行方式、缩小城乡二元结构等方面，为全国深化改革实践科学发展提供制度探索的经验。三是 2009 年国务院通过的"'两个中心'建设意见"，首次以国家文件形式对浦东国际金融中心和国际航运中心建设加以规划指导。四是 2014 年 12 月 28 日，全国人大常委会授权扩展中国（上海）自由贸易试验区区域。2015 年 4 月 20 日，国务院印发《进一步深化中国（上海）自由贸易试验区改革开放方案》，实施范围 120.72 平方公里；4 月 27 日，中共上海市委、上海市人民政府举行中国（上海）自由贸易试验区扩区动员大会。中国（上海）自由贸易试

---

① 《张学兵：任何改革都可以在浦东先试先行》，《上海证券报》，转引自"网易财经"，http://money.163.com/08/0130/04/43E8472T00251RJ2.html，2008 年 1 月 30 日。

验区管委会与浦东新区人民政府合署办公。[1]

浦东在推进和深化这些国家战略的历程中经历了四个阶段。

一、开发起步阶段（1990—1995 年）

浦东开发开放的第一阶段与我国"八五"计划的建设时期紧密关联。1990 年 4 月 18 日国务院宣布浦东开发开放时其区域面积为 522 平方公里，人口 134 万，而城市化面积仅有 40 多平方公里，大部分地区还是农村。同时，浦东又有着与南方各经济特区不同的自身条件和特征。浦东的发展离不开上海整座城市运行的改革与发展。上海是中国的经济中心，有着雄厚的国有经济基础，因此也具有浓厚的计划经济体制色彩。浦东及上海的改革与开放就是要在计划经济体制的中心探索出有别于特区、更适应于全中国的改革之路。

浦东开发第一个阶段的核心特征是响应国家开发浦东的重要战略，在体制上率先探索社会主义市场经济。万丈高楼平地起。浦东开发开放的战略实施首先从大量奠基性的基础建设开始，包括组织、思想、政策、法规和规划等多方面的基础启动工作。这主要集中在三个方面：

（一）浦东新区建设的政策、法规和政府支持体系的探索

上海对浦东的开发给予大力的政策支持。1990 年 4 月 30 日，上海市政府召开新闻发布会，宣布中央政府部委有关减免三资企业所得税、生产建设器材免关税以及允许外资经批准兴建第三产业、增设外资银行等

---

[1]　钱运春：《三大国家战略　三重历史使命》，《解放日报》2010 年 4 月 12 日。

开发浦东的 10 项政策。1992 年 3 月 10 日，上海市市长黄菊在市政府新闻发布会上宣布，国务院又给予浦东新区扩大五类项目审批权限，增加五个方面的资金筹措渠道（简称"52111"），从 1992 年到 1995 年，每年可增加 40 亿元左右的资金。①

在规划编制的方式上，浦东打破了传统规划编制的体制界限，陆家嘴开发区在全国率先采用国际招标形式，使浦东的开发开放在启动之初就定位于国际高端。经市人大常委会审定通过的浦东新区总体发展规划指出：要把浦东建成高度文明和国际水平的集中央商务区、自由贸易区、出口加工区、高科技园区以及海港、空港、铁路枢纽于一体，城乡协调发展的现代化新区。

上海还出台了不少浦东开发开放的法规文件。1990 年 9 月 10 日，国务院有关部门和上海市政府向中外记者宣布了《上海外资金融机构中外合资金融机构管理办法》《关于上海浦东新区鼓励外商投资减征、免征企业所得税和工商统一税的规定》等开发开放浦东的九个法规文件。②1991 年 9 月 18 日，上海市人民政府又公布了三个新的政策规章，包括《鼓励外地投资浦东新区的暂行办法》，以及关于外高桥保税区进出海关和外汇管理的两个施行细则。③

1993 年 9 月，浦东新区出台了"52 号文件"，改变了在计划经济体制下长期采用的"谁征地、谁安置"的办法，率先建立了以市场为主导的"铁保障、泥饭碗"就业安置机制，即为征地农民统一办理养老和医

① 《国务院给浦东新增五项优惠政策》，《解放日报》1992 年 3 月 11 日。
② 《宣布浦东开发开放九个法规文件》，《解放日报》1990 年 9 月 11 日。
③ 《上海推出浦东开发三项新政策》，《解放日报》1991 年 9 月 19 日。

疗社会保障，提供就业培训，市场化就业。这一举措在政策上解决了征地劳动力的安置问题。

（二）生产要素的制度开放和市场化探索

"八五"期间，围绕创造和探索开发开放的新区发展模式，浦东高起点制定了发展总体发展规划、启动了城市基础设施建设，同时组建开发公司作为开发主体。在此过程中，浦东开创了土地对外批租、土地二级运转模式、国资开发公司与园区等诸多新举措，紧密围绕上海城市长远发展目标，善用活用外商外资。

生产要素的开放打破了城市基础建设缺乏财政支持的瓶颈，激活了城市格局更新的动力。浦东开发开放的前五年主要任务是城市形态开发。在最初的 5 年时间里，浦东以交通、能源和通信项目为主的"八五"计划第一轮十大重点基础设施工程及各项配套设施项目（包括南浦大桥、杨浦大桥、杨高路扩建、内环线浦东段、外高桥港区、合流污水一期、凌桥水厂、浦东煤气厂二期、外高桥电厂、通信工程等）的建设，同时外资的引进也使得大面积的浦东旧城改造成为可能。这些都极大改善了新区道路、供水、供电、供气、通信等投资硬环境和城区面貌。其中，现代化交通体系的"两环三轴"建设是整个浦东第一轮基础设施建设的重点。"两环"指上海内外环的浦东部分，"三轴"是指浦东的南北、东西、滨江三条发展轴。同时，陆家嘴、外高桥、金桥等重点功能区进行了高强度的投入和高标准的建设，完成了启动地块的"七通一平"，金桥开发公司还在全国开发区中率先做到了"九通一平"。这些建设初步解决了基础设施落后的问题，改善了投资环境，提供了城市生活的基本条件。

（三）浦东开发模式、开发主体和开发体制的创新

构建开发开放的党政管理组织体系。1990 年 4 月，上海市浦东开发领导小组和浦东开发办公室成立，负责浦东开发的规划、政策和组织准备。1992 年 11 月，经国务院批准，撤销川沙县建制，建立浦东新区，其行政区域包括原川沙县全境，原上海县的三林乡以及杨浦、黄浦、南市 3 区的浦东部分，面积 522.75 平方公里，户籍人口 156.2 万人。1993 年 1 月，中共上海市浦东新区工作委员会、上海市浦东新区管理委员会成立，作为上海市政府的派出机构，全权管理浦东事务。同年 3 月"两委"开始全面履职。

开发主体方面：1990 年 9 月，成立陆家嘴、外高桥、金桥三个开发公司，分别负责陆家嘴金融贸易开发区、外高桥保税区、金桥出口加工区的综合开发和经营管理。1992 年成立张江高科技园区开发公司并负责张江高科技园区的综合开发和经营管理。在此基础上，浦东创造了开发开放的新区模式。与南方经济特区发展以"三来一补"形式的出口加工业的发展模式非常不同，浦东开发开放是作为上海城市功能转型的先导区，着重发展以金融贸易为核心的第三产业和吸引以跨国公司投资为主体的高新技术产业。

为此，浦东确定了陆家嘴金融贸易区、金桥出口加工区、外高桥保税区和之后的张江高科技园区四个国家级开发区。其关键是组建公司进行商业性开发，摒弃了传统体制下由政府投资开发，承担全部开发成本的旧模式，形成了政府规范土地一级市场、放开搞活土地二级市场的"资金空转，批租实转，成片开发"的开发模式，为后期开发吸引到大量的资金。

二、功能开发阶段（1996—2000 年）

"九五"计划期间，浦东开发开放转入了功能开发和形态开发并举的发展阶段。其中包括：大规模推进基础设施建设、加快四个国家级开发区的功能开发、经济结构调整升级、构建要素市场体系等。1995 年 6 月，国务院给予浦东扩大对外开放方面新的功能性政策，使浦东在金融和贸易等领域取得率先推进改革的试点权，以支持上海国际经济中心城市建设和促进浦东功能开发。浦东积极紧跟国家政策的导向，在金融贸易、对外开放方面大胆改革：创新融资方式和融资渠道，联手国内银行为重大工程融资，扩大授信方式，引入循环贷款、按揭贷款等先进运作方式；浦东的商业银行全面推行资产负债比例管理试点，实行财产险和人寿险机构的分设，开展外资银行在浦东经营人民币业务试点，增设外资和中外合资保险机构，对外开放商业零售，组建中外合资外贸公司。浦东新区在短短几年内迅速集聚了几千家中外贸易公司和上万家的商业企业。[1]

（一）功能开发的内容

继"八五"期间投资 250 亿元完成第一轮十大基础设施工程后，"九五"期间又投资 1 000 亿元，实施推进了浦东国际机场一期、东海天然气工程、外环线，电厂二期、港口二期、地铁 2 号线、隧道复线、通信枢纽工程等新一轮十大工程。10 年间，在基础设施建设上累计投入 1 400

---

[1]　浦东新区党工委：《高举邓小平理论伟大旗帜，走出浦东开发创新之路》，载《浦东开发开放十年》，上海远东出版社 2000 年版，第 234 页。

多亿元。截至 2000 年，新增道路 1 000 公里，绿化地区从 44 平方公里扩大到近 100 平方公里，新建各类建筑 5 000 万平方米，浦东城市化水平约达 56％，大规模开发建设使浦东的基础设施实现了从基础型向枢纽型的转变。浦江东岸耸立起一大批现代化功能性楼宇，活跃着各有特点的功能区，现代化新城区形态与功能框架已经初步形成。

浦东还加快了对四个国家级开发区的功能开发。陆家嘴金融贸易开发区是全国唯一以金融贸易命名的开发区，着力开发金融、贸易、商业等第三产业集聚的服务功能，构筑国际经济、金融、贸易中心的核心功能区。外高桥保税区逐步拓展国际贸易、保税仓储、出口加工三大功能，增强物流分拨功能。金桥出口加工区着重发展资本和技术密集型的出口加工工业，基本形成以微电子、现代通信、光机电一体化、现代家电、汽车及零部件、生物医药等六大高新技术为支柱的产业结构。张江高科技园区着力高新技术产业开发和创新功能，初步形成科技创新区、国家生物医药科技产业基地、国家微电子信息产业基地和上海软件园联动发展的格局。

浦东还继续构建现代化要素市场体系。1996 年上海市委市政府决定分阶段将一些大的要素市场迁入浦东陆家嘴金融贸易区，形成浦东大市场、大流通、大外贸的格局。东迁的要素市场涉及证券、外汇、资金、人才、技术、生产资料等领域，如上海房地产交易中心、上海产权交易所、上海粮油交易所、上海证券交易所、中国上海人才市场等。[1]

在人才市场建设方面，市委市政府采取了人员东进、机构东进等有力措施，集聚浦东商气、人气，推动浦东功能开发，成功地化解亚洲金

---

[1] 李正图：《浦东开发开放研究》，上海社会科学院出版社 2015 年版，第 54—55 页。

融危机对浦东开发带来的负面影响。在人员东进方面，鼓励和支持浦东新区率先打破地域、身份、学历等各种界限，面向全国招考机关干部、聚集各类开发建设所需人力资源。至 1996 年底，6 年中，浦东新区人口净迁入 9.40 万人；其中，从外省市净迁入 3.23 万人，引进了市内外管理和技术人才 1.4 万人，在浦东三资企业中任职的外国经济技术专家 1 000 多人，全国各地参与浦东开发建设的职工和民工近 30 万人。浦东成为各类人才创业的热土。[①]

在机构东进方面，1996 年开始，以中外金融机构、要素市场、跨国公司和国内大企业集团总部以及市政府有关委办局为主力军。随着中国人民银行上海分行东迁，一批著名跨国公司，如斯米克、西门子、汤臣、联信、泰华银行、八佰伴、阿尔卡特等，纷纷将总部或地区总部迁入浦东新区，上汽集团、宝钢集团总部也相继东迁。为了促进人员东进、机构东进，推动浦东功能集聚，市委市政府还推出延安路隧道免费通行以及"蓝印户口"等政策。[②]

（二）功能开发的成效

在这一阶段，浦东开发的中心任务是拓展四个重点开发区的功能，并使各个区互相呼应，功能互补，形成有机整体。陆家嘴金融贸易区，规划面积 28 平方公里。1999 年底，开发面积达到 15 平方公里，近 200 幢现代化办公商务楼宇拔地而起，77 家中外资金融机构和上海证交所、上海期货交易所、上海产权交易所等 6 个国家级要素市场相继进入，西

---

①②　参见《浦东新区年鉴》（1999 年），http://www.pudong.gov.cn/shpd/IntoYearbooks/？categorynum＝008006016&type＝1。

门子、阿尔卡特等 21 家外国跨国公司地区总部以及宝钢、华源等国内大集团总部落户，金融贸易功能日趋增强。[1]

整个上海原有的经济结构随着浦东的开发也得到了调整升级。浦东的工业经济结构逐步实现从低层次、粗放型、传统型向高层次、集约型、创新型的转变，形成了汽车、通信设备、生物医药和家电等六大支柱产业，使浦东成为上海信息产业、现代生物医药工业、家电制造业和汽车及零部件制造业的重要基地。浦东的第三产业发展较快，1990 年至 1995 年增幅为 10.37 个百分点，1995 年至 1999 年增幅为 14.44 个百分点。第三产业总值在 1991—1993 年间平均增长 10.76 亿元，在 1994—1996 年间平均增长 41.38 亿元，在 1997—1999 年间平均增长 62.88 亿元。[2]

这一时期，浦东开发开放引领了社会主义市场经济体系的创建，融会创新开放政策，探索"小政府、大社会"的政府经济职能转变，推动上海先进技术与管理的引进，全面提升了城市功能格局和产业结构。

三、综合配套阶段（2001—2010 年）

经过"八五""九五"十年的开发开放，浦东基本完成了形态开发和功能开发，新世纪的浦东开发开放开始进入全面的综合配套新阶段。

（一）以中国加入 WTO 为背景的区域综合配套建设

以中国加入 WTO 为标志，浦东率先建立与国际通行做法相衔接的

---

[1] 黄菊：《把浦东开发开放搞得更好更扎实》，载《在协调中发展》，中共中央党校出版社 2002 年版，第 291—306 页。

[2] 李正图：《浦东开发开放研究》，上海社会科学院出版社 2015 年版，第 55 页。

经济运行法规体系和体制环境，连接国内、国外两个市场空间、不同市场主体和多种市场体系，拓展新的市场模式，引领社会主义市场经济与国际社会的双向开放。同时，围绕上海"四个中心"建设，继续探索土地开发新经验和开发区的功能创新，推动国有经济面向世界，在综合配套改革试验方面为突破体制障碍不断提供新经验。

这一阶段，以上海实施"聚焦张江"战略、推进金融中心建设为起点，浦东迎接了世博会的机遇，加快城区建设。在我国正式加入世界贸易组织（WTO）后。中国的对外开放将转变成市场主导型的、体制性的对外开放。紧抓 WTO 的机遇与挑战，浦东逐步建立了与 WTO 规则等国际惯例接轨的新的政策体系，以实现从支持性、优惠性政策为主向制度性、功能性政策为主的转变，以陆家嘴金融贸易区和外高桥保税区为主要载体，将对外开放的重点从一般生产加工领域扩大到服务贸易领域。[1]陆家嘴金融贸易区在国内率先扩大金融保险、信息咨询、会展旅游等领域的对外开放，着重引进跨国公司地区总部、研发中心、外资金融机构、专业服务中介等，并将先行先试离岸金融业务。外高桥保税区积极探索"境内关外"的监管方式和"区港联动"的新体制，按自由港的功能和模式，进一步开展国际租赁、国际航运、现代物流、国际法律服务和国际商品展示等服务贸易领域的开放。[2]

---

① 周禹鹏：《谱写新世纪浦东开发开放新篇章》，载政协上海市委员会文史资料委员会、中共上海市委党史研究室、政协上海市浦东新区委员会编著：《浦东开发开放 上》，上海教育出版社 2014 年版，第 128—129 页。

② 汪胜洋等：《跨世纪崛起：上海改革开放 30 年回顾、总结和展望》，上海财经大学出版社 2008 年版，第 458 页。

2004年10月，浦东新区成立陆家嘴、张江、金桥、外高桥四大功能区域，并设立各区域党工委和管委会，统筹协调以四大开发园区为核心的区域经济与社会发展。通过"区镇联动"，以功能开发为核心，推动功能区域一体化，积极探索管理体制一体化，实现开发区与周边街镇之间的规划一体、发展联动、优势互补、利益共享。尤其是坚持"城乡一体、共同发展"的思路，制订了"列车工程"计划，建立了开发小区与周边乡镇的经济联合体，帮助周边乡镇与开发小区协调发展，同时组建孙桥现代农业开发区加快浦东乡镇工业的产业升级和农业现代化。

浦东内部的开放功能一体化也逐步推进。2004年4月，我国首个保税物流园区——上海外高桥保税物流园区正式封关运行，并率先进行"区港联动"（保税区与临近的港口合作，实行保税区政策）的试点。这标志着外高桥保税区在全国15个保税区中率先迈出了向自由港转型的一步。

（二）率先全国开展综合配套改革试点

2005年6月21日，国务院批准浦东开展综合配套改革试点，标志着浦东开发开放的动力由主要依靠政策优惠和投资拉动转入主要依靠体制创新和扩大开放的根本转变。响应国务院的工作部署，上海在浦东的综合配套改革作出整体部署、重点推进：

其一，浦东制定了《浦东综合配套改革试点总体方案》和四轮"三年行动计划"（2005—2008、2008—2010、2011—2014、2014—2016），突出了改革总体思路、战略目标和主要任务。其二，建立改革试点的组织体制和推进机制，成立上海市推进浦东新区综合配套改革试点工作领导小组。2007年1月，上海市政府下发了《关于完善市区两级管理体制，赋予浦东新区更大发展自主权的意见》，在规划、财税、土地管理、环保市容、项目审批、社会事业发展等6个方面共17项权限，赋予浦东新区更大的发展自主权。其三，是为浦东综合配套改革试点提供法制保障。2007年4月，上海市人大常委会第35次会议通过了《关于促进和保障浦东新区综合配套改革试点工作的决定》，明确对浦东综合配套改革中需要先行先试的事项，可以由市和新区两级政府制定相关文件，或由新区人大及其常委会作出决议、决定。其四，积极推进综合性制度创新。在浦东新区进行的行政管理体制、金融体制、科技体制、涉外体制、经济体制、农村体制、社会体制改革中，坚持先行先试。其五，是建立部市合作机制。浦东综合配套改革试点得到了国家发改委和中央有关部委的大力支持和指导，形成了部市合作的机制，2006年4月和2007年4月，国家发展改革委同上海市人民政府两次召开了推进浦东综合配套改革试点工作会议。监察部、人事部、民政部、科技部、商务部、中国人民银行、银监会、证监会、保监会、国家外汇管理局、海关总署、知识产权局、国家质检总局等13个部门，在浦东新区开展了20多项改革试点。上海市有关部门也主动将10多项改革试点首先放在浦东。

在转变政府职能方面，浦东新区按照"强化、转化、弱化"的要求，突出强化政府公共服务和管理的职能，弱化政府经济管理职能，转化部分可由政府支持、社会承担公共服务的职能。在转变经济运行方式方面，浦东新区以陆家嘴金融贸易区为载体推进金融改革创新、以张江高科技园区为载体推进科技体制创新，并努力深化涉外经济体制改革，积极争取国家外汇管理局等部门的支持，率先开展跨国公司地区总部外汇资金管理方式试点,突破了制约总部经济发展的瓶颈。在改变城乡经济社会二元结构方面,以紧紧抓住消除城乡二元结构深层次的体制机制障碍为关键,打破原来按照城区、开发区、郊区分别设置的管理机构,以政府管理"城郊合一"促进经济发展"城郊协同"、社会事业"城郊并轨",推进城乡一体化发展。

浦东同时着手两个中心建设。2008 年 7 月 5 日,温家宝总理在视察上海洋山港时指出,上海要紧紧围绕建成东北亚国际枢纽港的目标,大力发展现代航运服务体系,着力打造航运服务资源集聚中心,加快上海国际航运中心建设。2009 年 3 月,国务院发布《关于推进上海加快发展现代服务业和先进制造业、建设国际金融中心和国际航运中心的意见》,明确提出:"到 2020 年,将上海基本建成与我国经济实力和人民币国际地位相适应的国际金融中心、具有全球航运资源配置能力的国际航运中心。"上海建设国际金融中心、国际航运中心的核心要素如陆家嘴金融城、外高桥港区、洋山深水港和浦东国际机场都在浦东,使浦东成为上海"两个中心"建设的核心功能区。2009 年 4 月,原南汇区行政区域划入浦东新区,标志着浦东开发开放进入了"二次创业"的新阶段。2010年 4 月,浦东又提出了"7 + 1"战略新布局。

2010 年上海世博会为浦东进入新世纪的开发开放提供了新的历史机遇。世博会会址总面积 65％设在浦东新区。浦东抓住筹办世博会的历史机遇,一手抓城市基础设施建设,完善枢纽型网络化的基础设施建设,初步形成融入全市、面向世界、辐射长三角的基础设施网络体系;一手抓城区综合服务,充分利用世博效应,促进了世博周边区域和黄浦江沿岸的景观建设,进一步拓展商务、会展、旅游、文化等综合功能,进一步提升城区综合服务能力。

四、"二次创业"阶段（2010年至今）

2009年4月国务院批复同意上海市《关于撤销南汇区建制将原南汇区行政区域划入浦东新区的请示》。新浦东雄踞东海之滨，外眺太平洋，南濒杭州湾，北靠长江，面积1 210平方公里，占全市五分之一左右。随着南汇并入浦东和国务院批复上海市建设"两个中心"，浦东承担国家战略，匹配上海未来发展的总体定位的战略功能更加明显，浦东开发开放模式也面临着进一步调整。

两区合并后的新浦东标志着浦东开发开放进入了"二次创业"的新阶段。浦东在"二次创业"过程中，必然更加主动地面向世界，更加积极地承担国家战略，更加自觉地与上海未来发展的总体定位相匹配，发挥浦东对上海的经济增长极的作用，全面提升服务全国的功能。

进入"二次创业"阶段，浦东提出了建设"四个区"的战略目标：一是加快建设科学发展先行区，率先形成服务经济为主的产业结构和创新驱动为主的内生增长模式，走出资源节约型、环境友好型发展道路，努力建设更高水平的小康社会。二是加快建设"四个中心"核心区，着力强化配置全球金融、航运、贸易资源的市场平台功能，着力强化资本、管理、信息、技术等要素的服务辐射功能，着力强化自主创新、产业转化功能，着力强化对内对外开放的门户枢纽功能，成为上海服务长三角地区、服务长江流域、服务全国的重要载体。三是加快建设综合改革试验区，率先突破制约发展转型的制度障碍，形成有利于服务经济、创新经济发展的信用、监管、人才和政府管理等环境；加快转变政府职能，深化机构改革，努力构建扁平高效的新型行政管理体制，积极推进社会建设和管理领域的体制机制创新；加快农村要素市场化、基本公共服务均等化，率先探索形成城乡一体化发展新格局。四是加快建设开放和谐生态区，全面实践"城市，让生活更美好"的世博主题，实现人居环境优质化、国际交往便利化、公共管理法治化、城市文明现代化，形成开放融合、和谐有序、充满活力的人文环境，构建经济与社会、人与自然和谐发展、有机统一的生态系统。

2010年4月，浦东提出了"7＋1"产业空间战略新布局。"7＋1"的产业空间布局是浦东、南汇两区合并后，在新行政格局下对浦东既有开发区域的进一步整合和完善，在产业能级上包括了现代服务业、先进制造业，符合产业升级的要求；在发展动力上包括了科技驱动、创新驱动，符合率先转变方式的要求；在功能上更加突出区域核心竞争力，体现浦东和上海在全国的"四个率先"作用。这种更加科学的产业空间布局为浦东"二次创业"条件下浦东进一步开发开放创造了更加优越的前提和条件。

2016年11月，浦东新区政府正式发布《浦东新区产业发展"十三五"规划》（以下简称《规划》）。《规划》指出，在未来五年，浦东将在产业发展上聚焦"八大产业板块"和"十个重点专项"。在产业空间布局上，浦东则将形成"4＋4＋X"的格局，并通过金融城、科学城、旅游城、航空城的建设，推进城乡一体化发展。重中之重仍是落实国家战略，抓住自贸试验区和科创中心建设的历史机遇，面向经济社会发展的重大需求，实施创新驱动发展战略。

2013 年 9 月，中国（上海）自由贸易试验区正式挂牌运营，该区涵盖上海既有的 4 个海关特殊监管区域（上海市外高桥保税区、外高桥保税物流园区、洋山保税港区和上海浦东机场综合保税区），总计 28 平方公里，成为浦东深化开放和中国经济升级版的突破口。9 月 29 日，上海市政府公布了《中国（上海）自由贸易试验区外商投资准入特别管理措施（负面清单）（2013 年）》，2014 年 9 月又发布了 2014 版的"负面清单"。"负面清单"依据《国民经济行业分类及代码》（2011 年版）分类编制，共涵盖 18 个行业门类，89 个大类，419 个中类，1069 个小类，共计 190 条管理措施。

党的十八届三中全会将上海自贸试验区的建立视为中国启动新一轮改革开放的标志性试点，承载着"深化经济体制改革、提高行政审批效率、进一步与国际市场接轨"的历史使命。在 2015—2017 年的建设历程中，上海自贸试验区"大胆闯、大胆试、自主改"，已经基本形成了一批可复制、可推广的新制度，为在全国范围内深化改革和扩大开放探索了新途径，积累了新经验。

2015 年起，上海市政府公布了上海自贸试验区和张江国家自主创新示范区联动发展实施方案（"双自联动"方案），为创新政策叠加、体制机制共用、服务体系共建提供了机遇。2016 年 4 月召开的浦东新区综合配套改革试点工作会议指出，要以自贸试验区建设为契机，继续发挥好浦东综合配套改革试点的作用。一方面，不能把两者割裂开来，要更好地发挥两者的叠加效应；另一方面，全面深化改革要求综合配套改革在新的形势下体现新的改革成效。

党的十九大报告提出，赋予自由贸易试验区更大改革自主权，探索建设自由贸易港。上海围绕自贸区建设，全面致力于"拓展对外贸易，培育贸易新业态新模式，推进贸易强国建设"、"实行高水平的贸易和投资自由化便利化政策，全面实行准入前国民待遇加负面清单管理制度，大幅度放宽市场准入，扩大服务业对外开放，保护外商投资合法权益"等各项中央要求。

上海自贸区的下一步的探索重点将是发展离岸业务和实施资本项目可兑换。当前上海已完成了资本项目可兑换的基础设施建设，具体的资本项目可兑换实施方案正在报批过程中。而且要将上海自贸区建设和上海的"四个中心"建设对接起来，和国家的"一带一路"与长江经济带建设对接起来，发挥更广的辐射和带动作用。

第三节　浦东推进国家战略的重大事项

一、建立和完善社会主义市场经济体制

浦东开发开放开了中国探索社会主义市场经济的先河。从一开始，上海就注重在浦东探索和试验市场运作机制，并与政府的主导作用相互促进。浦东率先实现了土地、资金、技术、劳动力等要素的市场化，特别是开创了土地有偿使用之先河，建立以批租、成片开发、多元筹资为特征的滚动开发机制。同时对开发建设中产生的征地农民，率先建立了以市场为主导的就业安置机制；通过国有企业改革，促进企业成为真正的市场主体；通过企业上市和投融资改革，为重大工程和重点项目筹措资金；构建从现货到期货、从消费资料到生产资料、从实物商品到金融

商品以及人力资源在内的多层次市场体系，充分发挥各类大市场集聚和辐射效应，密切浦东与国内外经济的联系，为中国社会主义市场经济的建立和完善不断开拓服务。

党的十四大以后，为进一步发展浦东的市场体系，上海启动了要素市场东迁的计划。1995年12月20日，中国第一家中外合资大型商业零售企业——上海第一八佰伴新世纪商厦（中日合资）在浦东新区开业。1996年，上海房地产交易中心、上海产权交易所、上海粮油交易所陆续迁入浦东。至1998年，浦东已集聚了证券交易、产权交易、粮油商品交易、食糖商品交易、房地产交易、人才市场等10个国家级和市级要素市场。2000年，上海钻石交易所在浦东成立。2006年，我国首家金融衍生品交易所——中国金融期货交易所在浦东正式挂牌。随着浦东的发展，上海证券市场和上海期货市场成为中国不可缺少的同类市场，上海联合产权交易所也成为全国交易额最大的产权交易机构。目前，浦东已成为我国要素市场体系最完备，要素资源集聚、配置和辐射功能最强的地区之一。

通过功能性政策的先行先试，浦东率先向国际、国内开放了金融市场、贸易市场、商业市场、房地产市场、人才和劳动力市场，提高了社会资源的市场化配置程度，扩大了上海的对外开放度和市场准入度，成为国际、国内两个市场的连接点。1990年9月，国务院批复《中华人民共和国海关进出上海外高桥保税区货物、运输工具和个人携带物品的管理办法》，这是我国保税区的第一个海关管理办法。1993年4月18日，中国第一个保税区——外高桥保税区封关运营，成为我国第一个正式设立、规划面积最大、发展速度最快、功能发展最成熟的保税区。1995年4月，上海浦东海关和外高桥保税区海关正式开关。市场接轨方面：

1992 年，日本伊藤忠商事有限公司在外高桥保税区设立外贸公司，成为第一家在我国设立的独资外贸公司。1997 年，中国首批三家中外合资外贸企业——东菱贸易有限公司、上海兰生大宇有限公司和中技—鲜京贸易有限公司在浦东成立。浦东在开放前 8 年就成功地引进了 150 亿美元协议外资和 150 亿元内联资金，获得了 400 亿元的银行贷款。

2001 年 12 月 11 日，我国正式加入世界贸易组织（WTO），成为其第 143 个成员。加入 WTO 后，中国的对外开放将转变成市场主导型的、体制性的对外开放。浦东紧抓 WTO 的机遇与挑战，逐步建立了与 WTO 规则等国际惯例接轨的新的政策体系，以实现从支持性、优惠性政策为主向制度性、功能性政策为主的转变，以陆家嘴金融贸易区和外高桥保税区为主要载体，将对外开放的重点从一般生产加工领域扩大到服务贸易领域。陆家嘴金融贸易区在国内率先扩大金融保险、信息咨询、会展旅游等领域的对外开放，着重引进跨国公司地区总部、研发中心、外资金融机构、专业服务中介等，并先行先试离岸金融业务。外高桥保税区积极探索"境内关外"的监管方式和"区港联动"的新体制，按自由港的功能和模式，进一步开展国际租赁、国际航运、现代物流、国际法律服务和国际商品展示等服务贸易领域的开放。①

2002 年，上海零售市场规模突破 250 亿美元，首次达到世界公认的国际贸易中心城市基本水准。同年，上海跨国采购促进中心和上海跨国采购服务有限公司揭牌成立。2006 年 3 月，DHL 中外运敦豪外高桥服务

---

① 汪胜洋等：《跨世纪崛起：上海改革开放 30 年回顾、总结和展望》，上海财经大学出版社 2008 年版，第 458 页。

中心成立。至此，全球物流三巨头 DHL、德国铁路、UPS 齐聚外高桥保
税区。2009 年，浦东揭牌成立外高桥国际贸易示范区，大型专业化贸易
平台已成为外高桥国际贸易示范区拓展贸易功能的重点。①

　　2013 年 9 月 29 日中国（上海）自由贸易试验区正式成立，面积
28.78平方公里，涵盖上海市外高桥保税区、外高桥保税物流园区、洋山
保税港区和上海浦东机场综合保税区等 4 个海关特殊监管区域。2013 年
12 月，上海自由贸易试验区启动中国首个跨境贸易电子商务试点平台。
2014 年 9 月，长三角区域第一家国家级的版权贸易基地落户上海自贸试
验区。上海自贸试验区成立以来，浦东围绕外商投资负面清单管理、贸
易便利化、金融服务业开放、完善政府监管制度等，在体制机制上进行
了积极探索和创新，形成了一批可复制、可推广的经验做法。

　　2017 年，上海响应中央要求，提出要持续用力深化以负面清单为核
心的投资管理制度改革，用负面清单这个国际通行"语言"来体现中国
的开放度、开放水平和开放信心。上海必须做到最公开透明高效，执行
最彻底，真正建立健全公平竞争、一视同仁的市场环境。同时，要持续
用力深化符合高标准贸易便利化规则的贸易监管制度创新，抓住国际贸
易单一窗口建设，形成法治化、国际化、便利化的营商环境。

二、不断推进中国对外开放新格局

　　浦东的开发开放离不开国家对外开放战略的政策成果，也一直引领

---

　　① 《外高桥保税区向自由贸易区转型》，上海市经济和信息化委员会，http://www.
sheitc.gov.cn/gydt/620140.htm，2008 年 5 月 5 日。

着中国对外开放的总体格局。为了浦东开发能有源源不断的资本要素，国家制定了金融先行的策略，出台了积极吸引外资共同发展金融产业的政策。1990 年 4 月，国务院批准在上海浦东新区采取十项优惠政策，其中包括允许外商在区内兴办第三产业，对现行规定不准或限制外商投资经营的金融和商品零售行业，经批准可以在浦东新区内试办；允许外商在上海，包括在浦东新区增设外资银行，先批准开办财务公司，再根据开发浦东实际需要，允许若干家外国银行设立分行。同时，考虑适度降低外资银行的所得税率，并按不同业务实行差别税率。9 月 10 日，经国务院批准，中国人民银行颁布实行了《上海外资金融机构、中外合资金融机构管理办法》。办法制定了向外商提供了更为广泛的投资领域，包括设立外资银行、中外合资财务公司等金融机构，是对有关吸引和保证外（合）资金融机构到浦东新区增设机构和正常营运的政策的具体化。

对外开放始终引领浦东的金融市场的发展，并创下许多个"第一"。1990 年 8 月，中国农业银行率先在浦东设立分行营业，一年内我国各大专业银行全部在浦东设立了分行。1992 年 1 月日本第一劝业银行上海分行正式开业。至此，有 12 家外国银行先后获准在上海设立分行。1993 年 1 月，上海首家区域性、综合性、股份制商业银行——上海浦东发展银行开业；同月，浦东上海证券大厦奠基。1995 年 9 月 11 日全国第一家外资银行——日本富士银行上海分行在陆家嘴金融贸易区银都大厦开业。1997 年 1 月，日本第一劝业上海分行、日本三和上海分行、渣打银行上海分行和上海巴黎国际银行等 4 家外资银行迁址浦东新区并试点经营人民币业务。

1997 年初，中国人民银行向全世界宣布：已迁入或即将迁入浦东的美国花旗（美国宝通）银行、香港汇丰银行、日本东京三菱银行和日本兴业银行等 8 家外资银行的上海分行，将率先进行经营人民币业务的试点。1997 年 12 月上海证券交易所迁至位于浦东陆家嘴的上海证券大厦。1998 年 3 月，当时上海唯一的中外合资银行——上海巴黎银行落户浦东新区。2003 年，该行率先由合资转为外商独资，更名为法国巴黎银行（中国）有限公司。

外资、外商对浦东城市建设基础项目的投资一直延续。1996 年 4 月由韩国投资 1.86 亿美元的银冠大厦（后更名为浦项大厦）动工；5 月由泰国正大集团联合泰国农业银行等六家银行共同投资 3 亿美元兴建的正大广场动工，其后泰国正大集团累计投资 4 亿美元，广场于 2002 年竣工。2002 年 12 月 31 日磁浮列车在浦东建成通车，全长 29.863 公里，这是由中德合作开发的世界第一条磁悬浮商运线。浦东在开发开放的过程中，始终结合自身的特点和实际情况，积极借鉴国外先进经验，创新投融资模式，采用 BOT、TOT 等方式，将民营、外资等社会各类资本引入重大基础设施项目，大大减轻了政府投资压力和债务负担，加快了城市基础设施建设和营运的产业化、商品化、国际化、现代化进程。

2000 年以后，浦东新区以"两个聚焦"为突破口，在中央有关部门支持下深化金融、科技、涉外经济体制改革和创新，推动金融产品创新和金融市场发展，加快上海国际金融中心的建设。[①]2000 年中国国家级钻石交易所——上海钻石交易所在金茂大厦开业。2002 年中国银联股份有限公司在上海期货大厦挂牌成立。2004 年花旗集团大厦揭幕，成为花旗

---

① 左学金、陆沪根主编：《上海浦东经济发展报告 2012》，社会科学文献出版社 2011 年版，第 215 页。

集团在中国的全球企业与投资银行业务和全球消费总部。2005 年 8 月中国人民银行上海总部在浦东陆家嘴揭牌，承担部分中央银行业务的具体操作职责，通过贴近金融市场一线的优势；2008 年 1 月黄金期货交易在位于浦东新区的上海期货交易所挂牌上市。同年 5 月中国人民银行征信中心在浦东新区揭牌。

2014 年 2 月，中国人民银行上海总部发布《关于支持中国（上海）自由贸易试验区扩大人民币跨境使用的通知》和《关于上海市支付机构开展跨境人民币支付业务的实施意见》。同年 9 月，中国第一个"国际板"——上海国际黄金交易中心揭牌，标志着上海黄金交易所国际板正式开市，我国黄金市场对外开放迈出实质性一步。2015 年 9 月，首家外商独资基金管理公司——也是英国最大的一家公募投资基金——安本资产管理有限公司，获准在上海自贸试验区成立；12 月，中国第一家专业再保险经纪公司——江泰再保险经纪有限公司在上海宣布开业。江泰再保险经纪是中国保险史上第一个在名称中冠以"再保险"字样的经纪公司、第一个专业再保险经纪公司、第一个中外合资成立的再保险经纪公司，注册地在中国（上海）自由贸易试验区。2016 年 12 月，上海市政府在上海自贸试验区成功发行 30 亿元人民币地方政府债券，获得 83.3 亿元的投标量。这标志着除银行间市场和交易所之外，中国第三个债券市场——自贸区债券市场正式诞生。

三、先行先试制度创新和改革集成

浦东对外开放始终以政策探索为先行先导。1990 年 6 月，国务院给予浦东新区 10 项优惠政策，既有适用开发区的普适性政策，也有针对特定产业的专门化政策。同年 9 月 10 日，上海市政府出台了《上海市鼓励外商投资浦东新区的若干规定》《关于上海浦东新区外商投资企业审批办法》《上海市浦东新区土地管理若干规定》《关于上海市浦东新区产业导向和投资指南》《关于上海浦东新区规划建设管理暂行办法》和《上海市外高桥保税区管理办法》等 9 项政策法规。1992 年初，为进一步支持浦东开发，增加浦东开发的资金来源，国务院又给予浦东新区扩大五类项目审批权限，增加五个方面的资金筹措渠道。此后，浦东的改革开放政策呈现出博采众长、兼容并包的特点。归纳起来，当时浦东新区具有我国 14 个经济技术开发区享受的所有优惠政策，具有我国 5 个经济特区享受的优惠政策。最重要的，浦东新区拥有开发区和特区还没有普遍实行的五方面新政策。

此外，上海四大开发区都出台了相应的鼓励外商投资和内外开放的政策。尤其是上海外高桥保税区，作为国内第一个经国务院批准的大型综合性保税区，允许区内贸易企业可以从事转口贸易，为保税区内的其他企业代理生产用的原材料、零配件的进口及产品出口允许，等等。1992 年 6 月 1 日，外高桥保税区管理委员会正式成立，委员会主要负责对保税区实行统一管理，对保税区的中外投资项目、土地规划、基建工程等进行审批和管理。正式投资申请 7 天内可获明确答复，并实行"一站式、一条龙"服务。①

---

① 以上参见陈少能主编：《浦东之窗》第三册，华东师范大学出版社 1992 年版，第 583—590 页；《1993 年上海浦东研究报告》，浦东新区商务咨询服务中心 1993 年版，第 100—102 页。

中国加入 WTO 以后，浦东的全面开放对政府提出了更高的政策要求。2005 年 4 月，上海海关推出八条措施，进一步支持浦东开发开放。除了宏观政策以外，浦东根据中央和上海市两级政府的许可，制定了开发开放完整的政策体系，其中包括招商引资、土地利用、资金筹措、人才引进、项目招标等方面的具体规定。

1990 年，上海市人民政府浦东开发办公室和上海市浦东开发规划研究设计院正式成立。1993 年浦东新区管理委员会成立，率先实行"小政府、大社会"的管理模式。"小政府"的功能包括：决策职能、政府集中力量驾驭全局、服务职能、审批职能。"大社会"的特点是把政府管不了、管不好、不该管的事务交给市场和社会中介服务组织。浦东领先于全国，对政府行政管理体制进行了全面的职能精简转换。

2000 年 8 月 6 日，浦东新区人民政府成立，完善了新区党委、人大、政府和政协四大机构行使政府职权。浦东新区政府继承了"小政府、大社会"的管理模式。这种系统的管理模式，决定了政府职能的运作方式、内容和作风都与旧机构根本不同，对于中国的政府体制转变具有重要的创新意义。

2001 年，浦东新区在全国率先进行政府行政审批制度综合改革试点，推行行政审批"告知承诺制"和"并联审批制"，率先试行企业年检备案、注册资本认缴制和提高人力资本入股比例等改革；率先实施财税体制改革，积极推动部门预算、国库直拨、政府采购三项支出改革，逐步推进建立公共财政体制；率先实施企业"属地化"管理，对辖区内外资企业、国有企业、集体企业、民营企业一视同仁；率先培育集成电路协会、生物医药行业协会等行业协会，发挥各类中介组织的经济社会服务功能。

我国正式加入 WTO 后，浦东开发开放的外部环境发生重大变化。浦东有重点、有步骤地进行了四轮行政审批制度改革，分别以企业准入环节、建设项目审批程序、政府服务"零收费"和"四个一"（一口受理、一套表式、一网运作、一次办理）联合年检方式等作为审批改革突破口，减少企业运营成本，大大提高了行政机关的办事效率，并实现了行政管理信息共享的目的。

在政府引导产业发展的模式上，浦东开发对全国发挥了示范、辐射和带动作用，上海对全国也发挥了经济中心城市的集聚与辐射功能。浦东拥有上海六个最大的产业基地，即上海浦东微电子产业基地、国家生物医药基地、上海浦东软件开发基地、上海外高桥国际物流基地、金桥现代工业基地和孙桥现代农业开发基地。

2005 年 6 月 21 日，上海浦东正式列为国内首个国家级综合配套改革试点城区。上海制定了《浦东综合配套改革试点总体方案》和《2005—2007 年浦东综合配套改革试点三年行动计划框架》，围绕着力转变政府职能、着力转变经济运行方式和着力改变二元经济与社会结构推进综合配套改革，继续推进体制创新，其管理的高效、先进、国际化得到了广泛的好评。①

---

① 以上内容参考上海市地方志办公室、当代上海研究所编：《上海改革开放三十年图志综合卷》，上海人民出版社 2008 年版，第 238—241 页；周振华等：《上海：城市嬗变及展望·中卷：中心城市的上海（1978—2010）》，上海格致出版社、上海人民出版社 2010 年版，第 260—261 页。

第三章　浦东开发开放对中国改革开放战略的贡献

1990年4月18日，党中央国务院从我国改革开放全局出发，审时度势，作出开发开放上海浦东的重大决策。浦东开发开放不仅是一个城市战略和区域战略，同时也是一个面向都市化进程和全球经济发展的国家战略，其内涵涵盖政治、经济和社会等方面，并形成了自己的特点。经过28年的发展，浦东开发开放取得了巨大的成效。从经济上看，经济总量远超预期，发展质量实现跨越式提升，自主创新能力不断提高。从功能小区开发成效看，陆家嘴金融贸易区、金桥经济技术开发区、外高桥保税区和张江高科技园区等功能小区开发模式和产业导向各有侧重点，并取得显著成效，区与区之间相互联系，共同构成拉动经济起飞的平台。浦东开发开放，不仅创造了税收，提供了就业，还为中国对外开放塑造了形象，对中国探索社会主义市场经济体制以及开放型经济体制建设作出了重要贡献，为中国进一步深化改革提供了经验。"新时代"浦东开发开放的窗口作用和示范意义更加明确，继续当好排头兵中的排头兵，先行者中的先行者，更主动地融入国家战略的整体布局中，充分发挥上海自贸试验区的引领示范作用，深入实施创新驱动发展战略，进一步优化营商环境。

第一节　浦东开发开放模式——国家战略的时代产物

一、特殊历史背景下的国家行为和国家战略

1990 年 4 月，中央决定开发开放上海浦东。浦东开发开放模式的酝酿和形成具有广博而深厚的历史背景，是现实需求与时代机遇相结合的结果；是在上海面临发展困境，试图谋求突破，中央面临国际重大环境变化，力图打破制裁、发展经济的特殊历史背景下的重大抉择。在上海地方发展面临的困境和国家改革开放遭遇的国际困境的双重压力下，上海和中央都在思考如何摆脱这一困境，而这恰恰为浦东开发开放提供了契机。

（一）上海摆脱发展困境的历史抉择

20 世纪 80 年代，是中国改革开放取得巨大成就的年代。而曾经的远东中心城市——上海在整个 80 年代都处于"后卫"的境地，不仅与东亚"四小龙"差距拉大，而且在全国经济中的地位和作用也持续下降，工业企业经济效益连年滑坡。1970 年至 1979 年，上海 GDP 年均增幅为7.96％，略高于同期全国 GDP 年均 7.44％的增幅；1980 年至 1989 年，上海 GDP 年均增幅为 7.9％，全国的增幅则为 9.79％。1978 年，在全国 GDP 总量中，上海占 7.53％，到 1991 年，该比重下降到 4.13％，而广东

的 GDP 在全国所占比重由 1978 年的 5.13％ 上升到 8.69％。与此同时，沿海开放特区经济开展得如火如荼。相对沿海的改革而言，上海落后了，甚至与江浙一带相比都晚了一拍。加上上海经济的发展受城市改造的束缚，发展空间受限。新中国成立 40 年，上海人口翻了一番，工业产值增加了十几倍，而市区面积拓展却极其有限，城市交通堵塞、住房拥挤、环境污染日益严重。上海急需摆脱这个困境、谋求新的发展。也是从这个时候起，有关浦东的研究日益受到关注，特别是学者们积极投入到"上海何去何从"的讨论和研究中。

1980 年 10 月，上海社会科学院部门经济研究所沈峻坡在《解放日报》发表题为《十个第一和五个倒数第一说明了什么？——关于上海发展方向的探讨》的文章，提到"上海像一个进入了晚年的老头，老态龙钟，精疲力竭"，极为形象地描述了上海当时的状况。上海急需改革，而开发浦东则是上海摆脱发展困境的战略抉择。1980 年 2 月，上海城市规划局的工程师陈坤龙在上海市建委的简报《基建情况》上发表了在浦东地区建设新市区的建议。同年 10 月，上海社会科学院的《社会科学》月刊发表了陈坤龙《向浦东广阔地区发展》的文章，提出了"把浦东地区建设成为上海新城"的观点，分析了开发浦东的地理优势并提出了类似许多国外城市形态的发展方式。陈坤龙的两篇文章激起了强烈的反响和呼应，一时间，各界掀起了浦东开发开放研究的热潮。各方面专家学者纷纷撰文呼吁开发浦东，并从不同角度论证开发浦东的必要性和可行性。

1984 年 9 月，国务院改造振兴上海调研组和上海市政府联合制订《关于上海经济发展战略的汇报提纲》，这是官方文件首次提出开发浦东问题。1988 年 4 月，朱镕基候选上海市市长时在上海市九届人大第一次全体会议第四次会议上讲话时指出，上海非常困难，有几个爆炸性问题，就是交通问题、住房问题、环境污染问题。地利不如广东。上海的小商品不但不如浙江、广东，连北京、天津都不如了，好多东西买不到了。他还说，浦东是上海未来的希望，那边要建设一个"新上海"，以减轻"老上海"的压力。"这个建设是一个宏伟的计划，不可能短期实现，但是我们总要扎扎实实地去工作，先苦后甜"[①]。朱镕基的讲话不仅指出了上海当时所处的困境，也指出了上海的发展方向。

（二）国家战略的时代产物

20 世纪 80 年代，中国对外开放的战略是在东南沿海地区建立经济特区，以优惠的政策吸引外资。到 20 世纪 90 年代，中国改革开放到了一个新的发展阶段，为配合改革开放新阶段，国家开发开放的战略重点从珠江流域转向长江流域，浦东开发开放应运而生。20 世纪 90 年代初期，邓小平同志就高度重视浦东开发开放的准备工作，大力支持浦东开发开放，并为浦东开发开放描绘了蓝图，浦东开发开放的理论和战略研究进入新的阶段。

80 年代末 90 年代初，中国改革开放的道路遭到质疑，改革受挫、开放受阻，经济建设遇到很大的困难，以美国为首的西方国家对中国实施"制裁"，国际政治环境恶劣，在此情况下提出浦东开发开放无疑是为我国坚定改革开放道路树立了一面旗帜。与此同时，世界经济全球化态势进一步显现，国际资本正寻求新的投资空间，浦东开发开放

[①]　《朱镕基上海讲话实录》，人民出版社、上海人民出版社 2013 年版，第 56 页。

则适时地抓住了国际国内机遇，开启了经济发展的新阶段，释放了我国积蓄已久的经济潜力。20 世纪 90 年代，正值世纪之交，和平与发展成为时代主题，各国都在谋划如何在新世纪到来之前抢占经济和科技的制高点，而浦东开发开放正是抓住了在国际和平发展的国际格局下大力发展经济、构筑我国面向新世纪的战略高地的机遇。如果说，80 年代初开放沿海 5 个特区，主要是从多年的闭关锁国、夜郎自大的状态中解放出来，那么，90 年代初，邓小平同志和党中央作出开发开放浦东的战略决策，则是从国际敌对势力对我国制裁、封锁的压力中解放出来；从怀疑改革开放的旗帜还能打多久的思想疑虑中解放出来；从能否由南方特区的开放扩大到特大型中心城市的开放的信心不足中解放出来。①

党的十四大报告明确宣布"以上海浦东开发、开放为龙头，进一步开放长江沿岸城市，尽快把上海建成国际经济、金融、贸易中心之一，带动长江三角洲和整个长江流域地区的新飞跃"。这给浦东的开发开放目标作出清晰明确的定位，标志着浦东开发开放从上海市的地方战略上升为国家战略，中国改革开放进入了一个崭新的历史发展时期。

二、浦东开发开放模式的内涵、特点和意义

浦东开发开放不仅是一个城市战略和区域战略，同时也是一个面向都市化进程和全球经济发展的国家战略。浦东开发开放模式的内涵是个

---

① 陈高宏：《对党中央决策浦东开发开放的思考》，《中国城市经济》2009 年第 2 期。

整体概念，涵盖政治、经济和社会三个方面。浦东开发开放模式具有自己的特点，不仅继承了苏南模式强国富民的理念，而且超越了深圳模式单纯引进外资推动经济增长的阶段，被赋予了更多的历史使命，也更适应当时经济全球化趋势愈显的大背景，更符合中国经济快速发展目标的要求。

（一）浦东开发开放模式的内涵

经过 28 年的探索，浦东开发开放模式的内涵和外延都得到很大的丰富，其本质是对现代市场经济体制的探索，即探索如何把市场经济和社会主义基本制度有机结合，如何把中国经济发展与经济全球化有机结合起来，如何把区域经济发展与全国经济发展结合起来，如何把经济发展与社会发展有机结合起来。具体而言，浦东开发开放模式内涵包括以下几方面：

1. 浦东开发开放模式的政治内涵

浦东开发开放模式的政治内涵主要是指对新型行政管理体制的探索，改善行政功能和效能。主要体现在建立"小政府、大社会、大服务"的管理模式，完善市场经济的政府职能转变和推进城市管理体制的创新，探索由政府、企业、市场和社会共同联手的"政社合作"模式。首先，理顺政企、政社关系，发展社会中介组织，实行政府职能转变。在推进政府管理体制改革进程中，浦东实行政企、政社分开，从根本上解除政府与企业的行政隶属关系，弱化政府对经济的直接管理和微观管理，强化社会管理和公共服务的功能，并培育和发展社会中介组织，搭建政府职能转变的载体。其次，改革行政机构框架，构建"小政府"行政管理体制。打破传统机构设置模式，按区域经济管理、市政管理、社会管理和社会保障等四大职能模块设置大系统综合管理机构，实现职能全覆盖。第三，裁减冗员，精简机构，提高政府活动效能。浦东新区按照"党政合署、政企分离、强化综合部门、实行大系统管理"的原则，严格控制行政机构编制，同时通过购买服务等方式发挥行政功能，提高政府服务质量和水平。

2. 浦东开发开放模式的经济内涵

浦东开发开放模式的经济内涵主要体现在极化经济。浦东开发开放的成功充分体现了要素的集聚优势。高端要素、高端产业和高端技术的集聚形成了极化经济。首先，国家高端生产要素在浦东集聚，使得国际资本、技术和管理等生产要素参与到浦东开发开放的过程中，不仅使发达国家获得高收益，而且也使得浦东新区取得了较高的税收，从而有财力进一步发展经济，并对周边形成极化。其次，极化经济优化了闲置要素的配置。通过极化机制，浦东原来闲置的或尚未充分开发的劳动力、自然资源等生产要素得以激活，增加了经济要素的投量，极大地促进了经济增长。第三，极化经济模式超越了单纯吸引外资推动经济增长的发展模式。在全球经济中，生产要素中可以跨境流动的除了资本还包括管理、技术、专利、服务、品牌等。浦东开发开放模式把引进外资和优化国内产业结构、提高技术升级相结合，鼓励外资企业投资高新技术产业、现代服务业等项目，跨越了单纯吸引外资推动经济增长的阶段。浦东正是抓住了经济全球化产业转移和国家全方位开放的机遇，从现代经济发展的核心功能入手，与周边联动，形成一种互联共生机制，并带动长三角区域的经济发展与产业升级，成为长三角乃至中国经济的核心功能区。

3. 浦东开发开放模式的社会内涵

浦东开发开放的社会内涵主要体现在"二元一体"、"城郊并轨"和"经社"互动三个方面。首先,通过"二元一体"来解决浦东开发开放过程中城乡差距问题。主要是建立城乡一体化的社会就业和保障体系,以及统一城乡就业服务和就业政策,建立城镇社会保险制度。其次,通过"城郊并轨"来实现城乡社会事业的一体化。在教育方面,推行"管、评、办"联动机制、联合办学的模式,通过加强网络联系,实现农村中学和城区中学的联动;在医疗方面,推行城区条件好的医院和周边郊区卫生院的"两院合一"模式(钱运春,2008)。第三,通过"经社"互动,即经济发展与社会发展的良性互动,率先构建和谐社会,形成自然生态系统、经济生态系统和社会生态系统的良性互动。

(二)浦东开发开放模式的特点

浦东开发开放是党的十一届三中全会以来中国改革开放史上具有历史意义的重大战略部署,是在经济全球化背景下带动中国经济全面参与国际分工融入世界经济体系的重要举措。作为中国特色社会主义理论指导的成功实践,浦东开发开放模式的特点概括起来大致有以下几点:

首先,浦东开发开放全过程发挥政治优势,带有浓厚的政府推动色彩。浦东开发开放是邓小平同志直接推动的、中共中央与国务院具体策划的一项重大国家开发开放战略,凝聚着中央几代领导集体的心血和智慧。浦东开发开放能获得如此大成功,离不开国家大局的支撑以及政府的推动。上海市政府作为浦东开发开放的直接领导者和组织者,始终把浦东开发开放与加快振兴上海的使命紧密联系起来,具有很强的政治号召力和资源整合力。浦东开发开放的目标、功能定位、产业规划,以及在开发开放过程中出台的许多支持市场发育的政策等决策都体现了政府的意志和要求，都能体现出行政推动的特点。如果没有政府的积极干预，就无法在短期内形成开发开放过程中所需的资源集聚和政策实施，也无法形成极化经济。

其次，实行市场诱导型的资源配置机制，不断突破发展模式制约。 浦东开发开放过程中，一方面，实行市场诱导型的资源配置机制。浦东市场行为比较规范，市场经济运行机制比较发达，对外资的吸引力强，在这里，市场经济集聚与辐射的功能得以充分发挥，开发与建设的规划得以成功实施。另一方面，注意吸收借鉴国内外城市发展的经验教训，不断突破发展模式的制约。浦东坚持把建设外向型、多功能、现代化新城区和建设"四个中心"核心功能区以及推动社会全面进步作为发展目标。在发展过程中，坚持功能优先、以人为本，体现经济发展的质量和效益，推动社会全面进步。在城市发展模式上，坚持规划先行，以国际化水平为标准来进行基础设施建设及发展公共服务，促进产业功能区和城市功能区的整体推进。在产业发展模式上，坚持二、三产业融合发展，不断推进结构调整和产业升级。

第三，把政府调控和市场效率有机结合起来，在开发开放中推进自主创新。 政府调控与市场效率有机结合是浦东开发开放一大特色，政府和市场都在各自领域担当各自角色，充分发挥各自优势，这是浦东取得巨大成功的原因之一。例如，浦东证券、期货、外汇、黄金等金融市场的建立就是一个典范。通过行政命令，各种金融市场限期搬至浦东，而依靠市场行为，金融市场得以良性运作。此外，浦东在开发开放过程中积极推进自主创新，注重促进资本和技术、资本和人力资源的有机结合，利用跨国公司的资本、智力、技术和管理，努力学习国际经验，积极培育自己具有潜力和创新力的企业。为了让自主创新的环境更加优化，浦东在积极学习和借鉴国际通行规则的同时，基于国情和经济发展阶段，创造适合自身的产业形态和商业模式。

（三）浦东开发开放模式的国家战略意义

浦东开发开放是中国改革开放中具有标志性的事件，抓住了经济全球化背景下经济全球化产业结构梯度转移的机遇，体现了中国融入国际社会的信心和决心。浦东开发开放模式的意义有很多方面，但作为国家战略，其最重要的意义是窗口、示范和带动作用。

1. 始终坚持改革开放

坚持改革开放是浦东开发开放模式的最重要的意义。浦东坚持在开放中深化改革、以改革促进开放。经过多年的发展，浦东已形成全方位、宽领域、多层次的扩大开放格局，是发展外向型经济的窗口和桥梁。对外开放的领域从加工制造领域扩展到金融等服务贸易领域，外资成为推进上海"四个中心"建设的重要外力。浦东在开发开放过程中始终把开发与开放、引资与引智、引进来和走出去结合起来，在城市规划设计、要素市场建设和开发区管理营运等方面大胆借鉴国际经验、引进海外智力，不断提高外商投资中的技术和人才含量。①

2. 推进体制机制创新②

浦东开发的体制机制创新表现在率先建立社会主义市场经济体制和

---

① 钱运春：《论浦东模式》，《上海经济研究》2010 年第 8 期。

② 郭琳琳：《论浦东开发开放的国际国内影响》，《知识经济》2010 年第 4 期。

运行机制方面。浦东在经济运行和资源配置上以市场机制为主,着力建立各种专业市场,建立确保市场有序、公平竞争的各项运行规则制度。在企业经营制转换方面,浦东不断加强现代企业制度的力度,发展以公有制为主体的股份制企业,并通过建立合理的个人收入分配和社会保障制度为企业经营机制的转换创造了良好的外部环境。这些体制机制的创新对周边省份产生重要的积极影响:一是经济管理体制上的创新和示范作用;二是发展外向型经济的窗口和桥梁作用;三是调整和优化产业结构的促进作用;四是高新技术的聚集和扩散作用;五是信息流量的增大和信息的传播作用等。

3. 促进区域经济转型发展

浦东开发开放模式不仅继承了苏南模式的"政府超干预模式",而且吸收借鉴了深圳模式的发展开放型经济的经验,探索建立以市场为基础、以企业为中心的"小政府、大社会"体制。浦东开发开放时期恰逢传统的苏南模式和深圳模式受到挑战,正在向新苏南模式和新深圳模式转型的时期。浦东开发开放在借鉴这两种模式的同时又被赋予了更多的历史使命。浦东在经济管理体制上的创新对于商品经济发达、地理位置毗邻的长三角地区的改革,具有直接的指导意义和示范作用。首先,加快了长三角经济的转型。大胆吸收浦东开发开放和成功经验,长三角区域的开放速度得到很大提高,经济转型的步伐也大大加快,使得长三角地区更好地直接参与国际竞争,并尽快地与国际市场接轨,成为国际市场的重要组成部分。其次,对长三角产业结构的调整和优化起到促进作用。20世纪90年代,上海产业结构的战略性调整,首先对长三角经济结构的调整产生重大影响。随着浦东开发开放,上海劳动密集型产业逐渐向长三角地区转移，这对促进长三角产业结构调整，加快金融、贸易、信息等现代服务业也十分有利。

第二节 浦东开发开放——中国特色社会主义经济建设生动实践

一、质量效益同步提升的示范效应

经过 28 年的发展，浦东开发开放取得了巨大的成效，具体如下：

（一）经济发展业绩突出

1. 经济总量超预期发展

从现有资料来看，浦东开发之初的目标是"到 2000 年国内生产总值预计超过 200 亿元，比 1990 年增加 2.5 倍"。1992 年 12 月，上海市第六次党代会更进一步提出了浦东 90 年代开发开放的阶段目标和要求，即用十年的时间，到 2000 年实现浦东新区国内生产总值翻三番，达到 500 亿元。事实上，2000 年浦东新区的地区总产值远远超过了该预测，达到 923 亿元，是 1990 年 60 亿元的 15 倍，之后一直保持飞速发展的态势。

2017 年，浦东 GDP 总量高达 9 651.39 亿元，是 1990 年的 160 倍。规模以上工业总产值从 1990 年的不足 200 亿元增加到 2017 年的 10 061.81 亿元；外贸进出口总额 19 565.4 亿元，增长 363 倍。集装箱吞吐量从 1996 年的尚不足 200 万箱飙升至 2017 年的 3 638.2 万箱，占上海市（4 023.3 万箱）总量的 90.4%，上海港集装箱吞吐量连续 8 年全球第一。2017 年，浦东国际机场货邮吞吐量 383.56 万吨，同比增长 11.4％，占上海市（424.36 万吨）总量的 90.4％，连续 10 年全球第三。旅客吞吐量达 7 000 万人，占上海市（11 191 万人）总量的 62.5％。到 2016 年底，22 594 家外资企业在浦东投资注册资本达到 2 923.75 亿美元，在浦东设立地区总部的跨国公司高达 265 家。截至 2018 年 2 月，上海自贸试验区累计新设立企业 5.2 万户，4 年来新设企业数是前 20 年同一区域企业数的 1.5 倍。

此外，浦东开发开放以来，财政收入连年增加。1990 年浦东新区财政收入仅为 11 亿元，至 2008 年跃升至 1 042 亿元，2017 年浦东新区财政收入高达 3 937.96 亿元，比 1990 年增长 394 倍，其经济效益大大超过预期。

2. 发展质量实现跨越式提升

从产业结构来看，浦东开发开放过程中，推行金融贸易先行、高新技术产业先行的产业发展方针，精心挑选外资项目，大力培育具有国际竞争力的产业和大企业，通过直接引进高科技、高附加值等高端产业和现代服务业，促进产业结构优化。浦东新区第一、第二产业的总值不断增加，但占 GDP 的比重不断下降。1990 年，浦东新区第一产业增加值为 2.22 亿元，占 GDP 的比重为 3.7％，至 2016 年第一产业增加值上升到 24.39 亿元，比重则减少了 3.4 个百分点，为 0.3％。1990 年至 2016 年，第二产业增加值从 45.89 亿元增加到 2 167.31 亿元，占 GDP 比重则从 76.2％下降到 24.8％。第三产业总值从 1990 年的 12.13 亿元快速增长到 2016 年的 6 540.14 亿元，占 GDP 的比重也从 1990 年的 20.1％上升至 2016 年的 75％。从金融增加值来看，2016 年浦东新区金融增加值为 2 400亿元，是 1990 年的 775 倍，占全市的金融增加值的 50％，金融机构数占全市总量的70％。目前，浦东新区已形成证券、外汇黄金、期货、钻石、银行拆借等国家级金融市场。

3. 自主创新能力不断提高

浦东开发开放以来，浦东新区自主创新得到长足的发展。截至2017年底，高新技术企业达到1 500多家，每万人口发明专利拥有量达到43.6件，全社会研发经费支出相当于地区生产总值的3.65％，"三大三新"产业产值占新区工业总产值比重达到63.2％。以集成电路、软件、生物医药为重点的高新技术产业出形象、出功能，特别是在IT产业上实现突破性进展，引领"中国芯"跨越式发展，新一代信息技术与生物医药产值分别占全市的41.1％和44.9％。张江科学城、张江综合型国家科学中心获批，一批重大科技基础设施落地，涌现出振华重工、展讯通信等一批具有自主知识产权和国际竞争优势的自主创新型企业，浦东新区也连续两次被评为国家"科技进步先进城区"。[①]

（二）功能区开发成效显著

浦东按不同的功能定位分成若干个小区开发，开发模式和产业导向各有侧重点，主要有4个国家级重点开发小区，即陆家嘴金融贸易区、金桥经济技术开发区、外高桥保税区和张江高科技园区。区与区之间相互联系，共同构成拉动经济起飞的平台。

1. 陆家嘴金融贸易区

陆家嘴金融贸易区是国家唯一以"金融贸易"命名的国家级开发区，经过28年的开发建设，已成为上海建设国际金融中心的核心承载区，汇

---

① 杭迎伟：《浦东新区政府工作报告》，《浦东时报》2017年1月10日。

集着金融企业、投资机构、跨国公司总部、要素市场、各类服务中介机构等市场主体，形成了以金融、航运服务、现代商贸为核心，旅游和会展为重点的"3＋2"现代服务业体系。

陆家嘴金融贸易区集聚了近 800 家银行、证券、保险等持牌金融机构，拥有上海证券交易所等 10 余家国家级交易所，以及中国信托登记有限公司、中央登记结算上海分公司等金融基础设施机构。目前，陆家嘴金融城内税收"亿元楼"有 90 多幢，可以说，每一幢楼宇，就是一条站立着的"金融街"。陆家嘴金融城将建设成为国际一流金融城、世界级中央活动区、金融贸易制度先行先试区和上海建设全球城市的战略支点。

此外，陆家嘴金融城已逐渐成为国际知名资产管理机构在华发展业务的重要集聚地。截至 2016 年底，已有美、英、法、日等 7 个国家 30 余家知名资产管理机构已经或即将在陆家嘴金融城设立机构。上海市前三批 15 家 QDLP 试点机构中，12 家位于陆家嘴金融城。全球资产管理规模排名前十的机构中，贝莱德、领航、富达、摩根大通、安联保险、德意志银行已设立了投资类 WFOE。其中，富达在陆家嘴的全资子公司——富达利泰，在基金业协会正式完成登记，成为首家可在中国境内募资、投资 A 股市场的外商独资私募机构。

未来，陆家嘴金融城将强化高端要素集聚和整合能力，推动区内各类市场以人民币进行计价、交易、清算，代表国家积极争取全球资源产品的定价权，打造具有全球影响力的"陆家嘴价格"和"陆家嘴标准"。

2. 金桥经济技术开发区

金桥出口加工区是 1990 年经国务院批准成立的国家级开发区，位于上海市浦东新区中部，规划面积 27.38 平方公里，分南区和北区两部分，西连陆家嘴金融贸易区，北接外高桥保区，南近张江高科技园区。2013年7月，金桥出口加工区更名为金桥经济技术开发区，这标志着金桥地区产业升级、结构调整迎来了新的篇章。金桥经济技术开发区是上海能级最高、质量最好、贡献最高的先进制造业基地，是"中国制造2025"创新引领示范区，更是上海市发力打响"上海制造"品牌建设的主战场、主支撑、主引擎。

2017年，金桥经济技术开发区实现工业总产值为2600亿元，营业收入7200亿元，实现利润总额350亿元，完成税收收入500亿元。其中，规模以上企业共实现营业收入6899亿元，同比增长10.6%；规模以上工业实现营业收入3198亿元，同比增长8.3%；规模以上生产性服务业实现营业收入3672亿元，同比增长13%。二、三产业营收比例达到4.7：5.3。

近年来，金桥经济技术开发区不断发挥国家级先进制造业质量安全示范区、国家新型工业化示范区基地、国家生态工业示范园区等品牌效应，推动"金桥制造"与"金桥服务"的协同发展，并不断探索传统支柱产业与互联网、大数据、人工智能的融合发展，形成了现代汽车产业、智能制造产业、新媒体产业和新兴金融产业的"3＋1"战略产业格局。

3. 外高桥保税区

上海外高桥保税区于1990年6月经国务院批准设立，同年9月正式启动，是全国第一个，也是全国所有保税区中经济总量最大的保税区。外高桥保税区批准时规划面积为10平方公里，位于上海浦东新区，濒临长江入海口，地处黄金水道和黄金岸线的交汇点，紧靠外高桥深水港区，地理位置十分优越，内河航运、远洋海运的条件也非常好，是全国首个"国家进口贸易促进创新示范区"和上海国际航运、贸易中心的重要载体。

截至 2017 年底，外高桥保税区共拥有地区总部 83 家，营运中心企业的数量累计达 221 家，亚太运营商企业 42 家，各类总部经济合计超过 300 家，成为推动区域经济发展的重要引擎。2017 年度外高桥保税区经营总收入 1.66 万亿，税务部门税收 540.7 亿。全年新设企业 2 985 家，吸引合同外资 44.14 亿美元，吸引内资企业注册资本 654.16 亿元，净增物业出租面积 21.98 万平方米，保税区域内商办物业出租率达到 94.8％、工业物业出租率达到 92.8％，均创造近年来最高水平。

"十三五"时期，外高桥保税区把自己战略定位为"服务创新发展的引领者、全球企业外投内引的推动者、自贸区企业全方位服务的提供者、产业转型升级的实践者"。并把"成为创新的自由贸易园区运营商和全产业链集成服务供应商"作为发展目标。

4. 张江高科技园区

张江高科技园区成立于 1992 年 7 月，位于上海浦东新区中南部，既是浦东新区的重点开发区，又是国家级高新技术园区，是张江国家自主创新示范区的核心园，含张江高科技园区、康桥工业区、国际医学园区，承载着打造世界级高科技园区的国家战略任务。张江高科技园区规划面积 79.7 平方公里，其中 37.2 平方公里于 2015 年 4 月经国务院批准纳入中国（上海）自由贸易试验区。

经过 26 年的发展，园区目前汇集 1 万多家企业，其中高新技术企业 685 家，国家、市、区级研发机构 403 家，跨国公司地区总部 50 余家，高校和科研院所近 20 家，现有从业人员达 32 万，高端人才集聚，国家"千人计划"96 人。目前，张江高科技园区正加速打造两大产业集群：

"医产业"集群，涵盖医药、医疗、医械、医学的医疗健康产业；"E产业"集群，基于互联网和移动互联网的互联网产业。2017年张江高科产业园总资产为3 569亿元，净资产为2 481亿元，净利润328亿元，成为上海规模最大、盈利能力最强的产业园区。

张江高科是中国排名第二、仅次于中关村的产业园，与中关村并称为中国的硅谷，集上海建设科创中心的核心承载区和上海自贸试验区的双重利好。

二、先行先试的浦东经验

浦东开发开放，不仅创造了税收，提供了就业，为中国对外开放塑造了形象，而且也为中国改革开放提供了经验。

（一）坚持规划先行

在城市发展布局上，浦东城市规划根据"功能分区、多心组团"的规划理念，按照功能定位对城市形态和产业进行规划，跳出了"摊大饼"式的城市扩展模式。围绕发展金融中心、贸易中心、航运中心和科创中心，按功能规划建立了陆家嘴金融贸易区、外高桥保税区、金桥出口加工区（2013年更名为金桥经济技术开发区）和张江高科技园区等四个特色鲜明的功能小区。之后规划建设浦东国际机场，1999年浦东国际机场建成。目前浦东国际机场位列世界第三，其空中集装箱货运量也居世界第三，成为重要的交通、物流枢纽，是上海成为国际航运中心的重要标志。1995年9月，提出跳出长江口，在距上海南汇芦潮港约30公里的大小洋山岛建深水港的设想。1996年5月正式开展洋山深水港区选址论证。

2001 年 6 月开工建设，2005 年 12 月 10 日洋山深水港区（一期工程）顺利开港，为中国最大的集装箱深水港。2017 年 12 月 10 日洋山深水港四期码头正式开港运行，是国内首个全自动化集装箱码头，工程总投资约 139 亿元。目前上海港的年吞吐量为全球港口年吞吐量的十分之一。上海世博会主体场馆的规划布局也很成功，使得三林地区成为浦东会展旅游业发展的重要地区。目前，浦东已形成了"一轴三带六区"的城市发展总体布局，即从虹桥机场到浦东国际机场的上海城市发展轴，沿黄浦江、中部和滨江临海三个发展带，以及陆家嘴、外高桥、金桥、张江、三林世博和川沙（机场）六个功能区。

（二）坚持创新理念

浦东始终坚持在扩大开放中推进自主创新，这也是浦东开发开放能取得辉煌业绩的重要原因之一。

在开发思路上，浦东开发开放创新性地把地方战略和国家战略结合起来，并创造性地提出了一系列开发思路，如金融贸易先行、基础设施先行、高新技术产业先行；东西联动，协调发展；城乡一体，共同开发；重法规、重规划、重人才等。[①]

在开发模式上，在总体规划制定、招商引资、小区开发和基础设施建设的同时，始终突出功能开发，围绕发展金融功能、航运功能、贸易功能进行建立功能小区。在开发战略的实施过程中，跳出深圳式的财政优惠政策的老路，坚持以资本、土地、劳动力、技术等生产要素的市场

---

① 周铁昆：《浦东新区开发开放 17 年的历史回顾与现状分析》，《经济前沿》2007 年第 12 期。

化配置为突破口，探索建立并完善要素市场体系。政府通过成立开发公司，实行土地批租，通过"资金空转、土地实转"的方式把土地注入开发公司，开发公司再利用土地资本筹集资金，按照政府同意规划要求进行开发取得形态建设和功能建设，由此开创了以企业为主体推进浦东开发建设的新模式。①

　　在政府管理上，浦东率先推进政府管理创新。如在政府机构改革和职能转换实行"小政府、大服务"的新型管理模式，一手约束权力，打造"小政府"；一手把握活力，共建"大社会"。"小政府"是指管委会的编制小，"大社会"是指按社会发展的要求，相应地健全社会服务机构，该模式对推进政府职能的转变和市场经济运行机制的培育起到了积极的作用。②又如，2014 年浦东市场监管体制改革取得显著成效，实现"1＋1＋1＞3"。即将原有的工商分局、质监局、食药监分局"三合一"，成立浦东新区市场监督管理局，着力构建更加统一高效的市场管理体制，构建起一个覆盖生产、流通、消费券过程的大市场监管体系。在"三合一"经验推广的过程中，浦东又进一步创新，把专利、新闻出版部门的版权和工商部门的商标等实现"新三合一"，建立全国首家单独设立的知识产权局。实现了专利、商标、版权的集中管理和综合执法，强化了知识产权的保护，为创新型经济发展营造良好的监管环境。③

---

　　①　中共上海市委宣传部、求是杂志社文化编辑部：《探索中国特色社会主义道路的成功实践》，《求是》杂志 2008 年第 18 期。

　　②　周铁昆：《浦东新区开发开放 17 年的历史回顾与现状分析》，《经济前沿》2007 年第 12 期。

　　③　尤存：《时代中国的浦东样本——浦东开发开放 26 周年纪实》，《百年潮》2016 年第 7 期。

在产业领域上，浦东始终坚持全球资源为我所用，注重促进资本和技术、资本和人力要素的结合，充分用好国际国内两种资源、两个市场，在开放条件下对自己的优劣势扬长避短。一方面，大力引进跨国公司。大力引进集聚跨国公司并注重吸引跨国公司的研发中心，积极推动研发本土化，带动整个产业的人才培养和研发水平的提升。另一方面，积极引进国际化人才。创造适合留学生创新创业的环境，为其提供优惠政策、平台和服务，吸引留学生回国创业。这不仅带动了国际领先的技术研发成果，了解了世界科技创新的动向，而且还使很多留学生在创业的基础上，建立了全球型的研发网络，实现了"研发全球化"。

在理论创新上，研究浦东问题带来了两个理论创新。一是增长极和发展轴理论。浦东是当时长三角"两省一市"沿海、沿江和沿路三个发展轴的交汇点，南京是沿江发展轴和沿路发展轴的交汇点，宁波是沿路发展轴和沿海发展轴的交汇点。当时在研究浦东带动长三角的问题上第一次提到发展轴的概念。二是城市群和都市圈理论。当时在研究讨论"浦东的发展已突破了上海中心城区这个概念后如何看浦东"这个问题时，在国内首次提到了城市群和都市圈的概念。这对之后全国的城市化道路的选择起了很重要的作用。①国家第十个五年规划里把城市群战略写了进去。

（三）坚持经济社会协调可持续发展

坚持经济与社会的协调和可持续发展，是浦东能够"后来居上"并建设成国际一流的现代化城市的基础和前提条件。浦东开发开放过程中，

---

① 王战：《浦东开发开放时创新驱动的过程》，《浦东开发》2013 年第 5 期。

上海市委、市政府努力突破先生产后生活，社会事业被动适应经济增长的传统思维，在积极推动浦东经济快速发展的同时，大力支持浦东社会事业和文化建设。浦东新区管委会每年以财政开支 40% 以上的经费用于社会事业和文化事业建设。大力推进社会事业管理体制改革，实行城乡基础教育、医疗卫生、社会保障管理体制并轨，新建和扩建了一大批医疗、教育、体育、文化等设施，提高教师收入，引进大批人才，大力完善公共文化服务体系，丰富市民文化生活，推进社会事业管办分离，使浦东社会事业得到很大的发展。

第三节　浦东开发开放的新态势

一、浦东开发开放面临新的国际国内挑战

"十三五"时期浦东开发开放既面临前所未有的机遇，也会遇到诸多新的挑战，具体如下：

首先，经济增速放缓，经济发展越来越受到国际市场波动的影响。2013 年和 2014 年，浦东经济结束了 23 年来的两位数增长，地区生产总值增速约 9%。2017 年浦东经济增速为 8.7%。随着对外开放的日益深入，浦东经济已深深地融入到国际经济体系中，国际市场的波动必然会影响到浦东经济。在对外贸易领域，随着国际新贸易主义的重新抬头，以环保、安全为借口的技术性贸易壁垒日益成为我国出口的羁绊，我国已成为反倾销的主要受害者。在金融市场上，金融全球化在带来机遇的

同时也带来很大的风险，浦东在打造金融中心的过程中必然面临完善金融体制、加强金融监管和防范金融风险的挑战。此外，浦东还面临转型任务艰巨的挑战。浦东外向型经济比重较大，但自从 2008 年国际金融危机以来，外商投资步伐放缓，一些发达国家出现制造业回流，浦东内生的民营企业发展还不够强大。

其次，要素资源约束问题日益严峻。一是成本高企。当前浦东已经成为国内的成本高地，据相关统计，浦东的用工成本是成都、苏州的两倍，与欧洲相比竟也不相上下；商务成本也受土地、能源等要素资源的制约呈现严峻的形势，难以满足国内外投资者的需求。由于地价太贵，2010 年曾面临一场窘境：包括惠而浦洗衣机、松下等离子在内，一度有 50 多家制造业企业选择搬离金桥。二是土地稀缺。经过 28 年的高强度开发开放，浦东建设用地捉襟见肘，离用地"天花板"只剩 25 平方公里。一方面，新市镇建设需要大量的土地，另一方面由于土地指标有限，滞缓了新市镇和产业的发展。因此，如何解决经济快速发展过程中土地指标的矛盾，提高土地集约化使用程度，成为影响浦东经济发展以及城市空间结构进一步优化的重要问题。

第三，与周边地区的竞争日益激烈，改革领跑难度加大。目前浦东与周边地区的竞争主要表现为资金、技术、人才等方面的竞争，分别体现在招商引资上的竞争，围绕引进高新技术产业和重大投资项目进行的竞争，通过引进人才从而带来技术、资金和项目等方面的竞争。长三角地区的国家级经济技术开发区除浦东金桥外，还有南京、苏州、杭州、宁波等地的经济技术开发区，开发区之间也存在对资金、技术和人才的争夺。此外，从新区到综合配套改革试点再到自贸试验区，浦东不再

"一枝独秀"，而是要与国内其他改革试点地区同场竞技，改革领跑难度加大。

第四，人力资源管理工作有待完善。浦东开发开放过程中，随着全球化进程的不断深入，人才工作面临以下几方面挑战：一是人才自主创新能力有待进一步提升。目前，浦东人才队伍的整体创新能力与浦东的建设目标尚存在差距，国际化人才比重偏低，高端人才、领军人才在数量和成长速度上还不尽如人意，人才的创新能力有待提升，以实现科技成果的加速转化。二是人才政策有待优化。人才方面的政策尚存在障碍和瓶颈，导致人才流失。人才申办条件和办理手续方面对不同企业和不同个人也不能一视同仁，不能适应企业发展对人才的需求。三是人才资源结构不合理。自主创新研发人才和金融等现代化服务领域人才匮乏。以金融领域为例，目前浦东金融从业人员占比较小，不到浦东新区就业人口的10%，而香港、伦敦等国际金融型都市金融从业人口占比远远大于此。此外，高层次人才的密度与国际水平也还存在很大的差距。从行业来看，先进制造业、现代服务业等重点领域的人才缺口较大。从职位来看，风险总监、首席经济学家、机构营销总监等职位需求大，供不应求，急需引进。

二、新时代浦东开发开放的新态势

改革不仅要对标国际先进市场经济体系，不断优化完善制度设计，并做到可复制、可推广，而且要敢于打破路径依赖，敢于"壮士断腕"，将过去的改革作为将来改革的对象。"新时代"浦东开发开放的窗口作用和示范意义更加明确,即继续当好排头兵中的排头兵、先行者中的先行者。

(一)更主动融入国家战略整体布局

作为国家战略的重要支点,浦东开发开放在新时代要更加注重与上海自贸试验区建设的叠加、与上海国际金融中心建设的叠加、与科创中心建设的叠加、与张江国家自主创新示范区的叠加,以及和国际人才创新试验区的叠加,充分发挥上海自贸试验区的示范带动作用,深入推进重点领域改革开放。

(二)充分发挥自贸区的引领示范作用

充分发挥上海自贸试验区示范带动作用,深入推进重点领域改革开放。着力加强全面深化改革和扩大开放各项措施的系统集成,争取获得更多可复制推广的制度创新成果。一是深入推进重点领域改革开放,加强上海自贸试验区金融开放创新与国际金融中心建设联动,健全本外币一体化的自由贸易账户功能,加快面向国际的金融市场平台建设。二是加强上海自贸试验区建设与浦东综合配套改革联动,推动新一轮浦东综合配套改革三年行动计划,进一步扩大上海自贸试验区辐射范围,加快将各项成熟的创新经验进行复制和推广。三是发挥上海自贸试验区示范引领作用,构建便利高效的营商环境和市场环境,通过"简政放权、放管结合、优化服务",更好地发挥市场主体和社会组织的作用,优化实体经济发展环境。

(三)深入实施创新驱动发展战略

围绕建设具有全球影响力的科技创新中心的目标,充分发挥张江国家自主创新示范区的引领作用,以创新引领实体经济转型升级。一是优化科技创新的空间布局，以杨浦、紫竹、临港等作为重点区域发展，建设一批创新集聚区。二是破解体制机制障碍，集聚创新要素，推动科技成果产业化。加快建设张江综合性国家科学中心，打造集成电路、生物医药、机器人等研发与转化功能型平台，在工业互联网等领域创建5～10家制造业创新中心等，引领全市科技创新。部署创新产业链，积极承担人工智能、组织功能修复等重大科技项目，组织实施新一代核电、智能制造等重大创新工程。三是增强创新活力。以创新作为考核评价体系的导向，鼓励企业加大研发投入，加快创新产品的市场化应用。四是营造良好的创新创业生态环境。以"四宽、两严"的新要求来完善新经济环境，推进科技创新中心建设和"四新"经济新发展。围绕大数据、互联网教育、卫星导航等重点领域，建设一批"四新"经济示范区。支持中小企业创新，鼓励大企业发展"双创"平台，逐步形成一批创新型标杆企业。

（四）进一步优化营商环境

打造具有国际竞争力的一流营商环境，坚决推进简政放权，抓好政府职能转变。把改革创新与依法办事结合起来，把简政放权与加强服务结合起来，加强事中事后监管。对行政流程进行再造，明确具体操作规范，让企业"少跑腿"，把更多地精力放在服务企业和群众上，有效提高政府监管服务水平，让企业获得更大的满意度。把企业办理业务全流程便利作为衡量标准，查找短板弱项，巩固提升优势，使企业对营商环境改革成效的感受度显著提高。

第四章　浦东开发开放与中国渐进式改革开放的关系

　　我国的改革开放进程呈现出显著的渐近式特征，这是党中央根据我国国情所选择的正确改革路径。四十年来，我国的改革开放取得了举世瞩目的成就。浦东的开发开放作为上海改革开放的突破口和我国渐进式改革开放的重要组成部分，其对上海的改革开放进程、经济社会发展乃至全国的渐进式改革开放的成败都具有举足轻重的影响。浦东在开发开放的过程中，其高目标改革开放起点凸显中央的顶层设计思路，同时注重中央与地方政策的协调以及充分调动地方渐进式改革的创新活力，为降低浦东开发开放的系统性风险和改革成本，创新性地采取局部试点后逐步推广的审慎策略，这些因素都为浦东开发开放的成功奠定了牢固的基础。经过 28 年的开发开放，浦东为上海乃至全国的经济社会发展作出了巨大贡献。就上海而言，浦东的开发开放扩展了上海整体的开发开放空间，促进了上海产业空间与经济结构调整优化，提升了市场主体的活力，建立了完善的现代市场制度。就全国而言，浦东在开发开放的过程中率先在要素市场方面作出了创新性的改革开放举措与尝试，率先将改革开放的领域由单纯的外资引进深入到国有企业改革。此外，在推进经济改革的同时，浦东还兼顾了社会管理领域的改革，这些都对我国的渐进式改革开放模式、路径具有先导性的示范作用，并且进一步丰富和完善了我国多层次的经济体制改革目标。

第一节　中国渐进式改革的重要组成部分

一、浦东开发开放与中国渐进式改革开放的区域演进

（一）从沿海到内陆的渐进式区域开发开放历程

我国的渐进式改革开放由于是在经济基础薄弱、社会生产力水平较低且严重失衡的背景下进行的，且在改革开放的过程中，没有成功的先验理论与实践作为参照，因此，结合我国上述基本国情与现实背景，我国走出了一条独具特色的中国道路，其中最为显著的便是在改革与开发开放过程中，始终遵循"先试验、后推广、由点到面逐步展开"的渐进式改革开放原则，也就是俗称的"摸着石头过河"（武鹏，2018）。这种改革逻辑一方面避免了因个别决策失误所可能引发的系统性风险，另一方面又降低了改革和开放过程中的调整成本与学习成本，提高了改革开放的效率。

这一做法在我国渐进式区域开发开放历程中得到了充分的体现。20世纪80年代初，我国率先在南方的深圳、珠海、汕头、厦门设立了四个经济特区。这四座城市均为规模较小的沿海城市，其中深圳仅仅为一个

小渔村，在当时我国经济格局当中并未占有十分重要的地位。但是这几个城市具有十分突出的区位优势，地处沿海，毗邻港、澳、台以及东南亚地区，作为区域开放的窗口城市极为合适。同时，正由于上述 4 个经济特区经济体量规模较小，因此即使开放失败，其付出的机会成本也将很低。在 4 个经济特区开发开放的成功经验基础上，我国在 20 世纪 80 年代中期增加了天津、大连、秦皇岛等 14 个沿海开放城市，同时还将经济开放区扩展为珠江三角洲、长江三角洲、胶东半岛、辽东半岛等片状区域，此外，在 1988 年成立海南经济特区，这一阶段是我国区域开发开放的初步发展阶段，区域开发开放开始由个别的试验点（经济特区）向更为普及的面逐步展开。1990 年，中央宣布开放上海浦东。纵观我国区域的渐进式开发开放历程，我们可以发现，浦东开发开放所处的历史节点，刚好位于我国整体区域开发开放逐步展开以及初步发展阶段之后，因此，浦东开发开放意味着我国的区域开发开放开始进入深度开放与纵深发展阶段，一系列更为彻底、更为深化的改革与开放措施在上海以及浦东地区率先施行。20 世纪 90 年代初，我国进一步将对外开放的空间范围扩展到内陆和边境口岸城市，其中涉及 13 个边境城市、5 个长江沿岸城市、11 个内陆省会城市，我国的区域开发开放逐步向内陆地区扩展深化。1999 年和 2003 年，我国分别提出西部大开发战略与振兴东北老工业基地战略，开始较大范围弥补我国区域经济发展短板，改善前期区域开发开放带来的一系列区域发展不平衡问题；2013 年，我国率先成立了上海自贸试验区；2015 年，在东部沿海地区又相继成立了天津、广东、福建三个自贸试验区；2016 年，新批准辽宁、浙江、河南、湖北、四川、重庆、陕西等 7 个自贸试验区，在分布范围上从东部地区逐渐拓展到中西部和东北地区，逐渐覆盖了全国四大区域板块。2018 年 4 月 13 日，我国宣布成立海南自贸试验区。海南自贸试验区的成立使我国的自贸试验区数量增至 12 个。由此，全面深化多层次的区域开发开放格局已经基本形成。

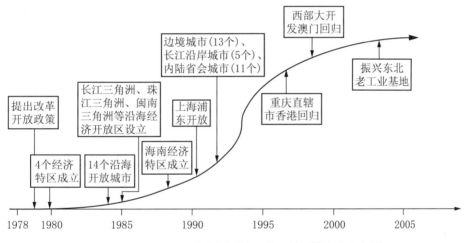

图 4-1 1978—2005 年我国区域开发开放区域演进示意图

资料来源：作者自行整理绘制。

（二）上海对外开放在中国渐进式区域开发开放演进过程中的地位

1. 上海的对外开放对全国区域开发开放的支撑和保障作用

20 世纪 80 年代初，我国改革开放的重心并不在上海。1980 年 8 月，全国人大常委会批准成立 4 个经济特区：深圳、珠海、汕头、厦门，并且在经济特区开始实施一系列关税和所得税优惠等先行先试政策。与此同时，中央还对广东和福建给予大量的财政支持，使得广东和福建很多城市的外向型经济得以突飞猛进地发展。此外，在长三角地区，苏州、无锡、常州以及浙江省地区的乡镇和民营企业迅速发展。在这一时期，上海与上述这些开发开放先行先试地区和省份相比，其经济社会发展状况开始呈现出显著差距。1980—1989 年，上海的年均经济增幅为7.90％，落后于全国的年均增幅 9.79％。1989 年时，上海市区的年人均可支配收入为 1 860.7 元，而同年进行改革试点的常熟市已达到 2 057 元，广东省的广州、珠海和深圳则分别高达 2 351 元、2 820 元和 3 434 元，住房紧张和收入的下降导致了上海一大批人才的流失，上海在全国的经济地位明显下降，改革和发展相对滞后。

这一时期，上海一方面没有享受到类似于中央对广东和福建省的各项优惠政策，另一方面又在后来的财政体制改革过程中"分灶吃饭"起步较晚。在 20 世纪整个 80 年代，上海市上交中央的财政收入占中央财政总收入的六分之一，始终位居全国首位。因此，当全国各个省份和地区开始打破原有高度集中的财政管理体制，各自利用自身留存财政收入谋求本区域发展之时，上海的财政负担仍处于较重状态，并且在区域经济社会竞争格局当中处于弱势地位。从这个角度来看，上海相当于承担了我国区域开发开放初始阶段的改革成本，为全国改革开放的顺利推进保驾护航。

2. 上海的对外开放对全国区域开发开放具有示范和借鉴作用

上海在对外开放过程中始终立足于配合国家战略，大胆尝试、敢为天下先，无论是在浦东开发开放、国资国企改革还是在上海自贸试验区建设等方面所进行的探索，都对全国的改革开放发挥了重要的示范和带动作用，为全国范围的区域开发开放提供了重要实践依据。

国资国企改革——"第一枪"的示范效应。作为全国地方国资体量最大的上海，在 2013 年 12 月 17 日出台了《关于进一步深化上海国资改革促进企业发展的意见》，这也成为党的十八届三中全会后首个地方层面出台的国资国企改革方案。方案中提出，要以国资改革带动国企改革，从过去的管国企转变为管国资，包括对国有企业实施分类监管、打造国资流动平台、积极发展混合所有制、对领导人员实行任期制契约化管理等内容。在《意见》颁布并实施后，国资国企改革进程进展顺利，一大批国企积极寻找战略投资方，发展混合所有制。以上港集团为代表的一批国有企业率先实施员工持股等激励制度，国盛集团和上海国际集团两个国资流动平台也已开始经营运作。上述改革措施具有鲜明的上海特色，在形成"上海国资国企改革样本"的同时又具有极大的可复制性，这对国内其他地区的国资国企改革形成了良好的示范和带动效应。

"营改增"——上海经验，全国推广。财政部和国家税务总局于2011年11月16日共同颁布《关于印发〈营业税改征增值税试点方案〉的通知》和《关于在上海市开展交通运输业和部分现代服务业营业税改征增值税试点的通知》。自2012年1月1日起，营业税改征增值税试点在上海市交通运输业和部分现代服务业正式展开。在试点过程中，根据发现的问题，上海市又陆续出台了如《关于本市营业税改征增值税试点有关差额征税会计处理的通知（试行）》等相关指导性文件。在该文件指导下，一系列试点改革措施优化了上海产业结构，同时也促进了上海制造业的转型升级，取得了良好的改革试点效果。因此，在经过较短时间的试点之后，国务院即将"营改增"试点范围进一步扩大，逐步扩大至其他省市乃至全国。

上海自贸试验区建设——力求可复制、可推广。上海自贸区立足于国家战略，以开放促改革，形成可复制可推广的经验。经过四年多的实践，上海自贸区改革已经进入 3.0 版本，在投资管理体制、贸易监管制度、金融创新、事中事后监管等多个方面已经取得了丰硕成果。截至目前，上海自贸试验区的多项制度创新成果已向全国范围内推广，并为其他自贸区的开发开放提供了丰富的实践经验。

3. 上海的对外开放对全国改革开放的服务和辐射作用

上海在开发开放的实践过程中始终以服务长三角地区、长江流域乃至全国作为立足点，在上海实现自身开放式发展的基础上，还对口支援西北和西南地区的欠发达省份。上海在改革开放过程中进行的一系列有益探索，有力服务和辐射了长三角地区乃至全国的经济发展。

早在 20 世纪 80 年代，上海的国有企业就会派出技术人员为江浙一带的乡镇企业提供技术支持；"十一五"期间，上海在促进自身城市功能区与产业结构不断升级完善的过程中，通过产业转移，在周边及其他地区投资建厂，带动长三角地区及周边地区省份的经济发展。此外，浦东的开发开放进一步扩展了我国长江流域的经济腹地，使大量外资与跨国公司集聚上海，其产业链向长三角地区乃至我国内地不断延伸，带动了整个区域经济的发展。长三角地区作为浦东开发开放辐射效应最大的地区，已经崛起为世界第六大城市带。

由此可见，上海的开发开放是我国渐进式区域开发开放的重要节点，大量的改革创新政策措施被不断推出与实践，渐进式区域开发开放的经济与社会效应进一步放大，标志着我国进入到全面快速开发开放的新阶段。

（三）浦东开放开发是上海对外开放的重要标志

1990 年 4 月 18 日，时任国务院总理李鹏在上海宣布浦东开发开放，以浦东的开发开放作为上海改革开放的突破口。2005 年 6 月 21 日，国务院批准浦东新区成为全国第一个综合配套改革试点。28 年来，浦东在开发开放过程中始终围绕上海市委、市政府提出的"先行一步"的基本原则，以"浦东能突破、上海能推广、全国能借鉴"为基本要求，在转变政府职能、转变经济运行方式、改变城乡经济和社会二元结构方面先行先试，取得了一系列进展和突破。浦东的开发开放成为了上海乃至整个中国改革开放的重要标志和象征。在这个过程中，浦东率先对招商引资工作实行"一门受理、并联审批、两审终结"，率先在全国试行"小政府、大社会、大服务"的管理模式，张江高科技园区成为全国第一个实行政府服务项目"零收费"的地区。此外，在浦东开发开放过程中探索尝试的保税区模式、出口加工区模式和高科技园区模式都已为全国各地所借鉴，尤其是浦东的开发开放没有留下巨额债务，实现了收支平衡、这一成功的投融资模式成为各地学习的榜样。

从我国开发开放的区域演化历程来看，在中国既有开放的区域中，浦东的开发开放处于沿海开放带和沿长江开放带的交汇处，大大提升了中国开发开放的层级，全面形成了中国改革开放的网络。从浦东开发开放与上海改革开放的关系来看，浦东在开发开放过程中所总结的一系列经验成果，为上海整体的开发开放提供了很好的先验条件，降低了上海开发开放的风险和成本。

（四）浦东开发开放对区域整体空间开放的影响

1. 浦东开发开放扩展了上海整体的开发开放空间

自近代开始，上海在中国半殖民地半封建的历史进程中，成为典型的租界城市。英国、法国和美国等西方帝国主义国家纷纷在上海划分各自势力范围，其各自为政的结果导致上海始终缺乏统一规范的城市规划。

新中国建立以后至改革开放前，上海市区面积一再扩大，1949年为86平方公里，1958年开辟了若干个卫星城镇并扩大至127平方公里，改革开放以来，1981年再次扩大为149平方公里，1985年为261平方公里。下图4-2直观展示了上海自改革开放以来的城市化区域分布演进历程。

但在20世纪80年代之初，上海出现一系列"城市病"，如交通堵塞、环境污染、人均住房面积锐减、自来水和煤气供应不畅等一系列问题。城市空间的超饱和状态严重限制了上海的经济和社会发展，当时所采取的"见缝插针"权宜之计并没有缓解上述矛盾，还使得工业产业布局更为僵化和恶化。上述现状使上海市委市政府认识到必须拓展上海城市新空间。如何扩展呢？市委市政府曾组织有关部门、专家探索，并提出了城市空间布局的北上、南下、西扩、东进等多种方案。北上指往北部的吴淞、宝山地区发展，与建设中的宝钢连为一体；南下指向邻近江浙两省的郊县吴泾、闵行、金山等发展，一直到杭州湾；西扩指向西面扩展；东进指跨越黄浦江，开发浦东。西扩"摊大饼式"的设想很快遭到否决，因为改造旧区要比建设新区投入的人力、物力、财力更大，且世界旧城改造史上鲜有成功典范，而建设新城区成本相对低，所以东进浦东和向南北发展的意见成为主流。综合上述背景，可以发现，浦东的开发开放扩展了上海的城市发展空间和接下来的开发开放空间。

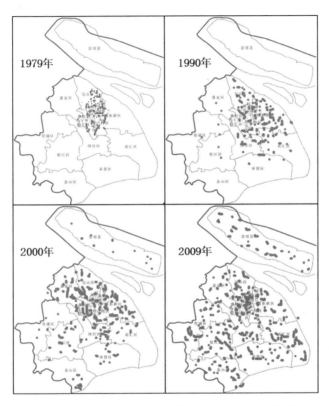

图 4-2 上海自改革开放以来的城市化区域分布演进示意图

资料来源：作者自行绘制整理。

2. 浦东开发开放促进区域产业空间与经济结构调整优化

在浦东开发之前，上海的产业结构以工业为主，且受限于城市经济空间的严格限制，大多数工业企业分散于市区的各个角落。这一方面不利于工业企业的产业集聚和规模效应的发挥，另一方面使得城市的经济与生活功能区无法科学合理规划，不利于上海的开发开放进程。而浦东的开发开放为上海改变上述产业布局弊病提供了很好的机遇和空间。很多老牌国有企业在浦东找到了新的发展空间，将企业下一步

99

亟需更新设备和技术的项目迁移至浦东地区，同时浦西地区原有的配套设施，比如港口、码头和机场等，也可以被浦东开发所充分利用，这样东西互动，互相促进，推动了上海产业空间和经济结构的进一步调整优化，也为后来进一步开发开放、实现更加长远发展奠定了空间基础条件。

二、浦东开发开放与中国经济的市场化拓展

（一）中国渐进式改革的市场推进逻辑

中国作为发展中大国，必须在尽可能短的时间内实现工业化，为国民经济的全面发展奠定工业基础。为此，在新中国成立之后，我国建立了高度集中的计划经济体制，利用行政手段配置资源，发展经济，并且参考苏联模式优先发展重工业。实践证明，这是实现模仿型工业化的有力捷径。但是在模仿型工业化体系建成之后，这种高度集中的计划经济体制的历史使命便已经宣告结束，继续秉承这一体制，必然会束缚生产力的进一步发展。因此，以建立市场经济体制为目标的改革开放便成立历史发展的必然。

回顾我国渐进式改革开放的历程，可以发现我国在改革开放过程中，其市场化推进的逻辑基本可以总结为"先易后难""由表及里""先试点、后推广"。我国社会主义经济体制的深层结构是生产要素的配置方式，表层则是各类消费品的配置方式。从这一点出发，我国在渐进式改革开放过程中，采取了由表及里稳步推进的策略，以最大程度地降低机会成本和调整成本。其在初始阶段保持了原有计划体制下

核心部分的稳定，即保持以国有企业为主体的生产要素（劳动力、资本和土地）的计划配置方式，而在消费品层面逐步采用市场机制来进行配置①。所以，这一阶段我国仍以计划体制为主体，市场只是计划体制的有效补充。这一点在党的十二届三中全会上通过的《中共中央关于经济体制改革的决定》（以下简称《决定》）中得到充分体现。《决定》中称，当时我国的经济体制是"在公有制基础上的有计划的商品经济"。这种建立在生产要素的计划配置基础上的商品市场，使在原有生产要素的配置方式下所束缚的生产力通过市场竞争激发与释放出来，从而使当时的中国经济获得了迅速发展，人们普遍享受到商品市场带来生产力和生产水平的提高。与此同时，由于没有对社会经济系统的深层结构——生产要素配置方式进行改革，保留了计划经济体制，也能够通过适当地牺牲效率而实现社会经济运行的稳定。所以这是一种低成本的改革，受到了社会各阶层的普遍欢迎。而且在建立有计划的商品经济的过程中，我国始终秉承先易后难的基本原则，从农村家庭联产承包责任制开始，建立初步的农产品市场；然后再倚仗乡镇企业发展小商品市场，由易到难，逐步推进，形成了我国独具特色的有效的渐进式改革开放模式和路径。

"有计划的商品经济"这种用计划手段配置生产要素、用市场手段配置商品生产的模式只能是阶段性的短期路径选择，久而久之必然会使边际生产力递减规律开始显现。因此，随着市场体制的不断发展，更深层

---

① 鲁品越：《改革开放的内在逻辑及其发展阶段》，《马克思主义研究》2007年第9期。

次的市场化拓展成为改革发展的必然选择，这便是生产要素的市场化。但是在推进要素市场化改革过程中，我国却遇到了强大的意识形态方面的阻碍。国内很多人认为这有违社会主义制度的基本要求。为此，邓小平同志在视察南方时发表的著名的"南方谈话"中指出，判断改革开放姓"资"姓"社"的标准，"应该主要看是否有利于发展社会主义社会的生产力，是否有利于增强社会主义国家的综合国力，是否有利于提高人民的生活水平"。"计划多一点还是市场多一点，不是社会主义与资本主义的本质区别。计划经济不等于社会主义，资本主义也有计划；市场经济不等于资本主义，社会主义也有市场。计划和市场都是经济手段。社会主义的本质，是解放生产力，发展生产力，消灭剥削，消除两极分化，最终达到共同富裕。"由此引导了建立社会主义的要素市场的历史进程。随后在党的十四届三中全会上，通过了《中共中央关于建立社会主义市场经济体制若干问题的决定》。《决定》指出，我国进行经济体制改革的目标是，要使市场在国家宏观调控下对资源配置起基础性作用，建立社会主义市场经济。

综上所述，我国渐进式改革的市场推进逻辑是由浅及深、由表及里，在商品生产与分配环节率先引入市场因素，然后再深入到生产要素的市场化改革。

（二）浦东开发开放的要素市场突破

如前文所述，在整个 20 世纪 80 年代，我国的经济体制改革主要以商品市场为改革对象，资本、技术、土地、信息、人才等要素市场并未成为改革的主要目标。但是随着党的十四届三中全会的召开以及浦东的开发开放，浦东率先在要素市场改革与开放方面进行了很多具有突破性意义的举措和尝试，由此，我国的要素市场改革正式拉开帷幕。

　　早在浦东开发之初的1990年，中央就批准在浦东成立陆家嘴金融贸易区，即使迄今为止，也是我国唯一一个以金融贸易命名的国家级开发区。陆家嘴金融贸易区的成立拉开了我国资本市场改革与开放的序幕。1992年9月25日，美国友邦上海公司经人民银行批准在浦东注册开业，这是进驻我国的第一家外资保险公司。1993年，浦东成为全国第一个尝试土地实转、资金空转土地开发模式的地区。同年11月，浦东外高桥保税区在全国范围内率先设立了保税交易市场——上海保税生产资料交易市场。1995年9月28日，第一家外资银行——日本富士银行上海分行在浦东开张营业。1996年12月，经国务院同意，中国人民银行批准在上海浦东进行外资金融机构经营人民币业务的试点。1997年，上海证券交易所移师浦东。1998年，上海商品交易所也迁往浦东，并在1999年与上海粮油商品交易所、上海金属交易所合并共组新的上海期货交易所。1999年，上海粮油交易所进入浦东新区。与此同时，上海房地产交易中心、银行同业拆借中心、中国外汇交易中心、上海人才交流中心、上海产权交易所、上海技术交易所、上海航运交易所、上海钻石交易所等先后在浦东成立。这些要素市场的有效运行，已经使浦东成为当前中国的市场高地。

　　浦东要素市场的运行，有力地打破了我国市场经济运行中的地域界限，为各种要素敞开了自由流动的大门。证券市场是一个最典型的例子。在这里谁都可以成为投资者，可以在市场中自由进出，不管你来自何方，来自何种企业还是个人。正是因为要素市场的充分自由度，使上海证券交易所的业务急剧扩大，其投资者遍布 31 个省市自治区，到 2000 年底已拥有上市公司 548 家、上市交易品种 631 个、2000 年有价证券交易额达 49 901.47 亿元[①]。

浦东要素市场的运行，达到了合理配置生产要素、有效利用资源的目的。上市公司多是企业界的佼佼者，通过证券市场的融资，使大批社会资金汇集到这里以发挥更大的投资效益。人才市场把大批优秀人才吸引到导向产业、高新技术产业领域。产权市场更是专做企业资源优化配置的事情，为一批国有企业走出困境作出了重大贡献。

浦东要素市场起到了市场经济运行变化的风向标作用，使市场经济的各类主体都能从中获得有益的信息，并及时作出相应的决策。比如，浦东房地产交易中心所储存的信息与交易的范围远远超出浦东地区，每季发布的土地投资、批租、房产预售与现售、动拆迁、抵押等 14 大类的权威信息获得了国内外关注上海房地产人士的高度重视与好评。浦东要素市场的发展，提升了上海城市的功能开发，为恢复上海城市的金融与贸易功能作出了重大贡献。要素市场的建立与运行对浦东与上海的直接好处是，大大改善了这里的投资环境，可以吸引国内外大批跨国公司、财团、金融机构和企业集团总部前来。1997 年亚洲金融危机以后，各地的海外投资都大受影响，而跨国公司和国外财团进入浦东的速度却仍在加快。

综上所述，浦东在开发开放过程中，在要素市场改革方面作出了众多具有突破性意义的尝试性举措，这对推动全国范围内的要素市场改革与完善，具有重要的现实性与先导性价值。

---

① 袁恩桢、万曾炜：《浦东开发的八大经济效应》，《浦东开发》2002 年第 4 期。

（三）浦东开发开放对中国市场经济体制改革的影响

我国市场经济体制的目标是建立起社会主义市场经济体制。社会主义市场经济是同社会主义基本社会制度结合在一起的，市场在国家宏观调控下对资源配置起决定性作用。随着我国经济社会的不断发展，党中央对市场经济体制目标的理解也在逐渐深化，由最初的仅仅局限于计划与市场之间的关系的讨论与认识，逐渐深化扩展到政府与市场的关系、科学发展观的践行、全面依法治国和全面从严治党等多维度目标，并且围绕上述多维度目标进行了一系列改革措施，取得了显著的成绩。而浦东的开发开放过程中一系列具有先导意义的改革实践，对我国社会主义市场经济目标认识的深化以及经济体制改革多层次目标的确立，起到了重要的推动作用。

首先，浦东的市场经济建设发展得极其迅速，特别是建立了全国第一流的金融市场，使这里具有现代市场经济的基本架构。更可喜的是，浦东还处处显现出社会主义市场经济的特有色彩——企业是市场经济的基础。到 2000 年底，浦东国有与集体经济单一投资的占 30％多，国有与集体经济控股与参股的占 30％多，两者相加显示了浦东公有制经济的主体地位。今后，即使国内外非公有制企业继续大量进入，由于公有制经济仍在金融、公用与基础产业等方面占据优势，也仍能发挥公有制经济在市场基础中的主导作用。这里必须指出的是，浦东的国有企业，经过改革与改制，已从传统体制下一切听命于政府的附属机构，转变为自主经营、自负盈亏、自我发展、自我制约的市场经济的自主主体。也就是说，已使传统的国有企业，转变成为适应市场经济要求的国有民营企业。这里所说的国有民营企业，是指符合市场经济运行规范的，由多层次、多区域、多企业国有资本参股的独立自主的企业法人及其运作方式。这种国有民营的运作方式，能大大提高国有经济的活力，并能更好地发挥其对整个国民经济控制力作用。

其次，浦东在要素市场作出了重大突破性贡献。浦东的市场体系，特别是金融等一系列要素市场，都是在政府的支持与政策的引导下推出来的。政府推动市场建设，是我国市场经济特别是要素市场恢复与发展过程中的一个重要特点，浦东的改革实践充分证明了这是一条加快新生市场建立和发展的捷径。这也为我国政府进行宏观调控提供了先验样本，使政府拥有了对市场较大的宏观调控力度。浦东的一系列要素市场，如证券市场、产权市场、外汇市场等，都是在政府政策的规范下运作的。

最后，浦东的市场经济，是一种规范的市场经济，为我国市场经济的法制化和规范化树立了榜样。浦东市场经济建设过程也是浦东法制建设逐步完善的过程。中央各部委、上海市人大与政府为保证浦东新生市场体系的顺利运行，精心制定了一系列法规制度。浦东在发展市场经济同时，也注意社会保障体制建设，这在全国来讲具有很强的示范作用，对我国在转轨时期避免出现激烈的社会矛盾，实现转轨期的平稳过渡，具有重要现实意义。比如在大规模土地开发过程中，重视保障农民的基本利益，并使浦东几十万农民在较短时期内走上了新的工作岗位，避免了以往资本主义社会常有的"圈地运动"对农民利益的严重侵害。充分体现了社会主义制度的优越性。

综上所述，浦东在开发开放过程中，通过自己一系列先行先试的改革实践活动，在经济发展、要素市场建设、社会保障制度实践与依法规范发展市场经济方面取得了显著的成就。同时，上述成就完善丰富了我国市场经济体制的多层次建设目标，对我国未来的改革与发展具有十分重要的意义。

第二节　浦东开发开放对中国渐进式开放的推动作用

一、浦东开发开放扩大了中国渐进式开放效应

（一）浦东开发开放的经济发展效应

我国于 1979 年开始进行改革开放，从最初的设立 4 个经济特区，到后来的设立沿海开放城市以及沿海经济开放区，在这个渐进式的改革开放过程中，虽然取得了一些成绩。但是总的来看，我国在经济增长方面的速度并未有质的变化，这主要是由于最先开放的一系列经济特区和沿海开放城市，其经济体量以及原先在我国经济发展当中的地位都比较低，因此，这一阶段的开发开放，对全国经济发展的带动作用始终有限。如图 4-3 所示，1977 年我国的 GDP 增速已经接近 10％。在改革开放后的近 10 年间，我国经济增速虽然有所提升，但是始终与改革预期所释放的红利不相匹配，且经过 1989 年政治风波之后，国内一些人对于改革开放的路线以及正确性开始持怀疑态度，因此在 1988—1990 年，我国的经济增速开始放缓，基本回到了改革开放前的增长速度。但是我们可以看到，浦东开发开放以来，全国的经济增长速度持续攀升，最高时其经济增速已经超过 35％。上海作为当时中国的经济重心和最重要的工业基地，其

浦东地区的开发开放对全国经济发展的引领和带动作用非常大。由此可见，浦东的开发开放，放大了我国渐进式开发开放的经济发展效应。

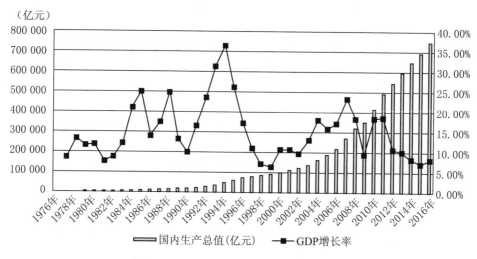

图 4-3　1976—2016 年中国 GDP 增长情况

资料来源：国家统计局网站：http://data.stats.gov.cn/easyquery.htm?cn＝C01。

此外，从浦东自身经济发展的情况来看。浦东自开发开放以来，浦东地区的经济总产值一直保持年均两位数增长，国内生产总值从 1990 年的 60 亿元增长到 2015 年的 7 898.35 亿元，占全市的比重由不足 10％上升到 31.64％；工业总产值由 1990 年的 177 亿元增至 2015 年的 2 010.80 亿元。毫无疑问，浦东新区经济的高速增长和经济实力的增强，为上海国民经济保持两位数发展提供了坚实的保障，在上海建设经济、金融、贸易和航运中心的过程中发挥了重要作用。浦东地区生产总值与增长率情况见图 4-3。从增长率来看，在浦东开发开放初期，由于释放了大量的改革红利，各类市场主体的积极性被激活，导致浦东新区在开发开放初期的生产总值年增长率十分惊人，增长率峰值为 1994 年的 77％，创造了人类经济发展史上的奇迹。此后直到 2011 年，浦东新区的生产总值增长率始终保持两位数增长速度。在 2012 年前后，浦东新区生产总值增长率尽管跌破 10％，但是在我国经济发展新常态背景下，浦东新区的经济增长势头仍然十分强劲。

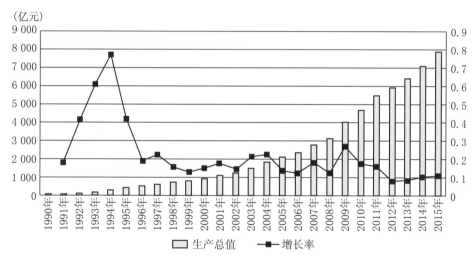

图 4-4 浦东新区 1990—2015 年生产总值与增长率情况

资料来源：作者根据《上海浦东新区统计年鉴（2016）》自行绘制整理。

在产业结构的变迁方面，浦东在开发开放过程中，始终坚持金融贸易等现代第三产业和高新技术产业先行的原则，经三次产业协调发展，结构层次不断提高。产业结构在经济发展中得到优化和提升，第一产业比重大幅下降，农业集约化水平提高，第二产业比重逐步下降，产业能级不断提高，第三产业实现快速发展，经济增长贡献度不断上升。据统计，浦东新区第一产业占 GDP 的比重已从 1993 年的 1.3％下降至 2015 年的 0.3％；第二产业占比则从 1993 年的 69.8％下降至 2015 年的27.7％；第三产业则从

1993 年的 28.9％增至 2015 年的 71.9％，具体数据情况见图 4-5。

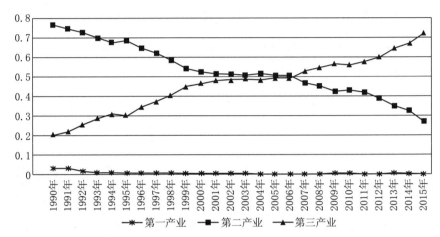

图 4-5　浦东新区 1990—2015 年产业结构变动情况

资料来源：作者根据《上海浦东新区统计年鉴（2016）》自行绘制整理。

在金融要素市场建设方面，浦东已成为外资金融机构进入中国市场的桥头堡及连通国际国内市场的枢纽。28 平方公里的浦东陆家嘴，集聚了证券、期货、产权、黄金、钻石等 7 个国家级的要素市场、12 家外资银行法人机构、603 家中外金融机构、150 家跨国公司地区总部、100 多家国内大企业集团总部和 4 000 多家法律、会计、资产评估等中介服务机构，已成为我国金融投资机构最密集、要素市场最完备、资本集散功能最强的地区。

综上所述，浦东开发开放 28 年来，取得了非常瞩目的经济发展成就，无论是经济总量规模，还是经济发展增速，都始终呈现快速发展的势头。在产业结构方面，浦东在开发开放过程中，其产业结构不断优化升级，目前其产业结构已经十分合理。在要素市场建设方面，浦东已经成为我国金融投资机构最密集、要素市场最完备、资本集散功能最强的地区。作为上海改革开放的龙头和门户，浦东开发开放不仅促进了自身经济发展与经济结构的转型升级，而且对带动上海整体的经济、社会发展，为上海建设"四个中心"以及全球性的卓越城市，发挥了十分重要的推动作用。

（二）浦东开发开放的市场化改革示范效应

浦东在开发开放的过程中，对我国的市场化改革具有显著的示范效应。具体主要表现在以下几个方面。

（1）为我国大型城市的开发开放打造高目标起点开放模式对标对象。在经济全球化背景下，浦东的开发开放在一开始便树立高目标起点，以配置全球经济资源为开发开放目标。经过 28 年的开发开放，浦东作为我国建设开放型经济的排头兵，使我国经济迅速高效地进入到全球生产链和供应链之中。浦东利用全球资源发展自己，创造了中国高起点、跨越式的开放模式，为中国经济强盛找到一条新的出路。从其利用外资和扩大外贸可见一斑。2017 年全年，浦东新区外商直接投资实际到位金额达到 78.26 亿美元，比上年增长 11.2％，占上海市 2017 年外商直接投资总额的 46％。外贸进出口总额达到 19 565.04 亿元人民币，同比增长 11.2％，占上海全市进出口总额的 60.7％。外商投资企业在浦东的工业总产值、财政收入、外贸出口中的贡献已超过一半，外资外贸占据了浦东经济的"半壁江山"，已成为浦东结构调整、产业升级的主要杠杆。浦东新区的外商直接投资大多投向了第三产业部门，这直接带动了浦东第三产业比重的上升，为浦东地区产业结构升级，实现高质量发展起到了重要的推动作用。同时，外商直接投资也是上海优化空间布局、完善城市基础设施建设的重要力量。浦东历年固定资产投资 3 000 亿元左右，其中三分之一来自外资。陆家嘴金融贸易区、张江高科技园区、金桥出口加工区、外高桥保税区已成为上海先进生产力的代表和象征，大批外资金融、贸易、高新技术企业在这里聚集。综上所述，浦东在开发开放过程中打造了利用外商直接投资等全球经济资源实现自身快速发展的浦东开发开放模式，这为我国的大型城市开发开放和快速发展树立了标杆，具有十分重要的示范意义。

（2）浦东的对外开放，形成了对传统体制改革的倒逼机制，蕴含了对传统体制的突破和新体制的建设。浦东对外开放所做的一切，都与全球化有关、与按照市场经济原则更有效配置资源有关。如浦东率先在商业批发与零售领域对外资开放、允许外资银行经营人民币业务试点，以及批准组建中外合资外贸公司等，是以对传统体制的垄断保护的突破为前提，率先在相关领域对外资实行"国民待遇"，使国内的管理体制逐步与国际接轨，都是推动传统体制向市场经济体制转轨的具体而有效的举措。

（3）建立了较为完善的现代市场体系与现代企业制度。浦东在 28 年的开发开放过程中，不断探索社会主义市场经济体制的建设与实现方式，率先建立起较为完善的现代市场体系与现代企业制度。围绕国企改革，浦东首先建立起现代企业制度。为保证现代企业制度的顺利运行，浦东还进行了一系列重要的配套改革措施，为市场主体的发展打造完善的生产要素市场（特别是金融市场）和产权市场等，构建现代市场体系框架。万曾炜（1995 年）认为，浦东建立现代市场体系的主要标志是：诞生了比较规范的资本市场、掀起了要素市场的发展热潮、经济运行的货币化进程加快以及对外开放迅速扩大等四个方面。建立了较为完善的现代市场体系是浦东超越当时其他区域经济模式实现快速发展的关键[1]。

---

[1] 尤安山：《试论浦东开发开放的基本模式、效应及发展趋势》，《中国经济特区研究》2011 年。

2005 年，国务院在要求浦东进行综合配套改革试点时，要求浦东具体探索如下四方面：一是建立具有激发自主创新活力的推动机制，二是建立符合市场经济一般规律的社会主义市场经济体制，三是建立起与开放型经济相适应的经济运行制度，四是建立起有利于统筹发展协调的制度环境。这既是基于浦东 15 年来市场经济体制建设探索的结果，也是其探索成效为中央所接受的结果。

（三）浦东开发开放的市场主体活力效应

浦东的开发开放吸引了全球各类市场主体的大量进驻，经过 28 年的开发开放，浦东地区的市场主体保持健康快速的发展势头。

根据《2017 年度浦东新区市场主体发展状况白皮书》统计数据显示，2017 年，浦东新区市场主体继续保持平稳增长态势。截至年底，浦东新区共有各类市场主体 395 783 户，比上年末增加 22 732 户，其中，内资市场主体 363 470 户，外资市场主体 32 313 户。2017 年共新设各类市场主体 47 846 户，其中内资企业 35 533 户，涉及注册资本 3 735.88 亿元；外资企业 2 050 户，涉及注册资本 579.13 亿元；个体工商户 6 232 户，农民专业合作社 76 户。

经过近 28 年的开发开放，浦东市场主体发展总体呈现四个特点：一是各类型市场主体发展齐头并进，各具特色优势。公有制企业质量较高，户均规模比较优势明显；外资企业以现代服务业为主，新设数在全市占比 40％以上，外向型经济特征愈加突出；私营企业呈高速发展态势，新设数量与规模均居首位，活力持续迸发。二是产业和行业结构优化升级，创新要素集聚。第三产业企业占比最高，重点领域制造业企业发展较快，节能环保产业、新一代信息产业、新能源产业等战略性新兴产业企业数量持续增长，一批技术含量高、竞争力强的行业、企业落地浦东，高端金融要素和创新元素进一步集聚，现代服务业发展能级显著提高。三是企业发展质量提升，引领作用明显。受优化营商环境政策措施影响，大企业、大项目竞相落户浦东，总部经济特色凸显，企业发展从数量增长向质量提升转型的态势明显。四是企业活跃状况保持高位，市场活力增强。根据浦东新区市场监督管理局发布的浦东新区市场主体活跃状况信息来看，2017 年，浦东新区企业的整体活跃状况总得分为 73.23 分，与上年相比提升 2 分，处于高度活跃状态。从企业类型看，私营企业活跃程度最高，处于极度活跃区间；从行业看，制造业、批发和零售业、租赁和商务服务业等 3 个行业极度活跃，金融业、科学研究和技术服务业等 4 个行业高度活跃，增添了浦东创新创业、转型发展的新动能。

从浦东市场主体的未来发展趋势上来看，呈现出如下几个趋势特征：（1）营商环境加速优化，创新创业活力激发。近年来，浦东新区积极对接国家重大发展战略，打造开放型经济新体制综合试点试验区，申报"中国制造 2025"国家级示范区。结合原有的上海自贸试验区和国家自主创新示范区，浦东在继续加强"双自联动"发展的同时，有望推动多个示范区与试验区多元联动发展，持续保持各项先行先试政策的激励作用，进一步优化营商环境，促进"四新"经济等企业蓬勃发展，增强浦东企业的引领示范作用。（2）市场主体稳定增长，产业结构优化升级。在经历了上海自贸试验区成立之初的企业注册高速增长期之后，2017 年浦东新区和上海自贸试验区的企业数量增长趋于平稳，2018 年这一态势将延续并在今后成为常态。与此同时，市场主体的发展考量指标进一步从数量的增长转变为结构的优化、质量的升级。通过规范引导、优化营商环境等市场增强型措施，充分发挥市场配置资源的基础性作用，推动功能布局进一步优化，产业能级进一步提升。（3）企业品质不断提高，高端产业加快集聚。党的十九大报告提出，要建设现代化经济体系，推动经济发展质量变革、效率变革、动力变革。在经济发展转移到以质量和效益为中心的战略背景下，近年来，浦东新区着力打造"开放、创新、高品质浦东"，并积极创建全国质量强区示范城区，启动质量提升工程，2018 年还将进一步深化"一带一路"检验检测互认机制，率先开展区级标准试点，这些都有利于持续提升企业品质，助推经济高质量发展。与此同时，浦东积极创建"中国制造 2025"国家级示范区，着力打造上海服务、上海制造、上海购物、上海文化"四大品牌"核心承载区，大力发展高新技术产业，着力清理"僵尸企业"、淘汰落后产能，都将进一步促进企业"优胜劣汰"，提升市场主体的动态更替效率，促进战略性新兴产业发展进一步加快，高端产业、创新元素进一步集聚。

二、浦东开发开放完善了中国渐进改革模式

（一）国家战略顶层设计的凸显

从 20 世纪 80 年代开始，中国以广东和福建沿海省份为重点，开始实施改革开放的一系列战略举措。改革开放战略的实施为我国东南沿海地区带来了多方面的重大变化，取得了显著的成绩。但是到 20 世纪 80 年代末 90 年代初期，国内外环境持续恶化，出现了很多不利于改革开放的因素，比如：1989 年政治风波、苏联解体以及以美国为首的西方国家对中国进行的一系列严厉的经济制裁。在这一国际国内背景下，我国的改革开放和发展道路面临一个严峻的十字路口。中国的改革开放是否应该继续？如

果继续，那下一步的改革开放重点和突破口在哪里？在这样一个事关国家和民族发展的历史转折点，中国需要一个高屋建瓴的战略布局来引领全国的发展，同时任何一个战略布局在实际实施过程中都需要一个突破口作为起点。那么，我国发展的战略布局究竟应该如何？突破口又在哪里？20世纪80年代末90年代初中国改革、开放、发展的事实已经作出了正确的选择和科学的回答。这就是，自1978年改革开放以来中国的100年发展战略构想已经形成，是邓小平同志完成了这一战略构想，也正是他不失时机地把80年代末90年代初这一战略构想的突破口敲定为浦东的开发开放，不仅如此，邓小平同志还始终关注着这一战略突破口的进展情况。

1988年1月23日，邓小平同志在一份《关于加快沿海地区对外开放和经济发展的报告》上批示："完全赞成。特别是放胆地干，加速步伐，千万不要贻误时机。"1989年政治风波及"苏东风波"后的中国，改革开放、经济建设、国内稳定及国际关系同时遭遇困难，但我们党和国家之所以能够在这场风波中站住脚跟，邓小平同志总结其中的原因是："如果没有改革开放的成果，'六四'这个关我们闯不过，闯不过就乱，乱就打内战，'文化大革命'就是内战。为什么'六四'以后我们的国家能够很稳定？就是因为我们搞了改革开放，促进了经济发展，人民生活得到了改善。"基于上述认识，邓小平同志选择了继续进行改革开放的发展道路，并将浦东作为中国下一步开发开放战略布局的突破口。

（二）中央和地方政策的协同

浦东开发开放之所以能够取得显著成就，中央和地方政策的协同配合发挥了十分重要的作用。在这个过程中，充分调动了中央和地方两个方面的积极性，为浦东开发开放的成功提供了双层保障。

（1）中央关于浦东开发开放的政策。浦东开发开放后的 28 年，中央在这期间不断给予浦东一系列先行先试的优惠政策，比如在 1990 年，中央给予浦东 5 亿元的启动贷款，同时允许浦东新区政府具有一定财政权力，利用其地方财政收入促进浦东地区的开放发展；还降低行业限制和进入门槛，允许外资在浦东地区投资第三产业。在土地方面，允许浦东地区施行土地所有权有偿转让政策。1990 年 9 月，国务院有关部门和上海市政府发布了第一批浦东新区开发开放的 9 个法规文件，同年在外高桥率先建立我国第一个保税区。1992 年中央给予上海市用于浦东开发的政策包括扩大和增加 5 类项目的审批权和 5 个方面的配套资金筹措权。中央政府同意给上海扩大基金以支持浦东开发的权利：（1）允许上海每年发行 5 亿元工业债券；（2）除了配额外，允许上海向上浮动 1 亿元的股票价值；（3）除已经获得每年 1 亿元的贷款外，中央政府同意给上海每年 2 亿美元的低息贷款；（4）允许上海为外商投资者每年向上浮动 1 亿美元的发股价值；（5）在原有 2 亿元规模的基础上再增加 1 亿元的附加分配基金。以上折算下来，浦东一年的投入就是当时全国 14 个开发区全部投入的两倍以上，如果股票溢价发行，投入规模更为可观。1995 年 6 月，国务院颁发《关于"九五"期间上海浦东新区开发开放有关政策的通知》，内容主要包括财政税收和资金、扩大市场开放度和准入度以及扩大审批权限等 3 个方面。中央于 2005 年批准浦东率先进行综合配套改革试点；2009 年批准南汇并入浦东和上海国际金融中心、国际航运中心的建设；2013 年批准创建中国（上海）自由贸易试验区。

（2）上海关于浦东开发的相关政策。上海市政府配合中央的战略决策和各项政策措施，推出了一系列地方政策措施，以促进浦东地区发展。

1990 年上海市政府宣布了开发浦东的十条优惠政策和开发浦东的总体实施规划。1990 年 9 月 10 日国务院出台了九项规定，其中 6 项是上海市政府颁布的，包括：（1）上海市关于鼓励外商投资浦东新区的规定；（2）上海外高桥地区的行政管理措施；（3）上海浦东的土地管理规定；（4）上海浦东新区建设和管理的项目措施规定；（5）浦东新区外资企业的审批措施；（6）上海浦东新区的产业发展和投资方向指导。1992 年 3 月，中央政府同意给上海市政府审批投资项目的权利，授权上海：（1）在外高桥地区建立中资或外资仓储贸易企业的审批权；（2）在浦东新区国有大中型企业进出口的审批权；（3）在浦东新区建立非工业项目的审批权；（4）2 亿元的工业项目的审批权；（5）发行股票和债券用于浦东开发并允许其他地方的股票在上海进行交易。2002 年 1 月，上海市委、市政府正式启动了浦江两岸综合开发工程，在黄浦江两岸综合开发 2 260 公顷规划面积中，浦东有 1 390 公顷，占六成多。2005 年 4 月，上海海关推出八条措施进一步支持浦东开发开放。

综上所述，中央提供的政策为浦东的开发开放提供了国家战略层面的支撑和保障，也为浦东的发展指明了大的方向。在这一基础上，上海市和浦东新区政策充分发挥自身的主观能动性和积极性，推出一系列地方性政策措施，与中央政策相互配合，推动浦东地区开放式发展。

（三）地方渐进式改革的创新活力

上海市政府在浦东开发开放的过程中，充分发挥地方的主观能动性，针对浦东开发开放战略实施过程中不断涌现的关键问题，创造性地推出了一系列针对性的新举措和新政策。在浦东开发开放 28 年的历史进程中，地方政府在渐进式改革开放当中的创新活力是确保浦东开发开放取得成功的关键因素之一。具体而言，主要体现在土地开发模式、资金筹措模式、浦东开发组织等几个方面。

首先，在土地开发模式方面。1990 年 9 月 10 日，上海市政府颁布《上海市浦东新区土地管理若干规定》，提出："浦东新区国有土地实行有偿使用制度。采取土地使用权出让、转让方式或收取土地使用费的方式，使需用地者获得土地使用权。"在这一政策指引下，浦东 4 个开发区及其开发公司创造了独特的土地批租模式和融资模式，即"财政空转，土地实转，成片规划，滚动开发"，成立了陆家嘴、金桥、外高桥三家开发公司（1992 年成立了张江开发公司）。政府只给每家开发公司办公经费 200 万元，同时由市财政局按照土地出让价向开发公司开出支票，作为政府对企业的资本投入。开发公司将支票背书后，作为土地出让金支付，交给土地局，并签订土地使用权的出让合同。土地局出让土地使用权后，再将从开发公司得到的出让金（支票）收入全部上缴给市财政局。形成了包括以地集股、以地融资、以地招商、以地抵押在内的全方位土地批租模式。采用这种创新做法，浦东四大开发公司作为土地开发主体，将"生地"转化为"熟地"后再投入土地二级市场，利用二级市场的土地转让收入进行再投入、再转让，从而形成了"土地资源—土地资本—货币资本"的螺旋式上升。这一创举在浦东开发开放初期资金极其匮乏情况下，既为培育土地市场创造了条件，也使浦东开发开放能够及时启动、快速发展。

其次，在资金筹措模式方面。在浦东开发开放之初，经过初步计算后发现，浦东的开发开放初步启动阶段即需要 8 000 亿元人民币资金，如此巨额的资金不可能单纯依靠政府的财政收入来实现，因此，如何弥补巨额资金缺口，保证浦东开发开放的资金需求和顺利启动，成为关键性问题。为此，浦东在资金筹措机制方面进行了模式创新，以政府投资引导社会投资为基本思路，大力开辟多元化融资渠道，通过办理银行或银团贷款、争取国债转贷资金、发行建设债券和企业债券、申请证券市场上市、利用国外政府贷款和国际商业贷款等方式，先后筹借了550亿元左右的资金，为浦东开发开放过程中大规模基础设施建设提供了充足的资金保证，创造出了以投资来源多样化、投资主体多元化、利用外资方式多样化为主要特色的政府投资与市场化投融资相结合的多元化投融资模式，形成了全方位、国际化、多元化、多渠道的招商引资格局。浦东进行固定资产投资过程中的多元化筹资模式见图4-6。

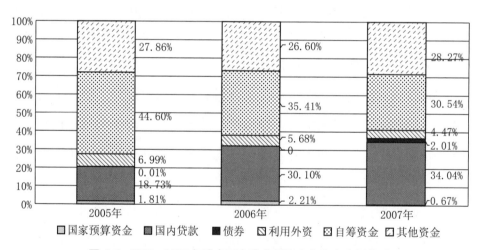

图4-6　2005—2007年浦东固定资产投资本年资金来源构成

资料来源：上海市统计局网站：http：//www.stats-sh.gov.cn/html/sjfb/。

最后，在浦东开发组织及行政管理体制方面。浦东的行政管理体制体现了"小政府、大社会、大服务"的格局特点，这在全国来讲也属首创。小政府的特征：（1）决策职能：政府集中力量驾驭全局；（2）服务职能；

（3）审批职能：2001年，浦东新区率先在全市进行政府行政审批制度综合改革试点，减少审批事项，规范审批程序，提高行政审批效率。大社会的特点：把政府管不了、管不好、不该管的事务交给市场和社会中介服务组织。这一点主要借鉴了欧美的模式，即在区域发展过程中利用行业协会、商会以及中介性服务中心机构等，将其与金融机构等组织功能相互配合，使本区域内的经济要素能够顺畅高效流动配置。浦东借鉴欧美模式中的优点和长处，建立了各类社会中介组织机构，大大提高了本区域内的资源配置效率。大服务的内涵：浦东在开发开放过程中，其行政机构始终以发挥大服务功能为宗旨。以科学开发开放为基本思路，推动开发开放稳步有序进行。同时，发挥"看得见的手"的作用，致力于维护市场秩序，打造公平开放的市场环境，为各个市场主体的进入、投资项目的顺利引进打造良好的环境条件。政府同时与企业相互配合，通过多元化招商引资措施，激发企业的投资活力。同时，政府还坚持自身本职工作，加快城市化的建设进程，建立和维护良好的社会秩序，着力建设社会主义和谐社会。

第三节　浦东开发开放的渐进式特征与路径

一、浦东开发开放的渐进式特征

（一）高目标起点与突破口的有机结合

20世纪90年代初期，在邓小平同志的支持下，浦东开发开放被逐渐上升为国家战略，其开发目标和定位也十分清晰明确，即以浦东开发开放为龙头，进一步开放长江沿岸城市，带动长江三角洲和整个长江流域地区经济的新飞跃。从国家战略的角度，浦东开发开放解决了三个方面的重要问题，凸显了浦东的高目标起点和国家战略的地位。三个重要问题分别是中国对外开放的战略升级问题，经济从工业化向市场化转轨的问题，解决市场经济最核心的要件——金融中心建设问题①。

在制定浦东的开发开放发展整体规划时，其高起点特征也得到充分体现。经上海市人大常委会审定通过的浦东新区总体发展规划指出：把浦东建成高度文明和国际水平的集中央商务区、自由贸易区、出口加工区、高科技园区以及海港、空港、铁路枢纽于一体，城乡协调发展的现代化新区。总体规划编制完成后，浦东新区各职能部门陆续编制了各专业的详细规划，如环保规划、绿化规划、交通规划、水利规划等；各开发区、街道、集镇也编制了本区、本块的各类详细规划。在编制的规划流程和方式方面，浦东也采取了全新的编制模式，通过全球招标，经过多国专家的精心设计以及 10 多个国家的 30 余位专家反复讨论深化，前后花费 2 年多的时间，高质量地完成了陆家嘴中心区城市规划。同时，浦东还邀请英国专家进行交通规划设计咨询，邀请加拿大和日本专家分别编制不同区域的城市设计咨询或环境设计。规划的国际招标使浦东的开发开放在启动之初就定位于国际高端。

浦东开发开放之前，城市功能不完善，经济基础较薄弱，黄浦江隔断了浦东和浦西的人流和物流。要在短时间内把浦东建设成为上海现代化的新城区，必须选择切合实际的开发开放的战略突破口。浦东开发开

---

① 钱运春：《论浦东模式》，《上海经济研究》2010 年第 8 期。

放把规划先行、法制先行、高新技术先行"三个先行"作为战略突破口。

浦东开发开放坚持规划先行。为了高起点规划，浦东采取国际招标或国际咨询等方式，使区域的社会和经济发展规划、城市形态规划、交通规划、基础设施规划和生态环境规划配套完善，体现国际化特征。

浦东开发开放坚持法制先行。28 年来，市人大、市政府在浦东新区先后颁布了 20 多项有关外商投资的法律和法规，基本上使经济运作有章、有序进行。

浦东开发开放坚持高新技术产业先行，使浦东成为上海市高新技术产业发展的新高地，形成了以微电子、软件、生物医药为先导的国内最大的高科技产业体系。(1) 微电子产业：在引进最先进的芯片生产线的基础上，重点向芯片设计、微电子装备和光电子等中上游环节拓展，形成了完整的微电子产业链；以张江为核心延伸到金桥、外高桥的微电子产业带的建设，基本建成了国内一流、国际领先的集成电路生产和研发基地。(2) 软件产业：引进了国际知名软件公司，形成了研发、设计、应用与交易的领先优势，推动了软件的出口，初步实现了软件产业的国际化。(3) 生物医药产业：形成了基因技术、生物技术、现代中药技术、新型制剂和生物医学工程的产业化优势。(4) 汽车产业：运用高新技术提升汽车产业能级，加快产品升级换代，提高产品附加值，增强市场竞争力。(5) 新材料产业：坚持引进与自主开发并重，形成了信息材料、汽车材料、新型特制钢材、树脂复合材料、新型建筑材料为主导的新材料产业。

(二) 局部地区试点与市域空间的扩散

政策试点作为我国渐进式改革中总结出的一套方法论，在推动我国经济社会发展以及政策和制度创新中发挥着重要作用。正是在局部地区的政策试点方法论指导下，浦东的开发开放才取得了如此举世瞩目的成就，为全国的改革开放和经济发展作出如此巨大的贡献。

从理论上讲，政策试点是政府推行全新政策举措的前提和保障，它是中央行政授权与地方自发创新与探索实践相结合的产物。之所以要进行政策的区域性试点，主要是因为新政策的推行和实施往往具有很强的不确定性，甚至在政策推行过程中，仍有很多政策内容非常晦涩不明，且由于没有先验数据和实践作为参考，因此，一旦政策所涉及的社会经济影响较为显著，那么就需要对政策的风险进一步审慎考量，避免政策一次性全面铺开后，造成不可收拾的后果。因此，这时上级政府会选择一些典型试点或者鼓励部分地区来尝试。且在地区尝试的过程中可以根据实际情况打破原有政策内容，大胆创新，以便总结新的经验，为政策的后续推广和落实奠定先验基础[1]。

浦东的开发开放便切实秉承了上述方法论。1995年6月，国务院给予浦东扩大对外开放方面新的功能性政策，使浦东在金融和贸易等领域取得率先推进改革的试点权，以支持上海国际经济中心城市建设和促进浦东功能开发。浦东抓紧时机，在金融贸易改革和对外开放方面采取了一系列大动作：实行融资方式和渠道的创新，组织国内银行联手为重大工程融资，扩大授信方式，引入循环贷款、按揭贷款等先进运作方式，浦东的商业银行全面推行资产负债比例管理试点，实行财产险和人寿险机构的分设，外资银行在浦东经营人民币业务试点，国内外贸企业在浦东开设子公司，境外外贸公司在浦东设立分公司，增设外资和中外合资

---

① 张勇杰：《渐进式改革中的政策试点机理》，《改革》2017年第9期。

保险机构，对外开放商业零售，组建中外合资外贸公司。浦东新区在短短几年内迅速集聚了几千家中外贸易公司、上万家商业企业，金融贸易业的增加值占新区 GDP 的比重持续攀升。

　　浦东作为我国开发开放的政策试点区域，其在发展过程中总结的一系列经验，为长三角地区的开发开放提供了十分有益的借鉴，使长三角地区的开放进程大大加快，经济转型进一步提速。同时，对长三角各个地区的经济发展也起到了重要的激励作用。如在集聚经济发展资源方面，目标从国内更多地转向了国外；在开发手段上，大多通过建立新区甚至保税区方式，以增量来带动存量盘活，一改过去增量存量不分相互钳制的弊端；在运行机制上，从注重市场因素、发挥市场能动性向建设市场经济体制转变，因此才同时产生了推动政府职能转变的声音。浦东开发开放过程中"政策试点——推广"模式具体可见图 4-7。

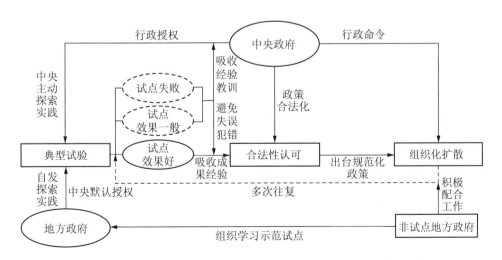

图 4-7　浦东开发开放过程中"政策试点——推广"示意图

资料来源：张勇杰：《渐进式改革中的政策试点机理》，《改革》2017 年第 9 期。

　　与此同时，浦东在实现自身内部的改革发展的过程中，也是遵循以点带面、层层推进的方式，主要通过四个国家级开发区的开发开放带动了整个浦东的开发开放，从而实现了"以点带面、以面成片、最终形成整体"的开发开放战略格局。浦东开发开放初期，实施"列车工程"，由国家级开发区作为"火车头"带动周边乡镇（"车厢"）发展；在开发区走向成熟后，提出"区镇（开发区与乡镇）联动"，加快郊区经济发展和小城镇建设；2005 年，建立了六个功能区域，从管理体制上打破城乡二元分割界限，推动城郊一体化发展和区域统筹协调发展。2010 年，浦东提出了"7 + 1"发展格局，这是 20 多年浦东开发开放基础上的新开发开放观下的新战略选择。在此基础上，经过近 6 年的发展，2016 年 11 月，浦东新区政府正式发布《浦东新区产业发展"十三五"规划》（简称《规划》）。《规划》指出，在未来五年，浦东将在产业发展上聚焦"八大产业板块"和"十个重点专项"。在产业空间布局上，浦东则将形成"4 + 4 + X"的格局，并通过金融城、科学城、旅游城、航空城的建设，推进城乡一体化发展。

　　其间，浦东将重点谋划四个方面：一是落实国家战略，抓住自贸试验区和科创中心建设的历史机遇，面向经济社会发展的重大需求，实施创新驱动发展战略。二是促进"四个中心"建设，提升浦东新区金融、航运、贸易等方面在上海市相应指标中的比例，为上海在长江经济带中发挥"四个中心"的引领作用贡献一分力量。三是顺应"制造 + 服务"融合发展的趋势，整合各政府部门、各产业领域的资源，将在"十二五"期间"三大三新一优化"的制造业体系和五大服务业，进行三、二、一产业融合发展，以优化产业格局、提升产业能级、提高产业国际竞争力。

四是抓住"互联网＋"发展方式，创新扶持方式，营造良好的"互联网＋"创新创业环境，吸引优秀的互联网项目向浦东集聚，促进电子商务、工业互联网蓬勃发展，扶持企业做大做强，引导企业拓展国际市场。

在产业空间布局上，浦东将形成"4＋4＋X"的格局。其中，第一个"4"是指四个国家级开发区，即陆家嘴金融贸易区、外高桥等保税区、张江高科技园区、金桥经济技术开发区。第二个"4"是指四个新兴区域，包括世博地区、临港地区、国际旅游度假区、航空城。"X"则是指转型升级的镇产业园区。浦东新区现有川沙镇工业小区、六灶鹿园工业区、祝桥空港工业区、机场镇临空产业园区、高桥镇老工业基地、巴斯夫、曹路工业园区、合庆工业园区A区、张江高科技产业东区、合庆工业园区C区、新场工业区、三灶都市型工业园、老港工业区、高行镇工业园区、高东工业区、康桥东路工业片区、唐镇工业园区、三林经济园区、周浦智慧产业园、航头镇大麦湾工业区、北蔡工业园区、张江总部经济园等镇产业园区。根据"上海2040"规划及航空城发展情况，一些镇产业园区将作相应调整，数量上称为"X"。

浦东正是在局部地区试点的基础上，通过试点后的逐步推广，层层递进，以点带面，最终形成了如今的城市经济发展格局，实现了市域发展空间上的不断扩展。

（三）经济改革与行政改革的同步突进

浦东在开发开放的过程中，并非仅仅局限于经济领域的开发开放，而是在推动经济领域开发开放的过程中，通过总结政府在浦东经济发展中所起到的作用，结合对政府与市场之间关系的全新认识，适时推进浦东地区的行政改革，探索新型城市管理模式和管理理念。这在全国层面来看，是属于十分超前的改革和开放理念。

2005 年 6 月 21 日，国务院正式批准浦东成为中国第一个"国家综合配套改革试验区"。要求浦东在科学发展观的指导下，顺应经济全球化和完善社会主义市场经济要求，以"全国能借鉴、上海能推广、浦东能突破"为原则，以制度创新推动浦东的开发开放，在全国率先形成制度完备、运行高效、具有国际竞争优势的社会主义市场经济体制框架，为推动全国改革起示范作用。在浦东综合配套改革的过程中，紧紧围绕"三个着力"作为战略重点：（1）着力转变政府职能，建设服务型政府；（2）着力转变经济发展方式，深化金融、科技、涉外经济体制改革；（3）着力改变城乡经济社会二元结构，深化城乡制度改革。

在转变政府职能，建设服务型政府方面，浦东开始探索适应大城市、大区域管理的新模式。着力深化行政审批制度改革，推进人事制度改革，深化公务员和事业单位工作人员的招聘和选拔制度，同时在公共服务领域大力发展社会公共服务组织，理顺市民参与管理以及与政府沟通的信息渠道。通过上述措施，推进政府管理方式的改革创新。在着力转变经济发展方式方面，浦东主要通过推进金融业综合配套改革，完善金融市场体系，通过出台关于支持金融机构、股权投资企业和外资股权投资管理企业发展等政策措施，鼓励金融机构集聚浦东，强化浦东地区的金融要素集聚程度。此外，以张江高科技园区为载体推进科技体制改革，在高新技术产业化方面，通过设立种子基金、风险投资引导基金、产业投资基金，探索投贷联动机制，形成覆盖创新企业成长周期的投融资扶持体系，不断强化自主创新的资本引力；探索知识产权质押融资试点；探索集成电路保税监管模式、生物材料检验检疫方式等改革试点，优化有利于产业升级的土地资源配置机制。

浦东综合配套改革的实质是探索改革经济、政治、行政、文化、社会等诸多领域中不利于开发开放、改革发展的制度，标志着浦东开发开放的动力机制从过去的政策依赖转向制度依赖，浦东开发开放也从政策优势向制度优势转变。

二、浦东开发开放扩展中国渐进改革领域

（一）从商品市场到要素市场的渐进

我国在渐进式改革开放过程中，采取了由表及里、稳步推进的策略，以求最大程度地降低机会成本和调整成本。其在初始阶段保持了原有计划体制下的核心部分的稳定，即保持以国有企业为主体的生产要素（劳动力、资本和土地）的计划配置方式，而在消费品层面逐步采用市场机制来进行配置。所以，这一阶段我国仍以计划体制为主体，市场只是计划体制的有效补充。这一点在党的十二届三中全会上通过的《中共中央关于经济体制改革的决定》（以下简称《决定》）中得到充分体现。《决定》称，当时我国的经济体制是"在公有制基础上的有计划的商品经济"。这种建立在生产要素计划配置基础上的商品市场，使在原有生产要素的配置方式下所束缚的生产力通过市场竞争被激发与释放出来，从而使当时的中国经济获得了迅速发展，人们普遍享受到商品市场带来生产力和生产水平的提高。与此同时，由于没有对社会经济系统的深层结构——生产要素配置方式进行改革，保证了计划经济体制也能够通过适当地牺牲效率而实现社会经济运行的稳定。所以这是一种低成本的改革，

受到了社会各阶层的普遍欢迎。在建立有计划的商品经济的过程中，我国始终秉承先易后难的基本原则，从农村家庭联产承包责任制开始，建立初步的农产品市场；然后再倚仗乡镇企业发展小商品市场，由易到难，逐步推进，形成了我国独具特色的有效的渐进式改革开放模式和路径。但是，"有计划的商品经济"这种用计划手段配置生产要素、用市场手段配置商品生产的模式只能是阶段性的短期路径选择，生产要素的计划配置久而久之必然会导致边际生产力递减规律开始显现。因此，随着市场体制的不断发展，更深层次的市场化拓展成为改革发展的必然选择，这便是生产要素的市场化。

在浦东开发开放之前，我国经济领域的改革开放基本局限在商品的生产和流通领域的市场化改革，触及计划体制核心部分的生产要素的生产和流通领域并未进行实质性的改革，因为这涉及意识形态领域的重大认识问题。但是，浦东的开发开放不仅在商品的生产和流通领域进行了大刀阔斧的改革，而且还通过建设陆家嘴金融自由贸易区、创新土地批租等新模式，建立并完善劳动力市场等措施，在资本、土地和劳动等生产要素的市场化改革方面进行了大胆的尝试和实践，完善了我国渐进式改革的内容，将我国的渐进式改革推向深化发展阶段。

（二）从外资企业引进到国企改革的推进

在浦东开发开放之初，城市基础设施建设状况严重落后，严重制约经济发展，落后的城市环境使得浦东对外资的吸引力大打折扣。因此，浦东开发的首要任务便是对旧城区进行重新规划改造。而要完成旧城区改造这一浩大的工程项目，仅靠政府财政资金远远不够。因此，浦东地区政府以土地对外批租的形式盘活土地资源，通过请专业人士对土地地块进行估值，以外币为计价单位，以土地使用权进行抵押融资；通过大力宣传，吸引全球投资者投标；然后利用土地批租融资对旧城区进行改造。20世纪80年代末，上海城市用地格局难以调整，中心城区土地级差高的地段被劣质要素占据，而市民的居住条件得不到根本性的改善。浦东在开发开放过程中利用土地批租形式融资并进行旧区改造，为城市空间的调整和市民居住环境的改善提供了契机。利用这一机遇，上海开展了轰轰烈烈的旧区改造和城市主要功能再造工程。1992年，上海开始探索通过土地批租加快旧区改造。基本做法是：将市中心区人口密集、居住条件差、市政设施落后的危房、棚户、简屋以协议批租的形式出让，建造符合城市规划的新功能区。一方面，优化土地利用结构和城市功能结构，使黄金地段发挥更大的综合效益；另一方面，政府利用出让金收益，全力改善城市基础设施建设，同时加快旧区改造和居民住宅建设，不断满足市民的居住需求，从而形成"以地建城、以地养城"的城市建设机制。土地批租的实施吸引了大批外资企业涌入浦东，这批外资企业在旧区改造，完善浦东和上海的基础设施建设等方面，发挥了重要作用。

通过引入外资企业对城区进行改造以及完善城市基础设施建设，浦东的城市环境得到很大的改善。同时，外资企业的进入为我国的市场经济引入了竞争机制，使得浦东在开发开放过程中开始思考如何在经济全球化背景下增强国内企业的市场竞争力，而企业的市场竞争力本质上便是生产力的体现。改革开放以来，外资企业对促进我国经济的市场化进程起到了十分重要的作用，但是总体来看，外资企业在我国经济当中的比重仍然很小，对于中国的社会经济而言只能是一种补充，不能对我国的社会生产力状况有实质性的影响。浦东在开发开放的过程中建立的市场经济的主体大部分仍然是国有企业。国有企业主导的公有制经济是浦东地区市场经济的主要组成部分。因此，要增强浦东地区经济的竞争力，必须提升以国有企业为主的公有制经济的生产力水平。由此，浦东地区的国有企业改革便拉开帷幕。

根据党的十四届三中全会精神，按照建立社会主义市场经济体制的具体要求，围绕"国有资产实行国家统一所有、政府分级监管、企业自主经营"的原则，浦东新区结合实际进行了新区国有资产管理体制的多项探索和实践。1993 年 5 月，浦东新区国有资产投资管理公司成立，受新区管委会委托管理区属 340 户国有企业的产权。这是在全国及上海较早地尝试设立国有资产产权管理及控股经营的专门机构。7 月起，上海着力推进外贸企业实行资产经营责任制，正式实行赋税制，引导企业逐步成为自主经营、自负盈亏、自我发展、自我约束的经营主体。

整个 20 世纪 90 年代，为了适应对外开放的社会主义市场经济，浦东新区致力于建立符合国际规范的国有企业制度。首先，浦东新区根据国际交换和竞争的要求，加快健全企业经营机制，其核心在于促使企业真正成为独立的市场主体；其次，浦东新区鼓励、引导企业学习国外先进的企业管理方法，加强在资源、资金、技术、人才、信息等方面活动的国际化程度，从而真正提高企业的国际竞争能力。再次，浦东新区改善外向型企业的规模和结构，以适应生产力发展和国际竞争的要求。浦东新区特别注意发挥上海这个中心城市和进出口口岸的枢纽作用，加快横向经济联合，吸引内地企业，尤其是长江三角洲的企业参加以上海为龙头的出口联合体和企业集团，主动加大国际竞争。在此过程中，浦东鼓励外商投资企业与当地企业之间的联姻，把提高本地企业引进、吸收和消化先进技术作为政策目标重点。

综上所述，浦东在开发开放过程中，先通过引进外资企业弥补浦东地区进行城市改造建设与完善基础设施的资金缺口，同时通过引入外资企业，为浦东地区的市场经济引入竞争机制。在市场竞争机制的倒逼机制之下，拉开国有企业改革的序幕，并且在国有企业改革过程中，根据中央的指示精神，率先推出一系列改革举措，推动国有企业建立现代企业制度。这种开发开放与国企改革的模式和逻辑完善了我国渐进式改革开放的模式和内容，对我国其他地区的开发开放提供了很强的借鉴意义。

（三）从经济领域向社会管理的突进

浦东在开发开放过程中，不仅在经济领域取得了显著的成就，而且在保证经济领域不断开放和发展的同时，将改革和开放的领域逐渐深化到社会管理领域，结合浦东经济发展过程中面临的新课题、新趋势，浦东新区政府不断创新社会管理体制与管理模式，将经济与社会相统筹的科学发展理念贯彻得淋漓尽致。经过十几年的开放和探索，在 2005 年 6 月 21 日，国务院正式批准浦东新区进行综合配套改革试点，浦东成为我国新时期第一个综合配套改革试验区。这也是中央对浦东自开发开放以来所取得的社会管理方面成绩的充分肯定。

浦东新区政府以综合配套改革试点为抓手，积极探索社会管理新方式，在以下三大方面进行了创新型尝试：（1）创新城市社区管理方式。浦东新区开发开放之初就明确以"小政府、大社会"的管理理念设计行政管理体制，为此新区确立了十分精简的政府管理模式，逐步优化政府社会管理体制，充分发挥社区在社会管理中的作用。打破城郊管理体制二元分割，加快郊区与城区、开发区的融合发展；调整街道管理体制，推进街道管理职能的转变。此外，浦东还建立覆盖全区的"1＋6＋23"公共服务体系，构建多层次全覆盖的公共服务平台。浦东新区在全市率先形成"1＋6＋23"的社区政务事务受理服务体系，在全区范围内，逐步形成新区、功能区、街镇三个层次覆盖全区的公共服务平台，畅通各类社区居民参与社会管理、与政府沟通互动的渠道。同时，加强社工服务队伍建设，建立社区服务行业协会和社会工作者协会。浦东新区在社会工作队伍建设中坚持高起点，大力推进社会工作的职业化和专业化建设。（2）创新社会组织管理方式。逐步做到政府机构与社会组织的"六个分开"。即主体、机构、职能、人员、资产、住所分开。"六分开"理清了公共服务提供方（政府）和承接方（社会组织）之间的职责边界，真正达到无行政隶属关系、无人事派遣关系、无资产关系的"三无"目标。同时，完善扶持政策，促进社会组织健康发展。近年来，浦东新区政府先后出台了《关于着力转变政府职能建立新型政社合作关系的指导意见》《关于促进浦东新区民间组织发展的若干意见》《关于购买公共服务的实施意见（试行）》等法规，为转变政府职能，促进社会组织的发展提供良好的制度环境。（3）创新社会事业管理方式。有序培育承担社会事业管理事务的民间组织。在经济性公共服务领域，如科技产品的研发和孵化、有关经营商的政策法规咨询、信息提供、各种社会服务代理等"准公共服务和准公共产品"方面，浦东新区已经从由政府出资和合资建造公共服务设施和服务平台，逐步转变为通过市场化方式转移给社会组织承办。推行社会事业"管、办、评"联动机制，促进城乡事业均衡发展。此外，浦东新区努力提高社会保障水平。近年来，新区在提高社会保障水平方面，采取了许多措施，使群众得到实惠，受到群众欢迎①。

综上所述，浦东在开发开放过程中率先完成了由经济领域向社会管理领域的突进，这在我国渐进式改革进程中具有标志性意义。这标志着我国的渐进式改革不再是以经济发展为单一改革和开放目标，丰富了我国渐进式改革开放的多层次目标体系，同时完善了我国渐进式改革开放的内容与模式。

①　王翠萍：《浦东新区政府社会管理新方式的调查研究》，《上海党史与党建》2009 年第 8 期。

第五章 浦东开发开放与国家战略布局的关系

浦东开发开放进一步深化了中国改革开放的战略格局。以浦东为改革开放的龙头，上海成为中国改革开放的最前沿。上海处在中国沿海开发开放和沿江开发开放的 T 字形开发开放大格局的交汇点上，浦东开发开放能够全面提升上海服务长江三角洲地区、服务长江流域、服务全国各地的功能，不断提升上海服务全国的能级。通过浦东开发开放，上海作为从改革开放"后卫"角色向"先锋"转变，1992 年 10 月，国务院批复浦东新区成为全国第一个国家级新区。此后，浦东新区不断探索新的管理体制，在外商投资、对外贸易等方面为我国开拓国际市场提供可资借鉴的经验，在体制创新和产业升级等方面，走在全国的前列，发挥示范与引领作用。浦东开发开放对于上海城市能级提升起到的积极作用，促进了长三角地区经济一体化与长江经济带发展。

第一节 浦东开发开放与我国经济发展战略步骤

历史地回顾上海一系列的城市构想和发展规划，改革开放初期国家和上海市对于浦东的规划和定位，是将浦东开发开放作为上海调整城市发展战略方向来着眼的，将浦东地区作为上海中心城市转移产业和人口的疏导区，作为上海城市由以工业为中心的城市向多功能中心城市转型的周转空间。此时的浦东地区经济发展和城区建设仍然是上海城市发展的地方战略。20世纪90年代，浦东的开发开放开始着眼于我国经济改革开放大局，从推进我国改革开放事业走向深化角度进行考虑，从地方城市战略向国家战略跃升。从区域的角度来看，浦东开发开放有利于长三角地区经济一体化与长江经济带经济进一步发展。

一、浦东开发开放之前的论证与规划

在分析改革开放后上海以及浦东经济发展的演进脉络时，有必要简单先回顾一下上海的开埠史。1840年鸦片战争标志着中国近代史的开端，也是上海城市发展史上的重要转折点。鸦片战争后，1842年签订的中英《南京条约》将广州、厦门、福州、宁波、上海五处开通为通商口岸，即"五口通商"，条约允许外国人在这五处通商口岸居住和经商。《南京条约》的签订改变了此前以广州"一口通商"的旧贸易体制，上海也由江南地区一个沿海小县城一跃成为近代中国最重要的通商口岸城市。

上海的城市面貌迎来了翻天覆地的变化，短短的几十年时间内就迅速发展成为近代中国最大的城市，是近代中国的工业、贸易、航运、金融等领域的中心。

1949 年新中国成立以后，上海发展进入了一个新的历史阶段。从 1949 年直到改革开放前的这一段时间，上海逐步发展成为一座典型的计划经济体制下的工业城市。这一时期上海推行以工业建设为重点的城市发展方针，以工业建设推动城市发展，把上海建设成了一个生产能力强、体系完备的综合性工业城市。上海城市发展被纳入国家发展的整体中，上海的城市发展要与全国的发展相互协调，为全国的发展服务。计划经济体制下以工业为重心的城市发展方针，使上海的城市发展片面强调工业生产。

20 世纪 80 年代，上海作为计划经济较为典型的城市，向国家上缴大部分财政收入，为全国的改革开放提供财力支持，把生产出的大量产品源源不断地输送到全国，支持改革开放的进行，充当了改革开放的"后卫"角色。上海的经济增速低于全国平均水平，更远低于发展外向型经济的广东和发展乡镇企业的江苏与浙江，上海的发展总体落后于全国。改革开放初期上海发展总体落后全国的不利局面，使振兴上海成为中央和地方政府亟须谋划的重大问题，成为最重要的地方战略。

1980 年 7 月到 9 月，上海市委多次组织市经委、农委、计委、科委、财政局等单位召开座谈会，听取各相关单位对于十年规划的设想，研究讨论上海今后的发展方向、发展重点的问题。1981—1982 年，上海全市掀起"上海向何处去，建设什么样的上海"的讨论热潮，形成以下共识：上海的发展定位必须从单一的工业中心向多功能的综合性城市转变，在产业结构上逐步加大第三产业的发展力度。1983 年 4 月，上海市《政府工作报告》提出"外挤、内联、改造、开发"的方针，7 月中共中央总书记胡耀邦视察上海时提出：上海要充分发挥口岸和中心城市的作用，发挥经济、科技、文化基地功能，做全国"四化"建设的开路先锋。

1984 年 7 月，中共中央指出，上海、辽宁两个老工业基地必须振兴和改造。8 月中央财经领导小组会议决定，由国家计委和上海市一起调查研究，提出振兴上海的战略方案。9 月国务院振兴上海调研组和上海市人民政府联合制定了《上海经济发展战略汇报提纲》，并于当年 12 月向中共中央和国务院上报，提出"南下""北上""东进"改造与振兴上海的三个方案："南下"，就是开发吴泾、闵行、金山一直到杭州湾；"北上"，就是开发吴淞、宝山，与建设中的宝钢连为一体；"东进"，就是开发开放浦东，重塑现代国际大都市。（赵启正，2007）《上海经济发展战略汇报提纲》是首次在官方文件中提出开发开放浦东问题，表明浦东开发开放前期酝酿阶段的工作基本完成。

1985 年 2 月，国务院批复同意《上海经济发展战略汇报提纲》，并指出："解放以来，上海在许多方面为促进全国经济的发展作出了很大的贡献。在新的历史条件下，上海的发展要走改造、振兴的新路子，充分发挥中心城市多功能的作用，使上海成为全国四个现代化建设的开路先锋。上海市要充分利用对内对外开放的有利条件，发挥优势，引进和采用先进技术，改造传统工业，开拓新兴工业，发展第三产业，逐步改善基础设施和投资环境，要在 1990 年以前尽快转上良性循环，力争到本世纪末把上海建设成为开放型、多功能、产业结构合理、科学技术先进、具有高度文明的社会主义现代化城市。"

1986 年 10 月，国务院批复同意《上海市城市总体规划方案》。这是上海历史上第一个经国家批准的城市总体规划方案。《上海市城市总体规划方案》中强调：在城市性质方面，上海是中国的经济、科技、文化中心之一，是重要的国际港口城市。国务院在批复中强调："当前，要特别注意有计划地建设和改造浦东地区。要尽快修建黄浦江大桥及隧道等工程，在浦东发展金融、贸易、科技、文教和商业服务设施，建设新居住区，使浦东地区成为现代化新区。"关于"上海的城市和工业布局。也要适应经济发展的需要。重点是向杭州湾和长江口南北两翼展开，创造条件开发浦东，筹划新市区的建设。"1987 年，《浦东新区规划纲要（草案）》提出：浦东新区是中心城的延伸，是疏解中心城的方向之一，要重点发展第三产业。

二、从地方战略到国家战略的跃升

1978 年 12 月 18 日至 22 日，中国共产党第十一届中央委员会第三次全体会议在北京举行。十一届三中全会作出把党和国家的工作重心转移到经济建设上来，实行改革开放的伟大决策，开启了改革开放历史新时期。全会明确指出党在新时期的历史任务是把中国建设成为社会主义现代化强国，揭开了我国改革开放的序幕。

1979 年，党中央、国务院批准广东、福建在对外经济活动中实行"特殊政策、灵活措施"，并决定在深圳、珠海、厦门、汕头试办经济特区，福建省和广东省成为全国最早实行对外开放的省份之一。深圳等经济特区的创建成功，为进一步扩大开放积累了经验，有力推动了中国改革开放和现代化的进程。1984 年 4 月，党中央和国务院决定进一步开放大连、秦皇岛、天津、烟台、青岛、连云港、南通、上海、宁波、温州、福州、广州、湛江、北海 14 个沿海城市，逐步兴办起经济技术开发区。从 1985 年起，又相继在长江三角洲、珠江三角洲、闽东南地区和环渤海地区开辟经济开放区。1988 年 4 月 13 日，第七届全国人民代表大会通过关于建立海南省经济特区的决议，建立了海南经济特区，海南成为中国面积最大的经济特区。至此，中国在改革开放的最初十年形成了沿海经济开放带，对外开放的基本格局初步奠定。

　　1989 年春夏之交，在国际上苏联解体、东欧剧变等大气候和国内小气候的作用下，中国发生了政治风波。这场风波过后，国内外、党内外有人对中国的改革开放路线能否继续表示怀疑，如何把握中国的政治走向和经济发展道路，成为国内外普遍关注的焦点问题，也是事关中华民族前途和未来发展的国家战略问题，中国又一次面临着发展方向的战略抉择。面对这种国内外的错综复杂局面，邓小平同志指出"改革开放没有错，十年改革开放的成绩要充分估计够，基本路线和基本方针、政策都不变，要认真总结经验，对的要继续坚持，失误的要纠正，不足的要加把劲。总之，要总结现在，看到未来。"邓小平同志从全球战略和国家战略的高度提出了"要把进一步开放的旗帜打出去"的战略思想。浦东开发开放正是在这样的背景下打出来的一面旗帜，其目的就是要向外界"表明我们改革开放的政策不变，而且要进一步改革开放"。中国要用浦东开发开放这一实际举措回答"中国旗帜倒不倒"这一全球关注的重大国家战略问题。"这一重大举措足以证明中国把改革开放推进到新阶段的义无反顾的决心和信心，反映了现实的政治需要和捕捉机遇的战略眼光，顺应了中国改革开放不断向前推进的趋势和规律，也是对国内外疑虑作出的有力回答。"（陈高宏，2017）浦东开发开放的战略决策正是在这样的国际、国内背景下中国树立的一面改革开放的政治旗帜，展示了中国坚持改革开放的政治形象。

浦东开发开放的战略决策除了作为中国树立的一面改革开放政治旗帜的意义之外，也是发展和完善中国改革开放十多年来业已形成的改革开放基本格局的战略选择。中国改革开放初期的 20 世纪 80 年代，改革开放基本格局是在南方经济特区的几个点上进行实验的，进一步的开放需要中国由南方经济特区的开放扩大到特大型中心城市的开放，形成从南到北、从东到西、从点到面的全方位开放格局。浦东开发开放正是在中国全面开放格局的形成中起了枢纽作用。邓小平同志指出："上海开放了，长江三角洲、整个长江流域，乃至全国改革开放的局面，都会不一样。"浦东开发开放的作用在于深化中国改革开放的战略格局，以浦东为改革开放的龙头，成为中国改革开放的最前沿。上海处在中国沿海开发开放和沿江开发开放的 T 字形开发开放大格局的交汇点上，浦东开发开放能够全面提升上海服务长江三角洲地区、服务长江流域、服务全国各地的功能，不断提升上海服务全国的能级。

1990 年 4 月 18 日，中共中央政治局常委、国务院总理李鹏在上海大众汽车有限公司成立五周年庆祝大会上宣布，党中央、国务院同意上海加快浦东地区开发，在浦东实行经济技术开发区和某些经济特区的政策。6 月 2 日，中共中央国务院批复原则同意上海市委、市政府《关于开发浦东、开放浦东的请示》，同时指出："开发和开放浦东是深化改革，进一步实行对外开放的重大部署。上海有良好的政治经济基础，要充分利用上海的优势，有计划、有步骤、积极稳妥地开发和开放浦东，必将对上海和全国的政治稳定与经济发展产生极其重要的影响。开发和开放浦东是一件关系全局的大事，一定要切实办好。"

　　1992 年 10 月，江泽民总书记在中国共产党第十四次全国代表大会上所作的政治报告中明确宣布"以上海浦东开发、开放为龙头，进一步开放长江沿岸城市，尽快把上海建成国际经济、金融、贸易中心之一，带动长江三角洲和整个长江流域地区的新飞跃"。这标志着上海浦东开发开放的性质发生重大的变化，即从 80 年代上海地方的发展战略正式上升为 90 年代的国家发展战略。

　　回顾这段历程可以发现，在时间上，浦东开发开放正好处在中国向全世界展示继续改革开放形象的政治旗帜的关键时期，在空间上，浦东开发开放正好处在中国形成从南到北，从东到西、从点到面的全方位改革开放格局的关键枢纽。浦东开发开放是中国改革开放全局谋划中的关键一环，由上海的地方战略上升为中国的国家战略。浦东开发开放作为一项国家战略来推进，标志着中国改革开放进入一个新的阶段。

三、作为国家战略推进"先行者"和"排头兵"的浦东开发开放

　　在回顾浦东开发开放的历史作用时，有人认为"如果说基于政治大局的考量使浦东开发开放应运而生，那么连续 20 多年的迅猛发展，背后更有着经济上的合理性，凝聚着丰裕的经济资源的支撑。"（陈高宏，2017）浦东开发开放很好地利用了三个特殊的有利机遇：一是利用了上海、长江三角洲和长江流域的区域发展机遇，二是利用了中国建立以市

场为主进行资源配置的社会主义市场经济体制改革的机遇，三是利用了新技术革命和经济全球化带来的世界经济中心向亚太地区转移的机遇。经过 28 年的迅猛发展，浦东在规模总量、发展质量、辐射能量上均取得了举世瞩目的成就。

浦东开发开放由地方战略上升到国家战略，就决定了浦东开发开放不仅仅是建设一座新城，而是在为中国的改革开放探索一条新路。浦东的发展历程，既是浦东新区和上海城市自身的发展过程，也是全面落实和推进国家战略的过程。浦东开发开放从一开始就提出了"开发浦东，振兴上海，服务全国，面向世界"的方针。浦东开发开放的定位，不仅仅在于浦东开发开放，也不仅仅在于带动整个上海的振兴，而是要服务于全国的改革开放，同时要面向世界，将浦东打造成为连通中国和世界的窗口。

1992 年，中国共产党第十四次全国代表大会报告提出："以上海浦东开发开放为龙头，进一步开放长江沿岸城市，尽快把上海建成国际经济、金融、贸易中心之一，带动长江三角洲和整个长江流域地区经济的新飞跃。"这一重大决策不仅明确了上海在中国改革开放和经济建设中的地位和作用，而且明确了上海在世界经济发展中的地位和作用，也指明了上海未来发展的战略目标是国际经济、金融、贸易"三个中心"，而实现这些国家战略目标的"一个龙头"就是浦东开发开放。

2001 年，国务院批准的新的《上海市城市总体规划》，指出："上海市是我国直辖市之一，全国重要的经济中心。上海市的城市建设与发展要遵循经济、社会、人口、资源和环境相协调的可持续发展战略，以技术创新为动力，全面推进产业结构优化、升级，重点发展以金融保险业为代表的服务业和以信息产业为代表的高新技术产业，不断增强城市功能，把上海市建设成为经济繁荣、社会文明、环境优美的国际大都市，国际经济、金融、贸易、航运中心之一。"进一步明确了上海建设国际大都市和"四个中心"的定位，上海"四个中心"建设成为国家战略，推进这一国家战略的重要落脚点就在浦东新区。

2005 年 6 月 21 日，国务院批准在浦东新区率先进行国家综合配套改革试点。要求改革试点要着力转变政府职能，着力转变经济运行方式，着力改变城乡二元经济与社会结构。要把改革和发展有机结合起来，把解决本地实际问题与攻克面上共性难题结合起来，把实现重点突破与整体创新结合起来，把经济体制改革与其他方面改革结合起来，率先建立起完善的社会主义市场经济体制，为推动全国改革起示范作用。国务院批准浦东新区成为综合配套改革试点区，国家不给任何优惠政策和条件，唯一给的就是"先行先试"的权力。浦东在改革试点中大胆创新、先试先行，再次成为中国改革的领头羊。综合配套改革试点的浦东新区示范、辐射、带动作用十分明显，成为全国先试先行领先一步的排头兵。

2013 年 8 月，国务院正式批准设立中国（上海）自由贸易试验区。以上海外高桥保税区为核心，辅之以机场保税区和洋山港临港新城，成为中国经济新的试验田，实行政府职能转变、金融制度、贸易服务、外商投资和税收政策等多项改革措施，并将大力推动上海市转口、离岸业务的发展。中国（上海）自由贸易试验区建设是国家战略，是先行先试、深化改革、扩大开放的重大举措，探索中国对外开放的新路径和新模式，推动加快转变政府职能和行政体制改革，促进转变经济增长方式和优化经济结构，实现以开放促发展、促改革、促创新，形成可复制、可推广的经验，服务全国的发展。自由贸易试验区的实施区域就在浦东新区，浦东再一次在国家战略的推进中发挥了重要作用。

2014年5月，习近平总书记在上海考察工作时，明确要求上海要加快建成具有全球影响力的科技创新中心。上海全球科创中心建设成为国家战略，进一步明确了上海城市发展的目标，浦东是推进这一国家战略的重要区域。

28年浦东发展表明，浦东开发开放一直坚持服务国家大局的出发点，承担着振兴上海、服务全国、面向世界的国家战略使命，担当着改革开放"排头兵中的排头兵，先行者中的先行者"的角色，在改革开放的实践中全面落实国家战略，并不断丰富国家战略的内涵。如何总结浦东开发开放经验及其与国家战略的关系，对于中国进一步推进改革开放，构建新一轮开放型经济有着非常重要的意义。

第二节　浦东开发开放对国家级新区布局的引领作用

国家级新区是由国务院批准设立，承担国家重大发展和改革任务的国家级综合功能区。国家级新区具有多方面功能，它在引领产业结构转型升级、带动区域经济发展、推动体制机制创新、促进产城融合与社会发展等方面发挥着积极作用，在经济上起到增长极的角色，在社会上起到发展示范作用，在环境与资源利用上起到可持续发展的作用。不同于20世纪80年代的经济特区和开放城市，为使改革开放的正外部性能为依托城市所利用，浦东在开发开放之初定位于国家级新区。1992年10月，国务院批复浦东新区成为全国第一个国家级新区。此后，浦东新区不断探索特殊政策和管理体制，在外商投资、对外贸易等方面为我国开拓国际市场提供可资借鉴的经验，在体制创新和产业升级等方面，也走在全国的前列，发挥了示范与引领作用。此后 14 年期间，我国没有新增国家级新区。随着 2006 年天津滨海新区的设立，2010 年重庆的两江新区设立，2011 年舟山群岛新区设立，2012 年甘肃的兰州新区和广东的南沙新区设立，2014 年国务院共批复建立 5 个国家级新区；2015 年再批复设立 5 个国家级新区。2016 年吉林长春新区和江西赣江新区设立，2017 年 4 月 1 日雄安新区设立。至此，我国共有 19 个国家级城市新区，成为带动我国经济与社会发展的 19 个增长极。

一、作为第一个国家级新区的浦东新区

28 年来，从浦东新区成为第一个国家级新区以来，浦东开发始终作为国家战略，整体功能得到显著的提升，产业转型升级较为明显，对上海和长江三角洲的产业发展起到促进作用，起到了国家级新区应有的作用。浦东新区产业带动能力不断提升，集中了先进制造业、临港工业、高新技术产业、生产性服务业等现代产业要素，金融业增加值占全市 50％以上，外贸进出口总额占全市 60％以上，商品销售总额占全市近 1/3，服务贸易占全市 40％以上。[①]目前，浦东新区已基本形成了以辐射力

---

① 国家发展改革委：《2017 年国家级新区建设发展系列报道之一：加快建设开放、创新、高品质的上海浦东新区》，国家发展和改革委员会网站，2017-09-29。

强的现代服务业为主体、以战略性新兴产业为引领、以智能化领先的先进制造业为支撑、以"四新"经济为引领的现代产业体系。现在，浦东新区的第三产业增加值占 GDP 比重达到 75％左右，第三产业有较多比重的现代服务业；第二产业注重高端高新发展，增加值比重占 25％。第二产业和第三产业不断实现融合发展，并在部分领域已形成具有一定国际竞争力的先进制造业与服务业集群。从产业结构看，浦东新区的产业已经达到相当水平，制造业应当维持在一定水平，以确保产业的非空心化与较高的就业率，保证服务业发展拥有坚实的制造业基础。目前，浦东新区已处于工业化中后期，第三产业比重显著提升，目前浦东新区在第二产业上要维持 25％比重并提升产业技术水平，迈向制造业价值链中高端。

二、浦东综合配套改革的全国性示范作用

为推进浦东新区的引领作用，浦东新区较为注重制度创新，注意以制度创新释放改革活力。为此，2005 年 6 月 21 日，国务院批准浦东新区成为全国第一个综合配套改革试点。国务院对浦东新区综合配套改革的目标和要求是"三个着力"：即"着力转变政府管理体制、着力转变经济发展方式、着力消除城乡经济与社会二元结构"。13 年来，浦东综合配套改革紧紧围绕建立和完善社会主义市场经济体制的总体目标，坚持"浦东能突破、上海能推广、全国能借鉴"，先后实施四轮三年行动计划，推动了两百多项改革任务，取得了长足进展。

从 2005 年以来，浦东新区积极探索适应现代经济与社会发展的行政

管理体制，以扁平化管理为导向，不断优化政府组管理结构，不断探索"大部门制""大管委会"与"大市镇"的行政管理体制，以方便老百姓和增加老百姓的改革"获得感"为终极目标，不断推进政府职能转变，促进简政放权，提高政府办事效能，取得了较为明显成效。浦东新区不断探索事中事后监管体制，从 2014 年开始，浦东新区工商、质监、食药监和物价监督四个机构及其部门，实现了"四合一"。通过一体化的途径，将原来按生产、流通、消费环节划分的分段监管模式改为以对象为中心的一体化监管模式，完善了市场监管领域的行政审批和综合执法体制。

作为上海建设国际金融中心的核心功能区，浦东新区通过综合配套改革，不断提高区域内的金融发展环境，从而吸引了国内外金融机构进一步向浦东新区聚集。目前，金融机构数量已经达到了新的水平，金融业已经成为浦东服务业的重要支撑产业，世界上知名的功能性和持牌金融机构集聚于浦东。浦东已经成为国内持牌金融机构和股权投资及管理企业最密集的地区。在制度与政策环境不断优化的条件下，浦东新区的金融要素市场成交额继续保持较快增长中，证券与期货市场成交额保持较快的增长态势。

目前，浦东改革开放面临从基础设施硬环境建设向制度与政策环境建设的历史性跨越，面临着作为国家级新区的"率先示范"与促进长三角地区经济一体化的"区域协同"进行的挑战与难题。这些问题都迫切需要加以解决。只有着力加强综合配套改革的系统集成，针对性地破解制约浦东开发开放的瓶颈、难题和深层次矛盾，提升综合配套改革的精准化和精细化水平，才能使浦东成为"改革开放排头兵中的排头兵、创新发展先行者中的先行者"。

三、上海自贸试验区的制度创新

2013 年 9 月，中国（上海）自由贸易试验区正式成立。国家把自贸试验区作为推进改革和提高开放型经济水平的"试验田"，极大地拓展了浦东综合配套改革先行先试的内涵和空间。浦东新区以建设上海自贸试验区为平台和机会，实行负面清单管理制度，实现内外资一致的管理原则。对于外资企业的设立与变更，实现优化的审批流程，同时实行投资管理模式和市场监管综合执法，加强事中事后监管。这样，既提高和优化上海自贸试验区和浦东新区的投资环境，也方便了内外资企业。目前，浦东新区作为全国第一个自贸试验区，相关制度创新已经进入了新的阶段，即系统集成阶段。上海自贸试验区以制度创新的系统集成与整体系、配套性成为自贸试验区的升级版，为上海和全国其他地区的制度创新提供可资借鉴经验。目前，浦东形成了一批可复制、可推广的核心制度和基础性制度。

四、推进产城融合与社会发展的新模式

浦东新区较为注重在产业发展的同时发展社会功能，促进产城融合和社会发展，在产业快速发展的同时，注意社会发展的重要性，大力促进产城融合，推动社会相应发展。浦东新区在上海市之内率先转移了街道办事处的招商外资职能，把街道办公处的工作重心放在社会服务与社

会保障等公共服务上来。为此，浦东新区在教育体制改革、社会服务和医疗卫生服务体制都进行了相应的改革。在教育体制创新方面采用"管理方式、办学制度、评价机制联动"的管理办法；在医疗卫生服务体制率先采用"社区医疗联合体＋全科医生"的基层医疗卫生服务模式；在社会公共服务的供给方面，采用"政府承担、定项委托、合同管理、评估兑现"的供给新方式。同时，浦东新区不断探索与国际接轨的社会服务提供方式，引进市场竞争机制到社会服务领域，积极引进社会组织与民间组织到社会服务领域，通过政府与社区合作互动，发挥社会组织在基层治理中的作用。由于浦东新区经济保持较快的增长态势，浦东不断加大社会民生财政投入，努力促进经济社会协调发展。浦东新区不断建设基础教育阶段的学校，积极推动医疗卫生事业发展，三级医疗机构网络体系和布局已基本形成，社会综合保障体系进一步完善，完成了综保纳入城保、农保和城居保并轨工作。

第三节　浦东开发开放与上海城市能级提升

在浦东开发开放之初，上海市委、市政府即提出"开发浦东、振兴上海、服务全国、面向世界"十六字指导方针。浦东开发开放不仅着眼于上海城市发展，而且着眼于长江三角洲与长江流域的发展、着眼于全国经济的发展。浦东开发开放面向世界、服务于全国。从1990年以来至现在的28年期间，这个十六字方针得到了切实的贯彻与执行。浦东开发开放成为上海城市空间扩展、产业结构优化、经济快速发展的强大动力，从而提升了上海城市能级提升，促进了上海迈向卓越的全球城市。

一、浦东开发开放对上海城市空间的扩展作用

浦东开发开放实际上是上海城市空间发展方向的一次重要转变，是上海城市空间发展的一次重要突破，也标志着上海城市发展进入了一个全新的阶段。上海作为一个老工业基地，建国初期强调城市规划要促进生产发展，城市规划主要是为了适应上海工业"充分利用、合理发展"的方针及对工业布局和结构进行调整、改组的需要。《上海城市体规划（1986）》明确提出浦东高桥、陆家嘴、周家渡等3个分区作为中心城区空间的组成，这是上海城市规划涉及浦东开发开放的空间开发问题。这个城市发展方向要引导城市空间拓展方向，向着有利于旧区和新区协调发展的方向扩展。在1990年开发开放之前，浦东的空间发展是沿黄浦江的带状结构。这种狭长的带状区域是依托沿江的快捷水运与当时越江设施形成的空间结构。此后，浦东与浦西之间的黄浦江之上越江设施不断增加，包括大桥与隧道。这以1993年杨浦大桥的建成为标志，此后黄浦江的大桥与隧道进入密集建设的时期。到现在，黄浦江的越江设施共计四十多条，这些越江设施有效地联通了上海老城区与浦东新区之间的交通，浦东与浦西之间人与物的交流较为方便，也成为沟通城市河流两岸的典型案例。这使得浦东新区充分融入上海城市发展大格局，城市空间形态逐步成型，形成沿江带、产业开发组团式的空间结构。

从 20 世纪 90 年代浦东新区开发开放以来，浦东新区一直是以陆家嘴为中心向外围扩张的，城区向东沿着轨道交通二号线拓展，向南和向北沿着黄浦江延伸。20 世纪 90 年代，浦东城市空间采用 5 个规划分区并滚动开放的方式，即外高桥—高桥、陆家嘴—花木、庆宁寺—金桥、北蔡—张江和周家渡—六里等分区。此后，在上海市总体规划中调整了浦东新区的整体结构，浦东新区的空间结构按照"轴向扩张，组团发展"方式发展。浦东新区多次进行过城市空间板块化与区域化规划，并制订了相关的区域产业引进目录，采用点轴式与蛙跳式开发带动土地升值的策略。浦东城市空间布局的特点是其以陆家嘴作为中心城区，并向外向东呈现层层扩展的圈层结构，即中心城区沿黄浦江自西向东已形成了以沿江以金融与贸易业为主的滨江发展带、现代产业为核心的中部发展带和制造业和航运业为主的沿海发展带。

在市场与社会的租金规律作用之下，在城市空间呈现出较为典型的滚动式发展与生产价值链的地域分工特征。目前，浦东城市空间是呈环状或半圆状并沿着"轴线"发展的，从城市建成区向外扩展作环状发展，半同心圆与扇形发展是浦东城市空间的重要特征。这种梯度分布状况符合级差地租的规律，也同上海和其他城市的空间扩展特征及其规律相同。目前，浦东新区的城市建成区从事总部管理、金融服务和法律审计等服务业，利用中心城市的知识交流与信息转播功能，服务业占据支配地位；近域周边区域从事研发与实验中试等产业，避开中心城市高昂的土地租金；远域周边区域主要从事批量生产，制造业占据主导地位。

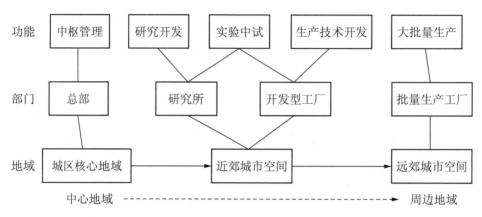

图 1　城市生产价值链的地域分工

资料来源：根据高汝熹：《转变经济发展方式的国际比较与经验借鉴（上）》，《科学发展》2009 年第 3 期原理整理而成。

表 1　呈半环状的浦东新区城市空间

区　域	地　带	主导产业	综合服务功能
城市建成区	内环线之内轨道 6 号沿线	生产者服务业	较强
近　郊	内中环线之间及周边地带	高新技术产业	一般
远　郊	外环线以外	物流业、制造业	较弱

　　国务院 2009 年 4 月批复上海市《关于撤销南汇区建制将原南汇区行政区域划入浦东的请示》，同意撤销上海市南汇区，将其行政区域并入上海市浦东新区。南汇区的并入，为浦东新区城市空间拓展提供了不可多得的条件，浦东进入"大浦东"发展新阶段。两区合并前，原浦东面积为 533 平方公里，户籍人口 194.29 万，原南汇区面积 677.66 平方公里，户籍人口 74.31 万。调整后的浦东总面积达到 1 210.41 平方公里，是未来上海经济发展重要增长点。①两区合并后打破了行政分隔，大大拓展了

①　《浦东新区统计年鉴》2009、《南汇区统计年鉴》2009。

154

浦东城市空间，也为浦东发展提供了城市空间战略纵深。浦东不仅拥有临港新城、外高桥保税区和浦东机场保税区等临江与临海型的产业空间，也拥有了陆家嘴以及 6 号线沿线区域的城市建成区，可以使产业空间与社会空间实现互动，提高城市综合服务能力。同时，新的浦东不仅拥有着陆家嘴、外高桥、金桥、张江四大传统国家级开发区，同时又增加了洋山保税港区、上海临港新城等正在快速发展的新的国家重要产业集聚区。这些为浦东的产业结构转型与优化提供了空间条件。简而言之，两区合并有利于上海建设国际金融中心和国际航运中心，也为浦东实现城市空间功能提升提供了更好的条件。

二、浦东开发开放与上海产业结构优化与城市空间重组

在 20 世纪 90 年代，上海城市对市域内不合理的产业布局进行战略性调整，中心城区将主要发展服务业，郊区将主要发展制造业。浦东根据中心城区主要发展第三产业的产业定位，承接从中心城区转移出来的工业企业，另一方面在接近中心城区的区域——沿黄浦江区域集中发展服务业或都市型工业。浦东的工业项目发展同浦西工业疏解、改造相结合，企业东迁和合资嫁接结合，从而使浦西的老企业通过东迁至浦东新区，在搬迁过程中既提高技术构成，又实现生产地点迁移。这样，产业重组与空间重构有机地相结合，使得浦东新区承接中心城区转移出来的工业企业和外商直接投资推动了浦东城市化进程，推动了浦东城市空间不断扩大，也提升了上海产业技术水平，促进了上海产业空间布局合理化。

1992 年 12 月，上海市首次提出应当在产业结构之中形成一批能体现上海特大城市功能、地位和作用的产业和行业，主要有建筑、轿车、电子和通信、电站设备、钢铁、石化和精细化工、家用电器等。这使工业六大支柱产业初见端倪。1995 年 12 月，上海市政府明确提出要使六大支柱产业迅速崛起，并逐步形成规模经济，明确了上海各次产业的发展重点，第二产业突出汽车、电子及通信设备、电站成套设备及大型机电设备、家用电器、石油化与精细化工和钢铁六大支柱工业，以及现代生物医药、计算机和大规模集成电路、新材料三大高新技术产业。其中，浦东新区涉及的有电子及通信设备、电站成套设备及大型机电设备、家用电器作为支柱产业，现代生物与新药、计算机和大规模集成电路、新材料三大高新技术产业。浦东新区对上海支柱产业发展起到重要作用。此后，2000 年，上海市政府对"九五"期间支柱工业进行调整，决定"十五"时期的支柱工业为电子信息设备制造业、汽车制造业、石油化工及精细化制造业、精品钢材制造业、电站设备及大型成套设备制造业、现代生物医药业。电子信息产业和医药产业成为新的支柱产业，这些产业都有相当部分位于浦东新区。浦东新区的新产业对于推动上海城市产业结构升级优化起到重要的推动作用。

浦东的建设是镶嵌在上海城市空间战略转型的进程之中进行的。在产业战略性重组之下，上海的城市空间开始重新布局。由于浦东的开发开放，一些产业在城区"退二进三"过程中明显具有腾挪的空间。在 90 年代，中心城区各工业行业及企业进行第二次创业规划，结合工业结构调整及郊区县工业区的开放建设，按照产业结构梯度转移规律，以土地级差地租为杠杆，以城市功能定位为导向，进行空间战略转移。在中心城区，内环线以内 106 平方公里的中央及市属企业、区办工业企业，在郊区县为本行业本区工业寻找到相对集中的工业布点。各工业企业利用土地级差地租，通过批租、联建、改造，迁移工业，发展服务业。在郊区，上海大规模建设工业园区，工业园区数量与占地面积大幅度增长。上海重点推进"1＋3＋9"工业园区建设和发展要求，加快工业聚集发展，建设浦东新区，闵行经济技术开发区、漕河泾新兴技术开发区、康桥工业区和上海市工业综合开发区等。通过中心城区与郊区的产业转移与集聚，上海工业实现了战略性转移。"八五"期间，全市制造业系统按产业结构调整和城市功能转变的要求，对内环线内的 450 家中央和市属企业的 700 多个生产点，利用级差地租，进行了搬迁，腾出约 300 万平方米的土地。"九五"期间，上海调整 409 个生产点，占地面积 446.96 万平方米。①在上海城市空间战略性重组的过程中，浦东新区起到了重要作用，一大批具有计划经济生产特征的国有企业开始从城市的中心城区搬迁，搬到浦东新区。许多城市也开始了相应的体制改革。为加快浦东开发开放进程，三个市级重点开发区（陆家嘴开发区、金桥出口加工区和外高桥自由贸易区）加快建设。在"八五"前三年，迅速搬迁影响内环线、杨高路工程建设的工厂，做好陆家嘴地区工厂的搬迁计划，继续开发和完善已初具规模的工业区，如高桥工业区、周家渡工业区以及洋泾、东沟、张江工业小区和王港工业区等。在"八五"期间，为了集中建设力量，浦东在初步规划与开发阶段提出滚动开发战略，首先重点开发陆

---

① 上海经济委员会、中共上海市委党史研究室：《上海工业结构调整》，上海人民出版社 2002 年版，第 97、104 页。

家嘴的 1.5 平方公里区域，以尽快满足金融贸易区初期发展的各种设施要求，重点开发 4 平方公里左右的外高桥保税区及港区和金桥 4 平方公里左右的工业园区，集中区域吸引外商直接投资。①

"九五"时期浦东新区进入重点开发阶段。在上海以中央商务区建设和浦东开发为重点，形成以金融贸易高层次服务业和高科技与外向型工业为主体的城市综合功能区过程之中，浦东重点开发建设陆家嘴金融贸易区、外高桥保税区、金桥出口加工区、张江高科技园区以及花木行政文化中心、新上海商城，推进上海城市产业空间战略转型，并与上海的南、北和西三大片区域加强协调，共同发展，构建协调发展的上海城市综合功能区。

三、浦东开发开放对上海城市能级的提升

浦东开发开放之初，就确立了"建设外向型、多功能、现代化的新城区"的目标。上海着眼于把浦东新区打造成为带动上海城市能级提升的增长极。所谓"外向型"，就是要以开放聚资源、兴产业；所谓"多功能"，就是要以改革增动能、出功能；所谓"现代化"，就是要以开发建设平台和建设城市空间形态。通过建设现代化的新城区，带动上海城市能级不断上升。28 年以来，浦东新区以开放、改革、开发"三位一体"，使得这三者相互促进，并统一于浦东开发开放的全过程，推动上海城市不断融入世界城市体系，促进上海加快建设卓越的全球城市。

---

① 参见左学金：《走向国际大都市》，上海人民出版社 2008 年版，第 38—54 页。

　　1990 年开始，浦东的开发开放为其城市空间发展开辟了新的篇章。浦东借鉴先进的城市设计与规划理念，参照国外城市空间结构发展经验，在城市空间规划之中主要采用现代化城市的多轴、多核、多心、开敞式的城市空间结构。南北开发轴：主要沿黄浦江和杨高路形成南北开发轴，将高桥—外高桥、庆宁寺—金桥、陆家嘴—花木及周家渡—六里等综合分区联系起来；东西开发轴：从浦西外滩至陆家嘴再向东经张杨路商业中心以至花木、张江、北蔡和浦东国际机场。浦东的城市空间规划为浦东的空间发展奠定了框架，规划构建了浦东的空间架构，基本上确定了浦东以后的城市空间发展结构，形成了浦东以后发展的轮廓。浦东计划建设把城区建设成为拥有先进的综合交通网络、完善的城市基础设施、现代化信息系统的城市新区，拥有合理的城市空间布局以及良好生态环境的现代化城市新区。通过这样的空间布局，打好浦东新区为未来城区发展和促进上海城市能级提升的空间基础。

　　通过 28 年开发开放，浦东作为城市新区在特大城市的原有边缘进行新区建设，也是国内外城市建设方面的突破。浦东新区开发开放不但明确了新区建设可以带动老城改造，还明确新区城市布局有明确的功能分区理念。在浦东新区建设过程中，强调规划先行，以先进的规划理念引领城区建设，同时注重环境、形态和功能的相结合，强调城区发展的可持续发展等新理念。浦东新区的城区建设经验为 90 年代后期以来我国城市建设热潮、旧城区改造和城市面貌改善起到了积极的引领和示范作用。浦东围绕发展金融、贸易、科技创新等功能，最早规划建立了陆家嘴金融贸易区、外高桥保税区、金桥出口加工区、张江高科技园区四个特色鲜明、功能各异的开发区，已经成为上海建设"四个中心"的重要功能载体。

目前，浦东新区成为上海建设国际金融中心、国际贸易中心、国际航运中心和国际经济中心的核心功能区，同时也是上海发展战略性新兴产业的主导区和国家改革示范区。浦东新区在促进上海建设"四个中心"核心功能区方面，不断提升航运、金融和贸易的资源配置功能，引领上海市加快形成服务经济为主的产业结构。浦东新区着力打造战略性新兴产业主导区，加快推进战略性新兴产业发展，充分发挥浦东在上海市创新驱动与转型发展中的示范引领作用。浦东新区在争创国家改革示范区方面，深入推进浦东综合配套改革，率先建立有利于推动科学发展和促进社会和谐的体制与机制。

同时，浦东新区是上海自贸试验区的所在城区，也是上海建设具有全球影响力科技创新中心的主体承载区。从 2013 年以来，浦东新区把自贸试验区和科技创新中心主战场建设作为重中之重，加强制度创新系统集成，持续放大自贸试验区溢出效应和辐射效应，提高科技创新对经济增长的贡献度，发挥科创中心主体承载区的科技创新引领作用。浦东新区坚持走功能提升的道路，不断增强"四个中心"的核心功能，发挥辐射带动和示范引领作用，提高城市综合服务功能。

第四节　浦东开发开放与长三角一体化和长江经济带发展

在浦东开发开放的带动下，上海经济呈现了高速增长的态势，出现了高速、高质和高效发展格局，产业结构优化，城市经济总量快速增长。浦东新区大力发展金融业、航运业等现代服务业和先进制造业，率先转变经济发展方式，可以使上海更好地发挥综合优势，更好地发挥带动示范作用，更好地服务长三角地区、服务长江流域、服务全国。在长三角地区，江苏的苏州、无锡、常州和南京，浙江的杭州、嘉兴、湖州和宁波，这些地带的经济增长呈现高速增长的态势。同时，安徽省作为长三角地区的新成员，积极呼应浦东新区在新世纪的进一步发展。安徽提出浣江开发战略，推动沿长江地区发展，使安徽接受浦东新区和上海的产业辐射，成为浦东新区和上海的经济腹地。从长江经济带看，江西省、湖北省、重庆市和四川省顺应了浦东开发开放产业转型与结构升级机会，积极吸引投资，沿长江的省份的经济总量和结构都有明显的提升和改善。

一、浦东开发开放与长三角一体化

浦东开发开放通过提高上海城市能级、优化城市产业结构，使得上海作为长三角地区的首位城市聚集与扩散效应得到较完全的发挥。目前，上海作为长三角地区的首位城市地区生产总值占全国的比重为3.6％左右。东京、伦敦与首尔在全国的国内生产总值的比重都超过了10％，有的接近25％。量上的不足必然体现在结构上。因此，首先浦东开发开放可以大幅度提高上海经济规模，促进上海起到中心城市的功能与作用。目前浦东新区的GDP占上海经济总量接近三分之一，经济增长速度超过上海全市平均水平。浦东新区的发展有利于上海扩大经济体量，使其作为长三角地区的首位城市发挥其聚集与扩散作用。

其次，浦东开发开放对上海城市产业结构的拉升与优化作用。其一，在浦东开发开放之初，首位城市上海的工业仍然在地区生产总值中占据较高的比重，产业转移进程缓慢，产业结构优化速度不高，导致上海城市的服务功能与辐射功能不高。浦东新区的第三产业比重高于上海城市平均水平保持在 5 个百分点，直接带动了整个城市第三产业发展。如2010 年的世博会场馆主要在浦东，其中会展业与旅游业是从世博直接受益的行业；是高科技产业，世博会本身是展现工业技术成就的盛会，世博会各个场馆的展览内容与场馆设计、通信技术、环保技术与节能技术都将促进举办城市上海的高科技产业的发展；其三是创意产业。通过服务业的强劲发展，上海的产业结构可以实现从重化工业向以服务经济为主的方向发展，提高城市的首位度，提高城市的辐射与聚集功能。

其三，浦东新区的龙头带动作用，促进了长三角基础设施一体化。例如，2010 年的上海世博会，近 7 000 万人的参观人次需要交通基础设施一体化。如果以海外人士占 2％、内地坐飞机的观光人数占 20％计，仅上海的机场，就需要具备半年旅客吞吐量达 3 000 万人次的能力。上海及长三角地区的交通服务有可能将形成需求大于供求的态势。上海投入数百亿元进行城市基础设施建设，其中轨道交通在 2010 年总长度达到400 公里，跨越黄浦江设施达到 18 个。浙江与江苏接轨上海的交通、能源与通信基础设施建设必须加快步伐。再如上海迪斯尼乐园，每年大量的参观人次，也要求把世博会带来的长三角地区交通一体化实现常态化。

浦东开发开放促进了长三角经济生产的分工与协作。浦东开发开放提升了上海城市经济总量与产业结构，在长三角地区形成了以上海为主轴的生产体系。目前，长三角地区初步形成了层次相对分明的城市群结构，形成了以上海为主要中心，以南京、杭州、合肥为次中心的城市群体。要进一步明确城市分工，中心城市错位发展，周边城市主动接轨中心城市，融入城市群的经济圈和科技合作圈，城市之间形成既是分工又是协作的群体。一方面提高上海中心城市对周围地区的溢出效应，另一方面提升周边地区对中心城市的支撑与辅助功能。通过长三角地区交通基础设施一体化，长三角地区要进一步消除市场壁垒和体制机制障碍，创造生产要素流动的政策环境，加强彼此间的交流与合作，围绕区域创新体系建设的整合科技创新资源。目前，长三角地区内部互补优势明显：上海科技教育发达，江苏实体经济基础好，浙江市场活力强，安徽在新技术方面有后发优势。上海的工业产品设计相对较好，浙江的互联网交易与服务发展十分迅速，江苏的电子信息制造业基础较为扎实，安徽的科技产业园区发展空间较大。以电子信息产业为例，在沪蓉高速公路沿线，芯片业的产业形成了层层递进的、互相配套的格局：上海已经形成了芯片设计、生产、封装与测试产业链；苏州形成了笔记本电脑、显示屏的产业链；无锡偏重于通信和PC相关零部件的生产；滁州和合肥偏重于芯片应用的家用电器生产。因此，要发挥上海、江苏、浙江和安徽的比较优势，加强地区之间的合作与联系，形成具有互相促进的错落有致与梯度有序的区域创新体系。

二、浦东开发开放与长江经济带发展

浦东开发开放可以有效地带动长江经济带发展，促进长江流域经济与社会发展。浦东开发开放可以有效地利用经济腹地的资源，提高资源配置的效率。长江经济带东起上海、西至云南，涉及上海、江苏、安徽、江西、湖北、湖南、重庆、四川、云南7省2个直辖市，面积占全国20％，GDP占全国40％，覆盖我国农业、工业、商业、文化教育和科学技术等最发达的地区。长江经济带是我国经济与社会的重要地带，对于促进全国经济与社会发展具有重要意义。为此，2014年国务院印发的《关于依托黄金水道推动长江经济带发展的指导意见》中，进一步将长江经济带战略定位为具有全球影响力的内河经济带、东中西互动合作的协调发展带、沿海沿江沿边全面推进的对内对外开放带和生态文明建设的先行示范带。2016年9月，《长江经济带发展规划纲要》从规划背景提出总体要求：要大力保护长江生态环境，加快依托长江黄金水道建设综合立体交通体系，以科技创新和制度创新来驱动产业转型升级，进一步构建长江流域的创新区域协调发展体制与机制。与沿海和其他经济带相比，长江经济带拥有我国最广阔的腹地和发展空间，长江新经济带建设将进一步激活长江黄金水道的航运能力，盘活整个长江流域经济和沿江产业发展，为上海国际航运中心提供稳定的腹地货源支撑。

浦东开发开放和浦东新区进一步发展，为我国长江经济带的发展提供了较好的条件。首先在航运方面，通过浦东开发开放，依托长江的黄金水道，实施"长江战略"。浦东新区的对外港口如外高桥港口、洋山深水港和浦东国际空港发展，可以使得临近上海的沿海港口与南京、武汉、重庆航运中心联动发展，使得沿海运输与长江内河运输有效地衔接，推进"水水联运"，降低运输费用，提高运输效率。浦东作为长江经济带的龙头与长江入海口区位优势，夯实与上海港衔接的航运基础设施，建设具有多种运输方式一体化特征的现代港口集疏运体系，可有效地拉动这些地区交通运输业，促进长江经济带的经济与社会发展。依托长江黄金水道，以浦东新区为龙头的长江经济带现代化综合交通运输体系将先于其他体系建成。这一运输体系将以长江水道为主轴，以综合交通运输大通道为支撑，在保证长江干线与支线航道畅通高效的同时，将建成沿江高速铁路和国家高速公路，形成城市群轨道交通网络骨架。

其次，通过开发开放，浦东新区和上海的产业结构不断优化，服务业在产业结构之中比重不断提升，特别是物流业、金融服务业以及专业服务业不断发展，从而可以发挥服务业对要素的配置与效率提升作用。浦东通过发展期货业、商贸流通、金融保险、信息咨询、电子商务等现代航运服务业，大力发展长江经济带的航运物流服务，鼓励发展形成多层次的航运服务业体系，方便和促进了长江经济带的资源配置。这样，以服务业发展起到引领长江经济带产业结构优化升级的作用，可减少长江沿岸的产业同构化程度，提高资源利用效率，减少污染与排放，促进长江经济带的分工与协作生产关系的形成与发展。

再次是通过浦东开发开放，可以促进长江经济带的产业创新能力提升，引领长江流域产业转型升级，提升长江经济带的可持续发展能力。目前，长江上游地带的汽车产业、电子信息制造业，中游地带的钢材制造业、工程机械制造业，下游地带的科技研发、金融与贸易业以及其他现代服务业等各具特色。但是长江沿江地带的重化产业过度集聚，钢铁产业过度集中，沿江分布全国五大钢铁基地、七大炼油厂以及众多石油化工基地。目前，长江沿江 7 省 2 市钢铁产量占全国的近三分之一，汽车产量占全国的五分之二，其中轿车产量占全国的一半。这些重化工业、钢铁产业以及由此衍生的制造业产业链对长江的生态与环境产生较多的负面影响，污染较为严重，并由此导致长江的生活生态岸线过少、岸线利用普遍粗放低效、流域废污水排放总量持续增加等问题。所以，长江经济带的产业转型升级迫在眉睫，而浦东开发开放为长江经济带的转型升级提供了抓手。通过浦东新区的龙头作用，尤其是通过资源优化配置作用，可建立和完善创新驱动体系，减少长三角港口城市出现同质化竞争，减少长江经济带的产业同构化程度。

目前在浦东新区高新技术产业带动下，长江经济带各个省市的生物医药、新材料、新能源等战略新兴产业速度较为迅速。上海、杭州、南京、苏州、无锡、武汉、重庆等城市的生物工程、信息技术、新材料工程、航天技术、激光技术自动化技术等领域已经集中了较多企业和研发机构。这些企业和机构已经拥有许多有自主知识产权。在长江经济带之中，南京"软件谷"、武汉"光谷"、重庆"车谷"、无锡物联网、苏州生物纳米等都已成为沿江地区经济的亮点。

第六章　浦东开发开放与国家战略先行先试的关系

第一节　国家战略使命下的浦东先行先试

浦东开发开放源于中央的决策推动，承载着国家战略的历史使命，也可以说，国家战略使命是浦东开发开放的天然基因，先行先试是浦东践行国家战略使命的必然要求。

一、浦东先行先试是国家战略使命的必然要求

浦东开发开放是邓小平同志亲自倡导，是在我国改革开放和现代化建设关键时期作出的重大战略决策，是中国进一步扩大开放和社会主义市场经济发展的必然需要。经过 20 世纪 80 年代南方经济特区对外开放的经验积累，以及理论上对中国改革开放探索的不断深化，中国逐步明确了实现经济市场化和国际化是改革开放的基本目标与方向。1990 年 4

月 18 日，国务院总理李鹏代表党中央、国务院在上海宣布："中共中央、国务院同意上海市加快浦东地区的开发，在浦东实行经济技术开发区和某些经济特区的政策。"可见，对浦东开发开放定位当时的提法偏重区域经济开发和发展。1991 年春邓小平同志在上海视察时谈道："开发浦东，这个影响就大了，不只是浦东的问题，是关系上海发展的问题，是利用上海这个基地发展长江三角洲和长江流域的问题。"而且，他还说到"金融很重要，是现代经济的核心"，主张"中国在金融方面取得国际地位，首先要靠上海"①。很显然，邓小平同志这番话为浦东开发开放的目标定位和探索拓展了新的视野。因此，对浦东来说，开发开放的目标定位必须肩负起党中央赋予的推动上海成为国际经济、金融、贸易中心之一，从而带动长江流域经济腾飞的重要使命。

浦东开发开放以来，党中央从改革发展各个关键阶段的全局出发，对浦东开发开放提出不同的要求，不断深化和推进这一国家战略。浦东也始终坚持立足国家大局，先行先试，不断丰富国家战略的内涵。如党的十四大报告指出，"以上海浦东开发开放为龙头，进一步开放长江沿岸城市，尽快把上海建成国际经济、金融、贸易中心之一，带动长江三角洲和整个长江流域地区经济的新飞跃"。党的十五大报告提出，"进一步办好经济特区、上海浦东新区。鼓励这些地区在体制创新、产业升级、扩大开放等方面继续走在前面，发挥对全国的示范、辐射、带动作用"。党的十六大报告提出，"鼓励经济特区和上海浦东新区在制度创新和扩大开放等方面走在前列"。党的十七大报告要求，"更好发挥经济特区、上

---

① 《邓小平文选》第 3 卷，第 366—367 页。

海浦东新区、天津滨海新区在改革开放和自主创新中的重要作用"。党的十八大以来，以习近平同志为核心的党中央，围绕全面深化改革的新形势和新任务，对浦东开发的历史使命提出了新要求。习近平同志在视察浦东时更指出，"浦东发展增加一些经济总量固然好，但它的意义不限于此，而在于窗口作用、示范意义，在于敢闯敢试、先行先试，在于排头兵的作用"。在参加全国人代会上海团审议时，他多次要求上海"更好地发挥浦东作用，推动重大改革举措在浦东先行先试"。

正是在国家战略使命的必然要求之下，浦东建成了中国唯一以金融贸易命名的陆家嘴金融贸易区、以及金桥出口加工区、外高桥保税区、张江高科技园区等功能各异的国家级开发区，成为中央一系列国家级重大项目的承载区。浦东在深化改革、扩大开放等方面探索了一系列先行先试的制度创新，率先开展了综合配套改革试点和自贸试验区改革试点。在先行先试引领下，浦东开发开放的龙头地位逐步凸显，日益成为上海城市功能重塑和现代化建设的强大引擎，成为引领长三角和长江流域开放型经济发展的重要枢纽，成为中国改革开放不断纵深推进中承前启后的关键一环。

二、上海现代化建设的推进需要浦东率先突破

上海作为中国重要的经济中心，其现代化建设的突破口是从浦东开发开放开启的。随着其战略发展定位的不断调整，浦东先行先试，率先突破，引领了全市现代化进程的顺利推进。

浦东开发开放上升为国家战略之前，是上海摆脱发展困境、振兴突破的战略抉择。20世纪80年代的上海，和深圳南方经济特区因改革生气

勃发、经济飞速发展截然不同，作为中国计划经济运行的工商业枢纽，因改革的滞后，城市发展面临着严峻挑战。在双轨制改革推进的新形势下，原材料的缺乏让上海产业面临日益严重的"无米之炊"的风险，产品竞争力下降，产业结构单一、城市功能逐步萎缩，在上缴中央财政任务之后的上海已无法再有余力用在城市建设上。上海的振兴亟须找到一个突破口。因此，经过反复论证研究之后，上海决定开发浦东。1985 年 2 月，国务院批准《关于上海经济发展战略的汇报提纲》，指出"上海市是上海经济区中心城市，是全国的经济中心之一"，同时提出"上海的城市和工业布局，也要适应经济发展的需要。重点是向杭州湾和长江口南北两翼展开，创造条件开发浦东，筹划新市区的建设"，正式以官方文件形式提出开发浦东。1986 年颁布的《上海市城市总体规划方案（修改稿）》中提出，到 2000 年，上海要建设为"经济繁荣、科技先进、布局合理、交通便捷、信息灵敏、环境整洁的社会主义现代化城市。在我国社会主义现代化建设中发挥'重要基地'和'开路先锋'作用"。

1993 年，在《迈向 21 世纪的上海》经济社会发展战略研究中，立足全国发展大局，上海提出"要领先一步，浦东要更先一步"的要求。2001 年 5 月，国务院正式批复同意《上海市城市总体规划（1999—2020年）》，进一步明确上海要建设成为"经济繁荣、社会文明、环境优美的国际大都市，国际经济、金融、贸易、航运中心之一"。

上海城市发展目标和定位的演变对浦东在全市率先突破、先行先试提出了更高的要求。回顾浦东开发开放历程，可以看到浦东率先引领全市发展这一清晰的轨迹。在浦东开发开放之初，上海市委即制定了"开发浦东、振兴上海、服务全国、面向世界"十六字指导方针，也就意味着，浦东开发的定位，远远不是局限浦东本身，而是更多地着眼于对整个上海城市发展的带动引领，进而助推并服务于全国和面向世界的发展。对浦东新区的发展目标定位是要建成"世界一流水平的外向型、多功能、现代化新城区"。具体到实践层面的生动体现便是"东西联动"发展思路。按照这一发展思路，浦东开发开放承担着振兴上海的使命，既要充分发挥依托浦西老城开发新区的有利优势，又要注重通过新区开发带动浦西老城改造。换言之，整个上海的城市基础和综合实力是浦东开发开放的重要依托，反过来浦东开发开放又服务于上海整体发展战略。可以清晰地看到，正是基于联动发展的思路，浦东新区的道路交通、城区形态、功能布局等，都是服务于上海整个城市功能定位展开的。

显然，在开发开放实践中，浦东新区已成为上海不同国家战略使命的核心功能区。这种功能定位又逐步清晰地描述为：上海要做全国"改革开放排头兵、创新发展先行者"，而浦东则是"排头兵中的排头兵、先行者中的先行者"。2017年国务院批复的《上海市城市总体规划方案》对上海的定位要求是"长三角世界级城市群的核心城市，国家历史文化名城，文化大都市，国际经济、金融、贸易、航运、科创中心，建设创新之城、人文之城、生态之城，卓越的全球城市、现代化国际大都市"。因此，成为"具有标志性的全球卓越城市核心区"成为浦东深化开发开放的又一更高的目标和要求。

三、先行先试是推动浦东开发开放进程的内生动力

浦东开发开放战略是解放思想的产物，浦东开发开放的成功实践更

是解放思想的生动体现。因此，在解放思想指引之下的先行先试是推动浦东开发开放进程的内生动力。

1990 年，面对国际国内形势的严峻考验，党中央、国务院果断打出了"上海这张王牌"，宣布在上海——中国重要的经济中心继续改革开放，也让长三角——中国经济最发达和最富庶的区域打开了开放的大门，进而扭转了我国改革开放暂时的徘徊局面，形成了全面改革开放的新布局，充分体现了解放思想的政治勇气。历届上海市委、市政府始终坚持把中央的决策部署和总体要求与上海的市情有机结合，秉承开放的眼光，不断学习借鉴国内外先进经验，将国家战略和部署创造性的付诸实践。面对中央和上海市的部署和要求，浦东始终坚持先行先试，开拓创新，坚持不懈推进开发开放，努力做到中央要求的"起点更高、后来居上"。

先行先试、敢闯敢试是浦东开发开放打开局面的制胜法宝。如浦东在开发开放中创新实践了"规划先行"与"立法先行"的理念，实现了规划的高起点和发展的高起点。为了避免城市无序建设的前车之鉴，浦东在开发开放伊始率先借用外脑，集全球智慧，分门别类地制定了基础规划、产业规划、社会规划特别是城市形态和功能区规划，并通过立法程序为这一系列规划提供了法律保障，树立了规划权威，强化了全社会规划意识，实现坚持以高标准、系统化的规划指导高起点开发，真正实现"一张蓝图干到底"。"规划先行""立法先行"的率先实践一方面保证了开发的有序性、持续性和优质性，另一方面也大大优化了投资环境，对投资者产生了强烈吸引，创造了一笔巨大的无形资产。很多投资者尤其是外资就是因为看中高水准的规划，下决心在浦东投资的。这为浦东开发开放的良好开局奠定了坚实的基础。

先行先试、敢闯敢试是浦东开发开放战略与时俱进的持久生命力。浦东新区在开发开放实践中，始终坚持遵循发展规律、以先行先试为动力，发扬首创精神，不断突破发展瓶颈、解放和发展生产力。如以要素资源市场化配置为突破口，率先实践有偿转让土地使用权，大胆创新城市开发管理新模式，创建和培育证券交易所、期货交易所、产权交易所等一批重要的要素市场，大胆探索建立完善社会主义市场经济运行机制；坚持金融贸易、高新技术产业先行，不断调整优化产业结构，努力探索开放条件下的创新驱动发展路径，大力推进公共服务平台和科技投融资体系建设，加快形成以现代服务业和先进制造业为主导的现代产业体系；探索建立"小政府、大社会"管理体制，推动服务型政府建设，深化行政审批制度改革，营造国际化、法治化和便利化的营商环境。

回顾和梳理浦东开发开放历程的具体实践，可以看到，正是通过坚持不懈地把国家战略使命与具体区域特点和实情相结合，先行先试，率先突破，浦东才得以成为不断深化中国改革开放进程的重要"推手"。虽然仅仅是神州大地上的袖珍之地，但浦东却成为中国改革开放版图中熠熠生辉的"东方明珠"！

第二节　浦东开放型经济体制先行先试与国家扩大开放

改革开放是中国的第二次革命，坚持对外开放是我国的基本国策。把握经济全球化不可逆转的时代潮流趋势，坚持扩大开放，不断顺应和主动融入经济全球化，并以开放来推动改革的深化，是中国多年来不断探索坚持并被实践所证明的强国之路。党中央宣布浦东开发开放是要在和平与发展的国际格局下，构筑我国面向新世纪、面向世界的战略高地，也是敏锐地把握了 20 世纪 90 年代初经济全球化加快推进的新形势所作出的重大战略决策。因此，可以说，开放是浦东开发开放的特质，尤其是在开放型经济运行机制方面的探索是浦东先行先试的重要方面，而通过浦东的先行先试、复制及推广又在实践层面上进一步深化了国家的扩大开放。

一、海关特殊监管区的转型升级

在发展开放型经济的过程中，以外高桥保税区为代表的海关特殊监管区以其封闭运作、高效便捷的独特优势，成为浦东发展国际贸易、探索开放型经济的桥头堡，也为全国开放型经济水平的提升贡献了浦东智慧。

1990 年 6 月，中国第一个保税区——上海外高桥保税区成立。外高桥保税区的英文翻译为"free trade zone"，用时任上海市长朱镕基的话来说，就是要"以建立自由港为目的，建立一个保证商品、人员、商船关税豁免，自由出入的自由贸易工业区"。[1]外高桥保税区规划面积 10 平方公里，功能定位为"保税仓储、出口加工、转口贸易"，主要是进口免税、区内保税、进区退税。由于区内货物处于保税状态，可以自由流动。

---

[1] 《朱镕基上海讲话实录》，人民出版社、上海人民出版社 2013 年版。

通过多年的积极探索，外高桥保税区在全国 15 个保税区中经济总量最大，是全国首个"国家进口贸易促进创新示范区"；2010 年，在英国伦敦《金融时报》全球自由贸易区综合评比中获得第一名，为中国开放经济水平的提升积累了宝贵经验。

2004 年 4 月，为了推动贸易便利化和上海国际贸易中心的建设，经国务院批准，全国首家区港联动试点项目——外高桥保税物流园区，获海关总署联合验收小组验收通过，封关运作面积 1.03 平方公里，政策上享受保税区和出口开发区的叠加。"区港联动"的率先探索使得保税物流园区有别于一般物流园区，其功能拓展侧重于国际中转、国际配送、转口贸易和国际贸易，也进一步促进了外高桥保税区贸易便利化水平，对全国的示范效应在于优化投资环境、吸引外资，扩大外贸出口、增强国际竞争力。

2005 年 12 月，全国第一个保税港区——洋山保税港区正式启用。洋山保税港区规划面积 8.14 平方公里，由保税区陆域部分、东海大桥和小洋山岛港口区域三部分组成。其中陆域部分面积 6 平方公里，主要发展和提供集装箱港口增值、进出口贸易、出口加工、保税物流、采购配送、航运市场等产业和服务功能；岛域部分是集装箱深水港码头作业区域，面积 2.14 平方公里，是集装箱装卸、中转的功能区域。洋山保税港区通过积极开拓国际采购、配送、转口贸易和出口加工等功能，承担了建设国际航运发展综合试验区的重要使命。

2009 年 7 月，国家批准成立浦东机场综合保税区。同年 11 月，上海综合保税区管委会成立，对洋山保税港区、外高桥保税区、外高桥保税物流园区和浦东机场综合保税区进行统一管理，在全国率先探索整合优化特殊监管区、向综合保税区转型升级。"三港三区"（三港即外高桥港、洋山港、浦东机场空港，三区即外高桥保税区、洋山保税港区、机场综保区）联动发展拉开序幕，浦东海关特殊监管区的转型升级进入了一个全新阶段。

在海关特殊监管区不同形态及管理体制的探索之外，浦东对全国开放型经济发展的示范引领效应更多地体现为诸多功能性制度创新方面的探索。

如率先试点贸易监管制度创新。在国家有关部委积极支持下，浦东先后建立海关事务服务中心、全国海关预归类上海分中心、检验检疫酒类和化妆品检测中心等监管服务点，推出"保税区空运进口货物虚拟货站"模式、保税货物与保税延展货物的统一监管等改革试点；围绕口岸进出便利化需求，率先在全国海关开展分类通关和无纸化通关改革试点，推进海关、边检、检验检疫申报单"三单合一"，设立全国质量检验检疫创新区、全国入境再利用产业检验检疫示范区，推进通关通检模式创新。

又如，注重提升全球航运资源配置能力突破。以洋山保税港区为例，率先启动融资租赁业务，实现航运金融服务新突破；探索"水水"中转集拼、国际中转集拼、启运港退税、保税船舶登记、单船单机 SPV 等一系列改革试点，提升洋山口岸枢纽功能；全国首家启动期货保税交割试点，推动了洋山航运物流高端化发展；启动保税仓单质押融资试点、推出洋山铜溢价，提升了大宗商品资源配置能力；建立保税展示销售中心，为洋山保税港区注入贸易功能。

总而言之，浦东以特殊监管区为平台推进开放型经济发展的探索实践，为国家建立自贸试验区的决策奠定了基础，为中国（上海）自贸试验区的率先设立创造了条件。

二、自贸区改革对开放型经济水平的提升

党的十八大以来，以习近平同志为核心的党中央综合经济全球化新形势和国际贸易投资规则的新走向，作出了自由贸易试验区的国家战略决策。

2013 年 9 月 29 日，中国（上海）自由贸易试验区率先在浦东成立，区域范围即上海综合保税区，面积共 28.78 平方公里。根据《中国（上海）自由贸易试验区总体方案》，上海自贸试验区要建设成为"具有国际水准的投资贸易便利、监管高效便捷、法制环境规范的自由贸易试验区，使之成为推进改革和提高开放型经济水平的'试验田'，形成可复制、可推广的经验，发挥示范带动、服务全国的积极作用，促进各地区共同发展"。2015 年，上海自贸试验区扩区至 120.72 平方公里。四年多来，浦东按照中央的部署和要求，不断突破，加快创新步伐，同时争取率先借鉴推广自贸试验区的成功经验，实现联动创新。

（一）习近平总书记对上海自由贸易试验区建设的决策部署

2013 年 3 月底，国务院领导在上海调研期间考察了位于浦东的外高桥保税区，并表示支持上海积极探索，在现有综合保税区基础上，研究如何在 28 平方公里内建立一个自由贸易试验区，进一步扩大开放，推动完善开放型经济体制机制。8 月，国务院正式批准设立中国（上海）自由贸易试验区。9 月 29 日，上海自由贸易区正式挂牌成立。

2014 年 5 月，习近平总书记在上海考察时希望上海自由贸易试验区

按照先行先试、风险可控、分步推进、逐步完善的原则，把扩大开放同改革体制结合起来，把培育功能同政策创新结合起来，大胆闯、大胆试、自主改；要切实把制度创新作为核心任务，以形成可复制、可推广的制度成果为着力点，努力创造更加国际化、市场化、法治化的公平、统一、高效的营商环境；要切实把防控风险作为重要底线，在建设全过程都掌控好风险，努力排除一切可能和潜在的风险因素；要切实把企业作为重要主体，重视各类企业对制度建设的需求，鼓励企业积极参与试验区建设①。

同年10月，在中央全面深化改革领导小组第六次会议上，习近平发表讲话，② 对上海自由贸易试验区的工作予以肯定，提出要尽快推广的要求。他指出：上海自由贸易试验区成立以来，在党中央、国务院领导下，在中央有关部门和上海市委、市政府共同努力下，以制度创新为核心，以形成可复制可推广经验为要求，在简政放权、放管结合、加快政府职能转变、体制机制创新、促进贸易投资便利化以及营造市场化、国际化、法治化营商环境等方面，进行了积极探索和大胆尝试，取得了一系列新成果，为在全国范围内深化改革和扩大开放探索了新途径、积累了新经验。党的十八届三中全会提出，要在推进现有试点基础上，选择若干具备条件的地方发展自由贸易园（港）区。上海自由贸易试验区取得的经验，是我们在这块试验田上试验培育出的种子，要把这些种子在更大范围内播种扩散，尽快开花结果，对试验取得的

---

① 《习近平在上海考察》，新华网，2014年5月24日。
② 习近平：《上海自贸区经验要尽快开花结果》，证券时报网，2014年10月28日。

可复制可推广的经验，能在其他地区推广的要尽快推广，能在全国推广的要推广到全国。

2014年3月，习近平总书记在参加十二届全国人大二次会议上海代表团审议时强调："建设自由贸易试验区，是党中央为推进新形势下改革开放提出的一项重大举措。要牢牢把握国际通行规则，加快形成与国际投资、贸易通行规则相衔接的基本制度体系和监管模式，既充分发挥市场在资源配置中的决定性作用，又更好发挥政府作用。要大胆闯、大胆试、自主改，尽快形成一批可复制、可推广的新制度，加快在促进投资贸易便利、监管高效便捷、法制环境规范等方面先试出首批管用、有效的成果。要扩大服务业对外开放，引进国际先进经验，提高服务业能级和水平。在自由贸易试验区要做点压力测试，把各方面可能发生的风险控制好，切实防范系统性风险特别是金融风险。"①

这年12月，中共中央政治局就加快自由贸易区建设进行第十九次集体学习，习近平总书记发表重要讲话，对上海等地自由贸易试验区建设的工作重点和未来发展提出了明确要求和长远考虑。他强调，一方面，"我们要加快实施自由贸易区战略，发挥自由贸易区对贸易投资的促进作用，更好帮助我国企业开拓国际市场，为我国经济发展注入新动力、增添新活力、拓展新空间"，"加快实施自由贸易区战略，是我国积极参与国际经贸规则制定、争取全球经济治理制度性权力的重要平台，我们不能当旁观者、跟随者，而是要做参与者、引领者，善于通过自由贸易区建设增强我国国际竞争力，在国际规则制定中发出更多中国声音、注入

---

① 《习近平关于社会主义经济建设论述摘编》，中央文献出版社2017年版，第289页。

更多中国元素，维护和拓展我国发展利益"。①

另一方面，"加快实施自由贸易区战略是一项复杂的系统工程。要加强顶层设计、谋划大棋局，既要谋子更要谋势，逐步构筑起立足周边、辐射'一带一路'、面向全球的自由贸易区网络，积极同'一带一路'沿线国家和地区商建自由贸易区，使我国与沿线国家合作更加紧密、往来更加便利、利益更加融合"，以此来谋划自由贸易区的探索，任务就更加精准和艰巨了，如"要努力扩大数量、更要讲质量，大胆探索、与时俱进，积极扩大服务业开放，加快新议题谈判。要坚持底线思维、注重防风险，做好风险评估，努力排除风险因素，加强先行先试、科学求证，加快建立健全综合监管体系，提高监管能力，筑牢安全网。要继续练好内功、办好自己事，加快市场化改革，营造法治化营商环境，加快经济结构调整，推动产业优化升级，支持企业做大做强，提高国际竞争力和抗风险能力"，等等。②

自由贸易区建设是党的十八大以来中国扩大开放的重要举措。在这一探索过程中，浦东是走在前面的。在中央的支持和指导下，经过几年来的实践，根据国际国内经济社会的发展变化，自由贸易区实验已经在建设规模、制度创新和实施效果等方面取得了显著的成绩，并且与"一带一路"倡议一起形成了互相关联、互相促进的拓展态势。对此，习近平的持续关注和深刻阐述发挥了战略指导的作用。

（二）自贸试验区贸易便利化探索

贸易监管制度创新是上海自贸试验区改革试验最显著的成果。经过

---

① 《习近平关于社会主义经济建设论述摘编》，中央文献出版社 2017 年版，第 292、292—293 页。

② 同上书，第 293 页。

试验，借鉴国际经验，海关、检验检疫、海事等口岸监管部门推出了100多项创新举措，初步建立起"一线放开、二线安全高效管住、区内自由"的通关监管模式，基本建立起以贸易便利化为核心的贸易监管制度体系。具体来看：

首先，快速通关便利化。各口岸部门围绕货物进出口流程出台了多项创新措施，缩短通关时间。在货物进口前阶段，海关推出了商品归类预先裁定制度。货物报检阶段，针对部分商品，国检推出了先入区后报检、第三方检验结果采信、检验检疫通关无纸化、检验检疫分线监督管理等创新措施。货物报关阶段，海关推出"先入区、后报关"制度。缴纳关税阶段，对部分企业实行汇总征税制度。海关查验阶段，实现了通关单无纸化。货物放行阶段，海关推出智能化卡口验放管理和自动审放、重点复核制度。

其次，试点国际贸易单一窗口。先后探索建立了国际贸易单一窗口1.0版和2.0版，将货物许可、货物报检、货物报关、税费缴纳等多个阶段的作业环节整合到了单一平台上，从而对货物进口流程间各部门的协调、信息共享以及报关企业与监管部门间的沟通发挥了重要作用。

再次，试点货物分类监管制度。目前货物从食品拓展至汽车、有色金属、制造业原料等类型，企业实现了统一分拣、包装和客户交付，交付时间大大缩短。上海自贸试验区已初步建立了以信息化系统监管为主、海关现场监管为辅的货物状态分类监管制度基本架构。探索了从物理围网到电子围网监管模式的改变，实现了保税货物与非保税货物的混放和国内集拼，推动了内外贸一体化。试点成果已基本在全国特殊监管区域推广。

（三）自贸试验区提升贸易功能的探索

上海自贸试验区针对部分重点产业和重要功能的货物监管制度创新，使得企业原先无法开展的业务能够开展，原先受到较大限制的业务大幅松绑，这对于企业功能的拓展、能级的提升以及新业态的发展起到了积极促进作用。

一是全球维修业务便利化。2013 年 8 月，上海国检局出台了《关于印发中国（上海）自由贸易试验区内入境维修及再制造用途旧机电产品检验监管工作相关规定的通知》，提出适应自贸区内企业发展全球维修的要求，对区内评估合格的维修企业的进境旧机电产品实行免于海外装运前检验、简易备案、以不定期监督检查代替批批检验的制度。2014 年 5 月，《上海海关关于在中国（上海）自由贸易试验区开展境内外维修业务的公告》出台，允许区内企业开展高技术、高附加值、无污染的境内外维修业务，海关参照保税加工监管模式实施管理，促进加工贸易转型升级。

二是生物医药进口监管制度创新。2014 年 7 月，上海出入境检验检疫局发布《上海检验检疫局中国（上海）自由贸易试验区入出境特殊物品卫生检疫管理规定（试行）》；次年 6 月又出台了《关于支持上海生物医药产业发展若干意见》（简称"国检十条"），对区内企业进口的生物材料等特殊物品实施风险分析的检疫登记监管，缩短特殊物品的检疫审批流程，并实施分批核销、多种查验方式和频次相配合的便捷性监管措施。该制度实施后，出入境特殊物品卫生检疫审批流程缩短为 3 个工作日，3 个月有效，企业出入境相同产品审批单可以重复使用，对信用等级高的企业，还可以上门查验，有利于推动入境出境特殊物品由少量的研发试验向规模化、产业化发展。

三是平行进口汽车试点。2015 年 2 月 15 日，国内首个试点在上海自贸试验区正式启动。12 月，国家认监委发布《关于自贸区平行进口汽车 CCC 认证改革试点措施的公告》，放宽制造商授权文件要求，调整认证模式，简化工厂检查要求。2016 年 3 月，商务部等 8 部门联合出台《关于促进汽车平行进口试点的若干意见》，首次突破汽车进口必须直接在口岸海关办理进口报关、纳税等手续的"落地征税"政策，提出"允许开展平行进口汽车保税仓储业务"，同时设定了 3 个月的保税仓储期限。这项试点的意义在于，建立多渠道、多元化的进口汽车流通模式，探索与国际惯例接轨的准入标准清晰、监管流程严密、质保规范统一、售后服务完备的新规则体系，形成可复制可推广经验，促进上海乃至中国汽车贸易和服务产业的发展。

（四）自贸试验区扩大制造业服务业开放的探索

持续推进服务业制造业扩大开放是进行上海自贸试验区建设的重要内容，也是自贸试验区助推国家开放型经济水平提升的重要举措。

目前，就已落地情况来看，服务业开放好于制造业。根据 2013/2014 上海版负面清单，先后有两批 54 项扩大开放措施在上海自贸试验区内率先开展试点。截至 2017 年 11 月底，第一批 23 项服务业开放措施已有 20 项落地；第二批 31 项开放措施已有 11 项落地，其中 14 项服务业开放措施已落地 9 项，17 项制造业采矿业等开放措施仅落地 2 项。其中，服务业开放落地项目排名前三位的行业分别是融资租赁及融资租赁兼营商业保理、一般商品网上销售、摄影服务，占到总量的 90%；落地企业中涌现出专业再保险经纪、合资道路运输、独资游艇设计、独资国际船舶管理以及独资认证公司等一批首创性项目。

54 项扩大开放措施作为上海自贸试验区先行先试的重要内容，不仅对我国进一步扩大开放起到了示范引领作用，为外商投资指导目录的修订和全国面上有关法律法规的调整提供了经验，而且还对国家自由贸易区谈判起到了先行先试的重要作用，比如中韩和中澳自由贸易协定已明确提出在上海自贸试验区实施法律、通信、建筑工程、海运等服务领域开放措施。总的来看，随着 2017 版负面清单的实施以及外商投资指导目录及国家有关行政法规在全国范围内的调整，54 项开放措施不少已经在全国复制推广，部分扩大开放措施进一步放宽了市场准入。

三、金融改革率先突破对人民币国际化进程的促动

作为上海国际金融中心建设的核心功能区，浦东开发开放之初就坚持"金融先行"发展战略，不断开拓创新，坚持扩大金融业开放，加大金融改革突破，浦东在金融改革发展方面的创新与探索，有力地配合和扩大了人民币国际化进程的推进。

（一）多层次金融市场体系的建设

首先，培育和集聚要素市场。浦东开发开放之初，就率先探索成立了证券交易所、期货交易所、产权交易所等一批重要的要素市场。此后，金融市场建设不断完善和深化。2006 年中国金融期货交易所成立，2010年全国银行间市场贷款转让交易系统开通，2011 年上海股权托管交易中心落户。上海自贸试验区成立后加快了面向国际的金融市场的建立。如黄金国际板运行、国际能源交易中心原油期货品种启动、中国外汇交易

中心的"国际金融资产交易中心"上线、上海证券交易所的国际金融资产交易平台筹建、全国性信托登记平台筹建、保险交易所落户等。这些要素市场在促进地区及全国要素资源合理配置方面发挥了重要作用，充分体现了浦东开发的辐射效应，强化了上海服务全国的功能，成为中国对外经济合作交流的市场和平台。

其次，金融机构快速集聚。伴随浦东金融改革的推进，尤其是在自贸试验区金改政策实施以来，越来越多的金融机构加快向浦东集聚。陆家嘴金融贸易区已然成为上海国际金融建设的核心承载区，监管类金融机构集聚式发展，截至 2017 年末，总数突破 1 000 家，新兴金融机构成为新的经济增长点，总数达 6 934 家。[1]金融业态从银行、证券、保险等传统业态向资产管理、金融信息与服务、投资银行、私募股权等新型业态拓展和提升，成为国内持牌金融机构和股权投资及管理企业最密集的地区。

再次，优化金融生态环境建设。强化金融法制环境建设，如成立了全国第一家金融审判庭——上海金融仲裁院，集聚了香港国际仲裁中心上海代表处等仲裁机构。世界著名跨国公司和国际金融财团各类总部，如区域总部、研发总部、培训总部、投资总部等云集，区域总部经济和头脑经济快速形成。专业服务蓬勃发展，形成了较为完整的生态链。如目前落户陆家嘴金融城有 2 700 多家专业服务机构，[2]其中包括会计师事务所、律师事务所、人力资源机构、企业咨询机构以及标准普尔、惠誉、穆迪等评级机构。

---

[1][2]　《浦东新区统计月报》2018 年 1 月。

（二）金融业务的创新拓展

首先，不断推进金融产品创新。如自贸试验区改革前推出上海银行间同业拆放利率（SHIB0R）并加强应用，探索完善利率价格形成机制和人民币国债收益率曲线；推出上证 50ETF 基金产品和权证产品、金属锌、黄金、白银期货、原油国债等期货产品；率先开展 QDII 基金试点、开展个人本外币兑换特许业务试点、率先实施跨境贸易人民币结算试点。自贸试验区改革后探索跨境 ETF 上市交易、沪港通试点，为境外投资者参与浦东金融市场提供日益便捷的渠道，提升了金融市场的国际化水平。

其次，不断加大航运金融业务创新，推动"四个中心"融合发展。如上海综合保税区率先探索单船单机融资租赁（SPV）业务试点，打破了外资公司长期垄断的融资租赁格局，丰富了我国航运金融业务的发展；在全国首家启动期货保税交割试点，启动保税仓单质押融资试点、推出洋山铜溢价，促进了国内期货价格与国际的接轨，提升了大宗商品资源配置能力。

再次，自贸区 FT 账户和跨境人民双向资金池业务创新。FT 账户跨境融资和资金管理功能使一大批企业受惠。FT 账户的海外融资功能，能够帮助企业从境外借入利率更低的人民币贷款，并且通过跨境资金池实现资金集中管理功能，在跨境融资、跨境投资、跨境结算、跨境资金管理等方面享受低成本和高效率。据统计，截至 2017 年底，已有 40 家左右金融机构接入自由贸易账户系统，共开立近 7 万个自由贸易账户；本外币境外融资额 16.76 亿元；[①]200 多家企业参与跨境双向人民币资金池

---

① 《浦东新区统计月报》2018 年 1 月。

试点，75 家企业取得跨国公司总部外汇资金集中运营试点备案书。

（三）金融改革开放持续扩大

首先，扩大外汇开放。进入新世纪以来，面对全球化新形势，浦东大力推进总部经济、口岸经济为特征的开放型经济发展，在国家有关部委的支持下，在全国率先开展一系列试点，努力提升全球资源配置能力。如围绕总部企业的跨境资金运作需求，率先推出"外汇九条"改革举措，探索跨境放款、外汇集中管理、集中收付汇等一系列突破。围绕完善总部经济发展环境，2012 年国家工商总局出台支持上海创新驱动、转型发展的意见和 18 条政策措施。2011 年和 2012 年，浦东联手工商、海关、检验检疫、外汇管理、出入境等部门出台支持总部经济发展的"总部 12 条"和"总部 14 条"，建立了总部经济共享服务平台，进一步完善了政策和服务体系。

其次，金改"51 条"开启自贸试验区金改步伐。一是自贸试验区金改 1.0 版。2013 年上海市会同"一行三会"据总体方案出台了支持自贸试验区建设的"51 条"意见，上海的"一行三局"相应出台实施细则。这些政策概括起来有四方面内容：金融市场自由化，扩大人民币跨境使用，扩大金融行业的对内和对外开放，金融监管方式改革。二是自贸试验区金改 2.0 版。2014 年 5 月，央行上海总部建立的自由贸易账户系统正式投入使用，围绕贸易和投资便利化金融改革政策全面实施，以自由贸易账户为核心的强大风险管理系统正式投入运行。三是自贸试验区金改的 3.0 版。2015 年 2 月，央行上海总部发布《中国（上海）自由贸易试验区分账核算业务境外融资与跨界资金流动宏观审慎管理实施细则》，明确了自贸试验区企业和金融机构在境外融入资金的规模、用途以及相应的风险管理办法。其核心是企业和金融机构可以自主开展境外融资活动，自主计算境外融资的规模，自主权衡境外融资的结构，扩大了经济主体从境外融资的规模与渠道。

再次，金改"新40条"改革。2015年10月《进一步推进中国（上海）自由贸易试验区金融开放创新试点　加快上海国际金融中心建设方案》（即"新40条"）发布，强调与上海国际金融中心建设的联动，提出"围绕服务全国、面向世界的战略要求和上海国际金融中心建设的战略任务"。从具体内容来看：一是在市场准入方面，加大了对外资和民资开放的力度。最大的亮点是探索金融服务业对外资实行准入前国民待遇加负面清单管理模式，是实现金融全面开放的基础环节。二是资本项目可兑换方面，启动FT账户本外币一体化各项业务，拓展FT账户功能，启动QDII2，允许符合条件的个人开展境外实业投资、不动产投资和金融类投资，允许或扩大符合条件的机构和个人在境内外证券期货市场投资等。三是在服务实体经济方面，提出了一些具体措施。比如根据市场需要启动自贸试验区个体工商户向其在境外经营主体提供跨境人民币资金支持；支持科技金融发展，探索投贷联动试点，促进创业创新等。因此，可以预见，金改"新40条"的逐步细化和落实将加快推进资本项目可兑换、人民币跨境使用、金融服务业开放和建设面向国际的金融市场。

第三节　加快政府职能转变探索与中国服务型政府建设

建立社会主义市场经济体制是中国特色社会主义的基本内涵之一，

伴随市场经济领域改革的深入推进，市场经济的活力不断激活和提升，生产力层面的改变需要生产关系相应调整，否则传统的政府管理体制就会成为生产力提升的桎梏。如何适应市场经济体制的改革对政府的组织结构和运作模式提出的新要求，正确处理好政府与市场的关系是深化中国改革开放进程面临的重要课题，历年来的党代会报告对政府职能转变都有不同的部署和要求。浦东开发开放以来，在率先探索社会主义市场经济体制过程中，注重在实践中对加快政府职能转变，积极探索新的政企、政社关系，为全国范围内加快建设服务型政府提供了宝贵的经验和积累。

一、加快政府职能转变，构建良好政市关系

首先，不断深化行政审批制度改革，推进降低市场准入门槛制度创新。

浦东是较早启动行政审批制度改革的地区之一，经过六轮行政审批制度改革，自贸试验区改革之前，浦东的社会类行政审批事项从最初的724项减少到203项，平均审批时限从法定22个工作日压缩到承诺8.4个工作日，减少了60%，除涉及公共安全、社会稳定等个别事项外，所有事项的承诺时限均小于法定时限，在全市行政审批事项最少、整体审批效率最高，在全国也是处于领先地位。自贸试验区改革试点后，行政审批改革仍然是制度创新的重中之重。如对标国家要求，上海市市级部门按照"以经济类事项为主，应放尽放，浦东能承接"的原则，向浦东新区下放了151项行政审批事项。总的来看，浦东的审批制度改革不仅

在于减少审批事项本身，更在于推进流程创新和管理创新，营造法治化、国际化、便利化的营商环境。

一是探索优化审批机制。在张江高科技园区率先开展项目综合审批和项目化跟踪服务的改革试点，建立"一门式"的审批服务机制。建立了"管批分离"和行政服务中心"一门式受理、一门式办理、一门式办结"的建设工程综合审批服务机制，强化批前引导、项目跟踪服务。率先探索技术审批与行政审批相分离、"一口受理、并联审批"的联合办理方式、取消或简化建设项目的专项评估、评审等"类审批"事项，通过这些措施，提高建设项目审批效率，加快建设项目开工建设。自贸试验区改革前建设项目审批时限从原来的 281 个工作日压缩到了 50 个工作日以内。

二是探索政府行政效能提升机制。明确权力的形式依据和责任主体，建立行政效能投诉制、评估制、问责制和监察制，设立权力公开透明运行电子系统，清理委办局层面各类行政权力 5 500 余项、街镇层面 1 100 余项，并向社会全面公开；建设镇级财政资金监管系统，进一步强化镇级财政资金的使用和监督。这项改革试点已在全国推广。自贸试验区扩区后，浦东新区政府在第一时间推广"权利清单"、"责任清单"。"权利清单"中关于权力事项的设定依据，原则上为法律、法规、规章以及浦东综合配套改革文件。"责任清单"的模块设置中，则包括主要职责、行政协同责任、事中事后监管制度、重点行业重点领域监管措施、公共服务导航 5 个模块。

三是以自贸试验区改革为契机，大力推行商事登记制度改革。第一步，试行注册资本认缴制改革，取消普通公司最低注册资金限额、股东出资比例及期限要求，这一改革大大激活了市场主体活力，很快在全国复制推广。第二步，推进"三证合一、一照一码"改革，即由原先不同部门分别核发营业执照、组织机构代码证、税务登记证三张证照，改为对各类企业核发一张加载统一社会信用代码的营业执照。第三步，先照后证与证照分离。"先照后证"是指自贸试验区内从事需要许可的生产经营活动的企业，可以在取得营业执照后，再向主管部门申请办理。2015年12月，浦东率先在全国开展"证照分离"改革试点。即按取消审批、取消审批改为备案、简化审批实行告知承诺制、提高审批透明度和可预期性、加强市场准入管理5种类型进行分类改革，释放企业创新创业活力，增强经济发展动力。

其次，探索监管体制机制改革。

作为改革开放前沿阵地的浦东，积极探索在监管体制改革中率先试点，尤其在自贸试验区改革启动后，更是加快制度创新步伐，率先突破，不断加强和完善事中事后监管，为全市、全国全面深化改革积累经验。

一是事中事后监管制度创新。

随着商事登记制度改革的深化，如何对市场主体开展有效的事中事后监管成为一个重要课题。为此，浦东加快了对事中事后监管框架体系建设的探索。其一，积极推进社会信用体系建设。先后出台了《浦东新区关于进一步加强社会信用体系建设的实施意见》《浦东新区失信"黑名单"管理办法（试行）》，加强信用体系建设的顶层设计并在张江高科技园区试点建立信用自评系统。率先探索企业年度报告公示和经营异常名录制度举措，引导企业对其报送年度报告的真实性、合法性负责。其二，打破数据"孤岛"，建立统一的政府部门信息资源共享平台。出台了《浦东新区公共信用信息管理暂行办法》和四个实施细则，并开通了上海自贸试验区信用平台，部门协同监管基础初步建立。其三，创新社会力量参与市场监管机制。2013 年 10 月，上海国际仲裁中心设立了中国（上海）自由贸易试验区仲裁院；第三方检验结果采信制度作为首批 8 项可复制制度推广到全国，陆家嘴互联网金融协会等一些行业协会还参与规范企业经营行为规则的制定。2014 年 9 月，上海自贸区社会参与委员会成立，为社会力量参与市场市场监督提供了一个良好的平台。

二是探索政府监管体制改革。浦东率先启动市场监管体制改革，2014 年 1 月成立浦东新区市场监管局，整合工商、质监、食药监三个局的机构和职能，在"三合一"的基础上，又将价格监督、烟酒专卖监督检查功能并入市场监管局，推动执法力量进一步下沉，初步构建起"大市场、大监管"体制，变环节分段监管为对象整体监管，提高了监管效能。2015 年，浦东在全国率先突破，推动知识产权"三合一"改革，正式成立了全国首家集专利、商标、版权行政管理和综合执法职能于一身的知识产权局。2015 年，浦东新区在全国率先成立城管执法局，将分散在区环保市容局、区建设交通委（民防办）、区规划土地局、区发展改革委等部门的相关执法事项，集中划入城管执法局，推动城市管理综合执法。

二、特大型城区的政府行政管理体制创新

浦东新区自开发开放以来，始终坚持"小政府、大社会"的发展理念和"精简、统一、效能"的原则来调整完善政府职能和机构设置，从

特大型城区的实际出发，坚持以扁平化为导向，优化政府组织结构和行政资源配置，探索建立符合区域发展特点的行政管理架构。

一是基于高效推进开发建设，创新"大部制"机构设置模式。开发开放之初，坚持实行"大系统综合"的"小政府"体制，按照大城市所辖区管理特点，探索将新区政府基本职能分为综合统筹、经济服务、社会建设、城建管理、法制监督等5大板块，按职能模块化综合设置政府机构。政府机构的数量相当于浦西其他区的一半左右，人员相当于其他区的2/3左右。这种行政管理体制在浦东新区与南汇两区合并后得到继承和完善。合并后区政府职能部门由13个调整到19个，相当于全市区县平均数的三分之二，区级机关万人行政编制数3.8人，不到全市平均数一半，体现了精简高效。

二是基于扁平化管理，探索开发区"大管委会"体制。开发区一直是浦东开发的主力军；做强开发区功能、完善管委会体制，是浦东重点探索的领域。两区合并后，随着"4＋3"的生产力布局基本确立，围绕开发主导，探索实行了开发区"大管委会"体制。通过授权或委托的方式赋予开发区、大市镇行使市区两级相关审批事权，目前除土地控制性详细规划、系统性、全区性市政项目等需市区统筹的事项外，已基本下放至开发区管委会，基本做到"开发区事，开发区办"，构建了近距离、扁平化、便捷高效的新型行政审批格局。

三是基于快速城市化进程，在部分区域试点"大市镇"管理体制。在主体功能突出的部分区域试点大市镇（包括"管镇合一"）的管理体制，是浦东近年来围绕实现产城有效融合体制所进行的新探索。2011年以来，浦东通过实施镇域区划调整，分别对应迪士尼项目和中国商飞项目、浦东空港，建立新的川沙新镇和祝桥镇，赋予更大的管理权限，增强统筹资源、自主发展的能力。在临港地区建立南汇新城镇，与临港管委会实行"两块牌子、一套班子"，最大限度提高临港地区的统筹开发力度，促进产城融合。

2015年，自贸试验区扩区后，进一步探索地方管理新体制。在新区层面，自贸试验区管委会与浦东新区人民政府合署办公，承担统一管理自贸试验区各功能区域，推进浦东全区落实自贸试验区改革试点任务的主体责任。管委会内设3个职能局，分别为综合协调局、政策研究局、对外联络局，承担自贸试验区改革推进、政策协调、制度创新研究、统计评估等职能。在片区层面，上海自贸试验区设置5个区域管理局，分别为保税区管理局、陆家嘴管理局、金桥管理局、张江管理局、世博管理局。

三、社会事业改革创新下的政社关系培育

推进社会事业改革，需要体制机制创新，尤其是需要加强政府公共服务职能，改革公共服务的供给方式。对于那些应该或者可以由市场和社会去解决的事情，或者可以通过发挥社会组织的作用去协调和解决的许多事务，逐步由市场或社会组织来承担，从而提高政府管理效率。为此，浦东从社会事业改革的全局出发，进行了以下领域的创新与探索：

一是强化社会事业领域的政府公共服务职能。浦东坚持把社会事业发展作为公共服务职能的重要组成部分，坚持社会事业的公益性质，推动社会事业的均衡发展，通过实施社会事业管理体制的城郊二元并轨、

社区卫生服务中心和镇卫生院的标准化建设、义务教育免收杂费等举措，推动新区的教育和医疗事业快速发展，为人民群众提供基本的保障和服务，促进社会事业均衡协调发展。2009 年浦东新区因此获得了全国基础教育均衡化发展的示范区域称号。

二是创新社会事业管理机制。浦东新区积极推进社会事业"管、办、评"联动机制，聘请专业化的社会性机构来承办具体事务，充分调动社会资源，努力提高社会事业管理、承办和评估的科学化、专业化、社会化程度。如在教育方面，浦东新区构建了"政府宏观管理、学校自主办学、社会提供专业服务"的基本模式，坚持"凡属于政府的职能必须由政府承担起来，凡属于学校的职能逐步交还给学校，凡可以由社会专业机构承担的专业服务、事务处理职能尽量发挥社会的作用"。通过创新政府的资源配置机制，有效提高了政府对公共教育的管理服务水平；通过培育非政府的教育专业机构，推动了市场经济背景下教育资源要素的发展。

三是探索加强政社合作机制。注重发挥社会组织在提供社会管理和公共服务方面的优势，率先研究形成了《关于着力转变政府职能，建立新型政社合作关系的指导意见》等一系列指导性政策文件。加大培育行业协会等社会组织，率先组建了全国第一家社区服务行业协会和社会工作者协会，积极推动社会组织承担政府委托的社会服务事项。创立全国社工服务标准。率先在上海市第一家区级市民中心，搭建政社沟通互动的平台。探索政府购买服务来支持社会组织的培育和发展。通过公益服务园等平台搭建创新社会组织健康培育的生态链。

第四节　发展方式转变机制创新与经济质量提升

　　经济发展方式转变是我国当前推进改革开放和国家现代化建设征程中面临的重要课题，随着资源约束的日益趋紧，原有的生产方式难以为继。党的十八大报告提出，大力实施创新驱动发展战略，加快实现经济发展方式转变。党的十九大报告指出，我国经济进入高质量发展阶段，新的发展阶段需要推动供给侧结构性改革，提升经济增长质量和效益。浦东开发开放的实践证明，在新的更高起点上实现快速发展，必须在发展目标上更加注重经济增长的质量、效益和水平，更加注重经济、社会、生态三大效益相统一，不断增强发展后劲；在发展方式上更加注重通过体制创新、科技创新，获得发展新动力；在发展模式上更加注重经济与社会、城区与郊区协调发展，更加注重人与社会和谐融合，实现可持续发展。

一、推动产业的跨越式发展

　　开发开放之初，为更好地推动上海产业转型升级，在产业发展定位方面，浦东坚持"高科技先行"和"金融贸易先行"，实施产业跨越式发展路径，不断优化产业结构，产业能级得到较大提升，现代产业体系初步建成。

　　首先，"高科技先行"聚焦先进制造业发展，工业知识化水平不断提升。开发开放以来，浦东一直坚持产业高门槛，对引进项目坚持有所为有所不为，不以投资数量和金额论英雄，而是注重引进高科技产业和先进制造业，避免了和邻近兄弟地区在产业引进上的恶性竞争，实现了产业的高端化发展。作为全市重要的制造业基地，浦东已基本构建成以辐射力强的现代服务业为主体、创新度高的"四新"经济为引领、智能化领先的先进制造业为支撑的融合型现代产业体系，在部分领域已形成具有一定国际竞争力的先进制造业集群。

一是战略性新兴产业增长势头良好。多年来，战略性新兴产业发展速度均远高于全区工业水平。截至 2017 年底，浦东战略性新兴产业实现产值 4 111 亿元，同比增长 5.5％，占全市比重提升至 40％左右，成为全市战略性新兴产业主导区。从具体领域看，新一代信息技术、生物医药、节能环保和新能源汽车等战略新兴产业均实现两位数增长。新一代信息技术实现产值 2 335 亿元，增长 7.7％，占全市比重达 60％左右。生物医药实现产值 471 亿元，增长 11.6％，占全市约 40％，优势产业主要集聚在化学药品、高端医疗器械制造以及医药研发领域。新能源汽车在通用和上汽新能源车型发力的带动下，实现产值 90 亿元，大幅增长69.8％。[①]

二是形成了"三大三新"现代产业体系。浦东基本形成以电子信息制造、汽车制造和成套设备制造为主的"三大支柱"产业，以及生物医药、航空航天和新能源为重点的"三大新兴"产业。2017 年底，"三大三新"实现产值 6 534 亿元，占 65％，增长 12.2％，高于新区总体水平

---

① 《浦东新区统计月报》2018 年 1 月。

3.8 个百分点。高技术产值稳步提升，高技术产值率抬升至 31.7%。①

其次，金融贸易先行聚焦现代服务业发展，服务型经济主导地位稳固。开发开放以来，服务业的扩大开放与发展是深化浦东开发开放的重要路径，尤其是两区合并以来，浦东服务业对经济的贡献遥遥领先于工业，绝对主导地位稳固。根据统计，从 2010 至 2016 年，浦东地区生产总值累计增长 85.5%，年均增长近 10%，贡献主要来自第三产业的快速发展，第三产业增加值累计增长 147.8%，而第二产业增加值仅增长 6.4%。与之相对应的，工业增加值占比由 2010 年的 40.3% 降至 2015 年的 24.8%，减少了 15.5 个百分点，第三产业增加值占比由 56% 增至 75%，增加了 19 个百分点。浦东的第三产业比重目前已居于国内前列，接近美、英、法等国，超过日本、德国，属于典型的后工业化阶段。

一是金融业发展迅猛。随着多年来金融改革的率先突破，金融业发展势头迅猛，已成为浦东的最大行业。金融机构集聚水平进一步提升。总部级中外资金融机构、功能性金融机构、外资金融机构的分支机构等加快向上海集聚，新兴、新型金融业态快速崛起，而且，随着上海国际金融中心建设的深入，浦东已发展为上海资产管理中心、资本运营中心和金融服务中心，其作为上海国际金融中心核心功能区的地位日益凸显。

二是以商务服务、高技术服务业为主的现代服务业快速发展。截至 2017 年 11 月，规模以上社会服务业实现营业收入 5 328 亿元，增长 12.8%，其中商务服务业占比约四成。②电子商务、金融信息、互联网服务等新兴服务业发展迅速，文化创意产业在知识付费这一互联网新风口

①② 《浦东新区统计月报》2018 年 1 月。

的带动下，企业变现能力增强。网络视听、教育、阅读、游戏等新兴领域极具发展潜力，营业收入分别增长较快。电子商务方面，B2B 和 B2C 领域均实现高增长，线上线下融合项目发展迅速。

二、创新驱动发展体制机制的突破

首先，科技投融资体制机制创新。浦东高度重视发展科技金融，积极发挥政府引导和市场机制的作用，加快探索相关体制机制创新。针对科技型企业融资瓶颈，规范国资创投运作模式，发挥科技平台服务，构建了"股权＋债权"的科技型中小企业投融资支持体系。在股权方面，构建起涵盖企业生命周期的股权投资体系：针对初创期科技企业的培育，开展国资创投改革试点，建立"成本＋利息"的机制退出；针对成长期科技企业的发展壮大，在全国率先成立创业风险投资引导基金，撬动社会资本；针对扩张期科技企业的融资需求，设立各类高新技术产业股权投资基金。同时，知识产权质押融资、科技企业信用互助担保、"银政合作"等科技金融制度创新极大解决了一大批轻资产科技企业的首贷难问题，有力促进了产业转型升级和创新资源的进一步集聚。

其次，创新公共服务平台和孵化器建设管理机制。公共服务平台和孵化器的建设是创新创业环境优化的重要内容和关键环节，也是政府优化区域创新环境的重要抓手。浦东历来重视公共服务平台和孵化器的打造和建设，在地域上主要聚焦在张江。以孵化器为例，张江园区是国内最早建设科技企业孵化器的地区之一。目前已发展为全市乃至全国科技孵化器最集聚的区域之一。运营上经历了从早期的"政府包办"—"事业单位经营"—"企业化运营、政府支持"的发展过程。经营模式上从提供"物理空间＋优惠政策"的简单招商模式，后逐步发展成为提供"集中、共享、专业的物理空间"，以及"预孵化（创业苗圃）＋孵化＋加速＋产业化基地"的全程孵化服务。自贸区扩区以来，张江积极发挥"双自联动"优势，加快众创空间的打造，尤其围绕加快张江科学城建设，重点构建"产业功能、公共生活、金融交易"中心和"国际孵化器"，率先由"园"转"城"，实现从产业园区到产业社区的功能转型，打造世界级科创中心的增长极。可以说，张江园区孵化器发展对促进创新创业、推进科技成果产业化、构建区域自主创新体系起到了积极作用。

再次，探索人才尤其是高端人才集聚制度创新。浦东在国家和市的大力支持下，围绕完善人才引进、培育、激励机制，不断推进改革创新，努力营造适宜人才创新创业的体制环境。2008年和2011年，国家在张江高科技园区和陆家嘴金融贸易区建立海外高层次人才创新创业基地，以此为契机，浦东大力推动"国际人才创新试验区"建设，完善海外高层次人才政策，明确了人才引进标准、申报评审程序、待遇落实等关键性问题，加快高端人才向浦东集聚。2011年，浦东推出"张江创新十条"，通过股权激励、发挥国资创投引导功能、探索出入境便利化等举措，给予创新创业人才激励支持。2015年8月，浦东制定了"促进人才创新创业14条"，涵盖了创新制度、搭建平台、优化环境三方面，继续在全市先行一步。2018年4月，浦东人才新政35条公布，率先在全国试点8条人才新政，如上海自贸试验区内承担国家、上海市重大项目团队的核心外籍成员，可申请在华永久居留，和过去不同，这一政策突破性地将永久居留推荐权下放给承担国家、市重大项目的科研团队负责人，并且一个团队最多可以申请 6 个人。浦东继续推进具有影响力的人才重点工程建设，创建全国人才高地。

三、探索全面协调发展的机制创新

首先，创新城乡协调发展机制。浦东开发是一个快速工业化、城市化的过程，相对浦西中心城区来讲，社会事业基础相对较弱，并且产生了城市和农村、本地居民和外来人口多个二元结构，"两区合并"后，促进城乡统筹、均衡发展、提高公共服务水平的课题更加突出地摆在新区面前。为此，浦东着重从推进公共资源均衡化配置方面加大了改革探索力度。如推进医疗卫生服务管理体制一体化，将各社区卫生服务中心人、财、物等实行区级统一管理，促进城乡医疗卫生事业的同步发展，并通过探索医疗卫生联合体的模式，充分发挥二级医院对郊区卫生院的带动作用，提高郊区的医疗卫生服务水平。推进家庭医师责任制，加强社区居民健康管理和医疗服务。加快教育、卫生领域人事制度改革，制定了考核奖励、职称评定、人才培养、住房保障等方面的综合保障激励办法，构建教育、卫生人才的城乡交流长效机制，鼓励引导教育和医疗卫生人才到远郊地区工作。

此外，浦东积极探索农民增收的长效机制，不断加大增收政策的顶层设计和制度创新。持续增加政府对农村的投入，重点投入农业生产、农村基础设施建设、改善民生等，稳定新区农业生产，促进非农就业，农村居民工资性、财产性、转移性收入持续增加。建立健全促进农民增收组织体系，在全区范围全面实施农民收入倍增计划，促进了浦东地区农村居民收入的较快增长。随着农业生产直补政策、农村建设和村庄改造、农民增收等"三农"系列政策相继出台，促进农民增收的集聚效应逐步显现。浦东连续 7 年农村居民可支配收入实现快于城镇居民可支配收入，扭转了城乡二元经济结构持续扩大的趋势。

其次，探索基层治理机制创新。浦东不断深化居（村）民自治机制创新。在全市率先建立居委会建设经费保障制度，出台文件规范街镇居委会成员薪酬待遇和居委会日常工作经费；在农村地区探索完善村民自治等基层治理新模式，探索形成"1＋1＋X"基层民主治理模式，通过建立健全村级事务民主管理、民主决策、民主监督的一系列制度和操作细则，推进村级事务民主管理、民主决策、民主监督等制度建设，推进村级事务管理民主化、决策科学化、实施透明化，并抓实面上推广工作。同时，积极探索社会力量参与重大公共政策。搭建社区共治平台，调动社会各方力量参与社区公共事务。在人口快速导入区探索"镇管社区"模式。通过建立社区委员会等基层共治组织，将地区性、公益性、群众性、社会性事项转移到社区，完善社区市民共商、共决、共治的民主决策机制。通过一系列实践和探索，促进了政府重大公共决策的民主化和科学化，推动了服务型政府和法治政府的构建。

第七章　浦东开发开放与上海"五个中心"融合发展

浦东开发开放之初，国务院就明确提出"要把上海建设成我国经济、金融和贸易中心"。"十五"期间、2009 年、2015 年，国家又先后提出建设上海国际航运中心、加快建设上海先进制造业和国际金融中心及具有全球影响力的科技创新中心。在此过程中，"五个中心"得益于浦东开发开放，在利用国际国内两个市场、配置国际国内两种资源能力方面得到了显著提升，反过来也极大地推动了浦东的开发开放。

2013 年中国（上海）自贸试验区建设以来，上海"五个中心"国家战略建设进一步加快，不仅在许多领域实现率先突破、为全国提供了可复制、可推广经验，而且在市场建设、全球资源配置能力方面发挥着全国独一无二的作用，"五个中心"融合发展的态势也越来越显著，更有力助推上海实施创新驱动转型发展战略，在全国起到改革开放排头兵、创新发展先行者的作用。

第一节　"五个中心" 建设的国家战略定位和融合发展

一、"五个中心"建设的国家战略定位

（一）浦东开发开放与"四个中心"建设

浦东开发开放直接推动、促进上海国际经济、金融、贸易和航运中心建设，且基于浦东开发开放的国家战略意义及上海经济、金融、贸易和航运对我国改革开放举足轻重的意义，"四个中心"被明确定位为国家战略。

首先，"一个龙头、三个中心"的国家战略形成于浦东开发开放之初、之需。浦东开发开放的最大特点，不靠税收优惠，而是金融改革与开放并重，即通过金融体制改革促进中国经济体制改革、通过金融市场发展为经济建设提供发展动力和信用杠杆，这也是与广东开发开放的最大区别。1990 年 4 月，中央政府批准浦东开发开放，给上海带来前所未有的历史机遇，也向世界表明了坚持改革开放的决心和态度。邓小平同志明确"金融很重要，是现代经济的核心。金融搞好了，一招棋活，全盘皆活"，"上海过去是金融中心、是货币自由兑换的地方，今后也要这样搞"，"中国在金融方面取得国际地位，首先要靠上海"。正是在这样的背景下，1992 年 10 月，党的十四大确定了上海"一个龙头、三个中心"的战略目标。上海也明确今后城市发展战略将必须服从国家发展战略。

其次，"上海加快国际金融中心和国际航运中心建设"国家战略出台的背景是应对 2008 年金融危机和实现浦东二次创业。"十一五"规划后期，国内外经济环境发生了很大变化，浦东面临进一步改革开放。一方面中国经济转型发展进入关键期，另一方面美国次贷危机导致全球金融危机爆发。为此，上海"四个中心"建设被要求加快发展。2009 年 4 月 14 日，国务院发布了《关于推进上海加快发展现代服务业和先进制造业建设国际金融中心和国际航运中心的意见》；5 月 8 日，上海市政府出台了《贯彻国务院〈关于推进上海加快发展现代服务业和先进制造业建设国际金融中心和国际航运中心的意见〉的实施意见》。与此同时，浦东新区提出二次创业，明确提出"努力把浦东建设成为上海国际金融中心建设的核心功能区"，"大力增强航运综合竞争力和影响力，打造上海国际航运中心核心功能区"，并取得了显著成绩。

从上可见，浦东开发开放直接推动、并促进上海四个"中心"建设的国家战略定位形成和加快发展。

（二）浦东开发开放与建设具有全球影响力科技创新中心

马克思曾提出，科学技术是生产力的一部分，科学技术是生产力和社会发展的强大动力。20 世纪，科学技术实现了突飞猛进的势头，科技技术特别是高技术，以越来越快的速度向生产力诸要素全面渗透，深度融合，并转换为重要生产力。1988 年，我国根据当时的科学技术发展趋势和现状，提出了"科学技术是第一生产力"的诊断，随后提出"科教兴国"国家战略。因此，建设具有全球影响力科技创新中心，与我国科教兴国战略是一脉相承的。

21 世纪的中国，面对复杂变化的国际形势和国内经济转型发展的迫切需要，提出进一步加快自主创新号召。科技创新也在为城市在全球层面配置创新资源、实现智能制度和产业升级、摆脱 2008 金融危机冲击的新路径和新使命。创新载体全球科技创新中心（或创新集聚区域）建设成为国家战略，成为必然选择。上海经济腹地广阔，为科技创新提供充足的人才基数和智力储备，也为新产品开发开辟了广阔的市场空间。上海综合实力相对较强、科技创新水平处于全国领先地位、国际化水平相对较高等因素有利于上海吸纳全球创新资源、实现引进吸收再创新。完善的金融市场体系为科技创新投融资创造了必要条件，科技和金融的深度融合成为上海建设全球科创中心的题中之意。

浦东开发开放，在推动上海加快建设国际经济、金融、航运、贸易中心的同时，也促使浦东成为上海国际金融中心、国际经济中心、国际航运中心和国际贸易中心的核心功能区，成为全国改革开放排头兵中的排头兵、创新发展先行者中的先行者。同时，浦东集聚了一定数量的跨国公司总部、高科技产业销售、生产区域总部及简政放权、放管结合、综合配套改革带来的制度优势，为众多高科技产业落户浦东、搭建具有全球资源配置能力的技术平台、高科技技术产业化等打下坚实基础。

（三）全球资源配置能力与服务长三角和全国

"五个中心"建设的战略定位，各有侧重。但从整体上看，有一个共同点，即集聚国内国际两类资源、利用国内国际两个市场、服务长三角地区、服务全国经济转型发展。如《"十三五"时期上海国际金融中心建设规划》和《"十三五"时期上海国际航运中心建设规划》分别明确，到 2020 年，基本建成"上海基本确立以人民币产品为主导、具有较强金融资源配置能力的全球性金融市场地位"和"具有全球航运资源配置能力的国际航运中心"。1992 年，党的十四大确定上海三个"中心"的战略目标的同时，也确定了上海"一个龙头"的战略定位。因此，"五个中心"的建设，绝不仅仅是上海的事情，也不仅仅有关国内经济社会转型发展，而是上海引领长三角地区、服务全国的战略，是改革开放、中国与世界共同发展的大事。这种战略定位，放眼全国，浦东是最佳选择。上海的经济金融水平、区位地理条件、历史文化等为浦东的开发开放提供了独一无二的优势。

二、"五个中心"建设从协同发展迈向融合发展

上海自 1986 年提出建设"太平洋西岸最大的经济贸易中心"以来，"五个中心"建设已走过了三十多年的历程。2013 年中国（上海）自贸试验区建设为"五个中心"从协同发展迈向融合发展提供了历史机遇。

（一）"五个中心"融合发展的主要内涵

融合发展是随着人类社会步入信息化和城市化时代才出现的一种现象。但尽管有关讨论已持续了几十年，至今并没有融合发展概念的统一表述，而仅仅是从融合特征和融合范围来描述融合内涵。另外，从研究对象来看，目前主要关注两类融合，即"产业融合"和"产城融合"。

从产业融合角度分析。按融合特征分类，融合发展可分为技术融合、产业边界演化、融合过程、产业组织融合等几类，如某些技术在一系列产业中广泛应用和扩散，并导致创新活动发生的过程；按融合范围分类，融合发展可划分为狭义、中观和广义三个层次，狭义层次主要表现在数字融合基础上出现的产业边界模糊化，中观层次主要表现在相关部门通

过采用信息形成新的产业部门，广义层次则指各自分离的市场的合并与汇合。

从产城融合角度分析。产城融合发展理念是针对我国高速城镇化进程中出现的产业功能与城市功能分离的现象提出的，其要义是城市发展要以产业发展为基础，产业发展要以城市为空间载体，城市化与产业化不仅要有相对应的匹配度，而且要实现人本导向、功能融合、结构匹配的协调发展。

"五个中心"建设，既是上海城市发展的核心内容，又是上海产业发展的指导依据，融合发展是必然趋势。如 1992 年国务院提出上海要建成"一个龙头，三个中心"时明确要求"全面推进产业结构优化、升级"；2001 年上海城市规划还明确提出"重点发展以金融保险业为代表的服务业和以信息产业为代表的高新技术产业，不断增强城市功能"。可见，"五个中心"建设包含了城市发展、产业发展、港城一体化发展等内涵，融合发展势在必行。

研究还发现，浦东开发开放在很大程度上推动了这种融合现象的发生和发展。分析目前的融合范围，大致可以分为以下三类：第一，基于信息化基础上出现的产业边界模糊化现象，如数字金融、电子商务、智能化港口等，相当于狭义层次上的融合发展；第二，基于信息化和金融业优势形成的新的产业部门，高端制造业、大飞机类的大项目、专业信息平台等，主要体现了产业结构的升级提高，相当于中观层次的融合；第三，基于整个经济水平包括环境的改善，市场得以扩展、提升，如商品期货市场发展等。上述融合现象，有的是发生在国际金融中心与国际经济中心、国际贸易中心之间，有的是发生在科创中心与"四个中心"

之间；有的融合刚出现端倪，有的融合已蔚然成风；有的仅限于浦东新区、上海市范围之内，有的已扩散到长三角地区、长江流域。以下章节将分别较详细论述。

（二）自贸试验区建设为融合发展提供制度条件

"五个中心"融合发展的实现条件，除了信息化等基础硬件条件外，中国（上海）自贸试验区建设提供的制度保障是隐性、软条件。

上海自贸试验区建设重在改革，通过制度创新提供贸易投资便利化、促进海内外高端要素流动融通，如上海自贸试验区扩容后，上海科技创新中心建设所需的制度变革进一步置于自贸试验区的框架下，通过科技创新建设所需的金融支持与创新网络合作的制度建设，探索相关的制度创新率先在自贸试验区下予以推进，从而推进科技创新中心、金融中心、经济中心建设与自贸试验区在制度层面上的联动，从而为"五个中心"融合发展提供制度保障。最突出的两个方面是：

首先，上海自贸试验区为科创中心与金融中心融合发展提供制度保障。金融开放创新本身是上海自贸试验区建设的重要内容，也是自贸试验区提供贸易便利化的重要前提。上海自贸试验区扩区后，覆盖了陆家嘴金融区，金融服务实体经济的能力和创新进一步提升。科技金融、金融商务区的制度安排与代表性企业的诉求，成为自贸试验区制度创新的重点。

其次，浦东"双自联动"战略在自贸试验区扩容基础上进一步得以提升。如上海自贸试验区依托浦东新区诸多高科技产业园区率先打造了具有创新服务模式并深度融入全球创新价值链的"智慧口岸"。跨国公司研究中心国际化创新合作和高标准科技成果保护等方面的法制服务得到满足是"智慧口岸"建设的重要前提，等等。

（三）"五个中心"融合发展的成效与作用

上海国际经济、金融、贸易、航运及科创中心建设，先后从不同侧面推动上海经济发展、助推中国经济改革开放。"五个中心"融合发展，则进一步加快推进上海乃至中国经济改革开放的步伐，功能效应加倍释放。

首先，推动上海建设卓越的全球城市。《上海市城市总体规划（2017—2035 年）》明确要求"着力提升城市功能，塑造特色风貌，改善环境质量，优化管理服务"、"建设卓越的全球城市和社会主义现代化国际大都市"。无疑要求上海要在现有各项建设指标基础上再上一个台阶。例如，上海港集装箱吞吐量连续 7 年位居世界港口之一，但上海的高端航运服务业、"水水"中转量等指标仍有较大发展空间。航运金融业发展需要航运业与金融业融合发展、航运与科技融合发展才能推动港口产业升级换代，等等。因此，融合发展将推动上海建设卓越的全球城市。

其次，助推上海引领长三角区域协同发展。《上海市城市总体规划（2017—2035 年）》要求"上海为全国改革发展稳定大局作出更大贡献"。"上海建设卓越的全球城市，还将打破上海的地域局限，与长江经济带、'一带一路'战略无缝对接。注重与周边区域实现融合发展，构建上海与苏州、无锡、南通、宁波、嘉兴、舟山等地区协同发展的'1＋6'上海大都市圈，形成 90 分钟交通出行圈，突出同城效应"。上海的金融、信息、科技优势，营商制度改革及城市精细化管理经验等输出，条件和环境已不同以往，需要采取新的更有效的渠道和方式，融合发展形成的产业、部门或市场，无疑将成为上海在长三角区域的优势，巩固其龙头地位，从而实现更强的协同发展能力，引领长三角区域协同发展。

第二节　浦东开发开放与上海国际金融中心建设[①]

浦东开发开放之前，上海已在全国率先开始探索金融体制改革并取得非常大的成效，如 1984 年，"小飞乐"成功地公开发行股票，成为新中国第一股；1985 年交通银行开始筹备，1986 年正式营业，成为中国第一家综合性银行。因此，浦东开发开放之际，上海金融业已走在全国前列，在一定程度上为浦东开发开放准备好了必要的金融基础条件。但必须承认的是，伴随浦东开发开放，上海金融业发展更加快速，并真正开始国际金融中心建设之路。其在进一步深化中国金融体制改革、推动对外开放的同时，有效地助推了上海经济的转型发展和中国经济的腾飞。

一、浦东开发开放加快上海金融体制改革

浦东开发，金融先行。这句话既道出了浦东开发的特点，也表明金融业发展对浦东开发的重要性。金融业助推浦东开发开放的同时，浦东开发开放也加快了中国金融体制改革，提升了上海国际金融中心的市场化水平。

---

① 作者注：本书下文主要围绕金融、贸易、航运和科创中心展开。考虑因素：1. 浦东开发开放对这四个中心建设的作用和成效更显著；2. 经济中心的部分内容在科创中心中体现；3. 篇幅有限。

（一）深化中国银行业体制改革

20 世纪八九十年代，银行业是中国金融业的绝对主体，银行是中国主要的金融机构。但由于种种原因，银行机构总部通常设在北京。金融机构总部较少成为上海国际金融中心建设之初的最大挑战之一。浦东开发开放为上海地方银行业发展提供了创新动力，也为传统银行业发展创造了改革空间。

第一，开创银团贷款等新的融资渠道。浦东开发开放的象征是东方明珠。但据史料记载，1989 年西方七国集团对中国实行经济制裁，外资大量撤走，东方明珠的建设碰到了筹资难题。在此背景下，中央和上海市委决定上海加大金融改革步子，一是引进外资，二是筹建上海证券交易所。与此同时，推动中资银行对该项目的投资。经多次研究、考察，上海银行业借鉴国外做法，开创性地实施了银团贷款的新的融资渠道。以市工商银行为牵头行组织了上海中外资 44 家金融机构启动了东方明珠建议项目，并为以后的南浦大桥、杨浦大桥、延安东路隧道等重大项目的资金筹措提供了经验，从而推进了浦东新区的建设。

第二，组建地方商业银行及农村信用合作联社。为促进区和街道经济发展，上海借浦东开发开放东风，在 1990 年到 1995 年期间，积极宣传成立城市信用社并成立联社，为上海成为全国第一批组建城市商业银行试点城市打下坚实基础。2001 年，经中国人民银行批复同意，上海市农村信用合作联社正式开业。这些地方性金融机构的改革和资源整合，一定程度上弥补了上海金融机构总部不足的欠缺，也推动了中国金融体制改革。

（二）推进金融监管体制改革

浦东开发开放之初，上海金融业就开始探索金融监管体制改革，如城市商业银行的管理，创造性实施"两次审批"的监管制度，并推广到全国，成为全国的一项基本制度。上海自贸试验区建设在推进金融创新开放的过程中，实质性地推动了金融监管体制改革。

第一，行政审批体制改革。《进一步推进中国（上海）自由贸易试验区金融开放创新试点加快上海国际金融中心建设方案》也明确提出：建立适应自贸试验区发展和上海国际金融中心建设联动的金融监管机制，加强金融风险防范，营造良好金融发展环境。主要突破点涉及利率、外汇、产品审批、市场准入等，如外汇登记、航运保险产品开发、机构和高管人员任命等方面，程序均有所简化。

第二，综合金融监管体制改革。信息信用是金融业立身之本，也是上海综合金融监管体制改革的抓手。上海自贸试验区在金融开放创新的同时，进一步完善金融信用制度建设。如 2013 年，率先开通了上海市信用平台子平台和服务窗口，通过跨部门、跨行业、跨市场金融业务监管协调和信息共享，在一定程度上减少企业或个人逃避债务的现象发生，也在一定程度遏制少数金融类或非持牌类金融机构的不良行为，推动上海金融业发展，促进上海形成公平法治、合作共享的金融服务体系。

第三，金融法制建设加强。浦东法院在全市率先开展金融商事、刑事和行政"三合一"审判机制运行情况。作为上海自贸试验区金融司法制度改革创新亮点之一，该审判机制提高了金融审判权柄、推进金融审判机制改革、为上海国际金融中心建设提供了更加强有力的司法保障。截至 2017 年 10 月，浦东法院共受理涉自贸金融商事案件 43 189 件，还提炼了十大案例，不仅对自贸试验区金融领域起到了规则引领作用，也为自贸试验区内金融业的稳定健康发展提供了重要支撑，也为上海国际金融中心建设提供了强有力的司法保障。从这个角度看，上海自贸试验区金融开放创新极大地推进了上海国际金融中心建设。

二、浦东开发开放促进中国金融业开放创新

国际金融中心的一个重要标志是国际化水平，需要国际金融机构、国际化金融产品、国际化金融市场，还需要与国际接轨的金融制度和金融发展环境。浦东开发开放极大地推动了中国金融业开放创新，为中国加入 WTO 创造了有利条件，也提升了上海国际金融中心的国际化水平。

（一）吸引大量外资金融机构落户上海

外资金融机构落户上海的第一波高潮，无疑是在浦东开发开放之初。史料显示，为成功开发开放浦东，中央和上海市委决定引进外资银行、保险等金融机构。一方面，固然是扩大改革开放的需要，另一方面，还是需要有相当胆略和勇气。以保险市场为例，实务界当时的主流意见是"世界上没有一个保险市场是在自己还没有形成和发展壮大前就对外资开放的"。但在浦东开发开放国家战略下，中国保险业大门还是徐徐打开。1992 年，美国国际保险集团正式回到上海。之后，日本东京海上火灾保险公司上海分公司、中宏人寿保险有限公司和瑞士丰泰保险（亚洲）有限公司上海分公司先后在沪成立。截至 2002 年底，上海市共有 60 多家外资银行机构，花旗、汇丰、渣打和华侨四家外资银行将驻中国总代表处也设在了上海，23 家外资银行选择其在上海的分行作为中国的主报告行，占全国外资银行主报告行的三分之二。上海成为中国名副其实的外资金融机构集聚中心。

21 世纪初，外资银行法人化政策的落实，掀起了上海外资金融机构

增加的第二波高潮。2006 年国务院公布《中华人民共和国外资银行管理条例》，提出外资银行"法人化导向政策"，得到外资银行的积极响应。截至 2007 年底，上海外资银行法人银行数量达到 17 家，占全国总数的58％。这个阶段上海外资金融机构数量增加，尽管与国家开放政策调整的关系更为密切，但浦东开发开放形成的开放氛围及前段时间的外资金融业在浦东的发展，无疑是一个重要因素，因为绝大部分的外资金融机构都落户在浦东。

（二）提升中资机构经营管理的国际化水平

浦东开发开放客观上极大地推动中资金融机构向国际先进的金融机构模仿、学习，提升经营管理水平。

一方面，吸引、引进大量的外资金融机构，加剧了浦东、上海金融市场的竞争，中资金融机构出现了较强的经营危机感，产生了"鲶鱼效应"。模仿、学习国外先进经营理念、经营技术成为中资金融机构热潮，奋起直追、全力赶超，也成为中资金融机构的工作愿景。上海保险市场发生了重大变化，最终也带动了整个中国保险市场面貌一新。2014 年，上海提出建设国际保险中心。

另一方面，中资金融机构（市场）主动向发达国家先进金融机构（市场）学习、取经，甚至高起点开展金融业务，在起步线上就实现与国际接轨。浦东开发开放后，中国走出国门，学习国外先进经验和技术的机会越来越多。上海金融人在不少领域不仅向国外取经，而且还颇具前瞻性地走在世界前列，从而很快实现与国际接轨。如上海证券交易所成立之时，许多世界老牌证券交易所还在使用手势交易，而在物资还很匮乏的情况下，上海证券交易所采取了电子交易方式。这使不少先进证券交易所的同行刮目相看，有的还来上海证券交易所专门取经。

（三）助推人民币走向国际化

国际金融中心应是跨国金融交易最活跃的地区，其交易的货币必然是国际货币。作为大国经济，上海国际金融中心不可能以国际化的外币为主，而应以国际化的本币为主。

上海自贸试验区成立以来，上海在人民币国际化方面作了许多探索，如加强自贸区金融市场与境外人民币市场的联系，建设欧洲离岸人民币证券市场，推动"上海金"人民币集中定价交易……"金改 40 条"则进一步明确"扩大人民币境外使用范围，推进贸易、实业投资与金融投资三者并重，推动资本和人民币'走出去'。"根据 SWIFT 公布的数据，2017 年 6 月，人民币在全球支付中的占有率排名在第七位。另外，"金改 40 条"明确"按照统筹规划、服务实体、风险可控、分步推进原则，在自贸试验区内进行人民币资本项目可兑换的先行先试，逐步提高资本项下各项目可兑换程度"。如 2015 年 12 月，外汇局上海市分局印发《关于进一步推进中国（上海）自由贸易试验区外汇管理改革试点实施细则的通知》。当然，人民币国际化事关重大，相关制度创新仍需努力。但不可否认，人民币国际化是必然趋势。伴随浦东进一步开发开放，人民币国际化水平将越来越高。

三、浦东开发开放快速推动金融要素集聚浦东

根据英国智库 Z/Yen 集团和国家高端智库中国（深圳）综合开发研究院发布的第 22 期"全球金融中心指数"（GFCI22）报告（2017 年）显示，上海的全球排名由上一期的第 13 位，上升为第 6 位，首次进入全球

前十。在此过程中，浦东开发开放带来的金融要素集聚，起到了不可估量的作用。

（一）推动机构要素在浦东集聚

国际金融中心建设经验显示，一国不仅需要有数量众多的金融机构和种类齐全的金融市场，而且还需要使这些机构和市场能集聚到一个区域，因为中心可以释放更多的辐射能量，中心内的机构也可以彼此竞争合作发展。

浦东开发开放之初，中国人民银行上海分行遵循"浦东开发、金融先行"理念，率先于1992年迁入浦东，随后上海证券交易所、各大银行、保险机构纷纷在陆家嘴选址或在浦东设立分支机构。陆家嘴金融贸易区很快形成一定气候，并以公司的形式成功上市，反过来，为浦东开发开放提供金融支撑。如下表所示，浦东开发开放推动了具有里程碑意义的金融机构在上海设立。如美国国际集团的引入标志着中国保险业大门正在打开，国泰证券公司的成立，意味着中国首家基金公司正式诞生，等等。

浦东开发开放推动成立的上海部分金融机构

机构名称	成立时间	意　义
浦发银行	1992 年 8 月	上海首家本地开放性商业银行
美国国际集团	1992 年 9 月	标志中国保险业大门正式打开
上海巴黎国际银行	1993 年 10 月	中国首家真正意义上的中外合资银行
国泰证券	1998 年 2 月	中国首家基金公司
上海信托登记中心	2006 年	中国首家，并推动"中信登"落户上海
上海金融仲裁院	2007 年	中国首家专门解决金融商事争议的机构
上海金融法院	2018 年 4 月，进行中	中国首家金融法院

（二）助推市场要素在上海集聚

截至 2016 年末，上海拥有包括股票、债券、货币、外汇、商品期货、金融期货与场外衍生品、黄金、保险等市场在内的较为完备的全国性金融市场体系，成为国际上少数几个金融市场种类比较齐全的金融中心城市之一。其中，股票、债券、商品期货、金融期货与场外衍生品、黄金、保险等市场，都是在浦东开发开放过程中形成的，而且均落户在浦东。如下表所示，上海目前拥有的 9 个金融交易市场，不少成立于浦东开发开放之初，或浦东开发开放推动了它们发展。

上海金融要素市场

市场名称	建立时间	意　义
股票交易市场	1990 年成立上海证券交易所	中国首个直接融资市场
债券交易市场	1990 年	与上海股票交易市场共同合成上海证券交易所
货币交易市场	上海银行间同业拆借市场初建于 1987 年，1996 年发展为全国银行间同业拆借市场	推动中国金融体制改革，规范当年国内同业拆借市场乱象
外汇交易市场	上海外汇交易中心成立于 1988 年，1994 年，发展为全国外汇交易中心	外汇调剂市场
商品期货市场	1993 年上海成立粮油期货市场	助推企业走向市场
金融期货与场外衍生品市场	2006 年成立中国金融期货交易所	成为股市的稳定器、财富管理的保险单、提升股市核心竞争力的助推力、股市投资文化的"催化剂"
黄金交易市场	上海黄金交易所初建于 2001 年，2014 年开通国际版	为"上海金"建设奠定了基础
保险交易市场	2016 年成立上海保险交易所	丰富保险市场主体同时，搭建再保险平台
信托交易市场	2016 年中国信托登记有限责任公司落户上海	破解信托登记制度的缺失难题

（三）进一步完善金融基础设施

金融基础设施是金融市场的核心支撑部分。浦东开发开放，不仅推动机构和市场要素在上海集聚，而且极大地推动了上海金融基础设施的建设和完善，为资金在上海流动提供了有力的保障。如下表所示，上海目前拥有三大金融基础设施。

上海三大金融基础设施

人民币跨境支付系统（CIPS）	2017 年第二期	国家重要金融市场基础设施之一
中央国债登记结算有限责任公司上海总部	2017 年	国家重要金融市场基础设施之一
上海清算所	2009 年	全球金融危机后防范系统性风险的重要金融市场基础设施

（1）上海清算所。2009 年，上海清算所成立，成为人民银行认定的合格中央对手方，同时是我国公司信用债券登记托管结算中心。作为全球金融危机后防范系统性风险的重要金融市场基础设施，上海清算所积极落实金融服务实体经济的本质要求，同步推进中央对手清算与登记托管结算业务，现已建立我国场外金融市场中央对手清算服务体系，覆盖债券、利率、外汇和汇率、大宗商品、信用衍生品市场，同时为公司信用债和货币市场工具等近 20 种创新金融产品提供登记托管和清算结算服务。

（2）中债登上海总部。2017 年 12 月，中债登上海总部成立。债券跨境发行中心、跨境结算中心、中债担保品业务中心、中债金融估值中心、上海数据中心等五大核心功能平台齐聚上海，助力上海国际金融中心建设。其中，中债担保品业务中心管理担保品 12 万亿元，是世界最大的担保品运营机构，将在上海形成全球人民币金融体系重要的管理和金融风控中枢。

（3）人民币跨境支付系统（CIPS）。中国人民银行清算中心是为中央银行、商业银行和全社会提供支付清算及相关服务的全国性金融服务组织。伴随浦东开发开放，其上海中心成立并发挥着重要作用。作为清算中心最大的直属单位，上海中心不仅承担了大量的建设、运行、维护、管理的支付清算系统任务，而且还在一定程度上发挥创新改革的作用，如人民币跨境支付系统建设。

如果说机构的流动性相对比较大，基础设施则是长期投资，对中心的形成更具长久推动力，也是一个城市最强的金融竞争力要素，国内国际影响力巨大。如上海清算所成功推动全球中央对手方协会（CCP12）于2016年落户上海，成为继金砖银行、亚投行后第三个落户我国的国际金融组织。中债登上海总部成立当天，发布了上海关键收益率指标，不仅进一步提高国债收益率曲线的国际知名度，而且巩固了债券的人民币定价权。可见，金融基础设施建设不仅助力上海国际金融中心建设，还有利于提升我国金融软实力。

第三节　浦东开发开放与上海国际航运中心形成

上海国际航运中心建设的起步、发展与浦东开发开放密切相关。一方面，启动上海国际航运中心建设是浦东开发开放的必然要求，另一方面，浦东开发开放为上海国际航运中心建设提供了千载难逢的历史机遇和有利条件。

一、浦东开发开放启动上海国际航运中心建设

1990 年,"开发开放浦东"成为一项新的国家战略,上海成为我国改革开放的桥头堡。伴随浦东的开发开放,经过上海港的对外贸易量也逐年上升。为满足对外贸易的需要,上海国际航运中心建设被提上议事日程。1995 年,中央领导批示把上海建成国际航运中心看成是"开放浦东,使其成为远东经济中心,开发整个长江的关键"。1996 年 1 月,在国务院的直接组织指挥下,以上海为主体、浙江和江苏为两翼的上海国际航运中心建设正式启动。

二、浦东开发开放造就世界一流国际航运中心硬件设施

(一)洋山港建设是浦东开发开放的必然选择

拥有世界一流的国际港口,是国际航运中心建设的基本前提。正是浦东开发开放,才加快了上海港口建设步伐并推动洋山港成为世界一流港口。

伴随浦东开放,经过上海的航运贸易量越来越大。2000 年,上海港年货物吞吐量突破 2 亿吨,其中外贸货物比重升至 37%;集装箱吞吐量位居世界第六,并首次突破 500 万标准箱。与此同时,新加坡、东京、釜山等国际港口竞争日益激烈。但受地理因素影响,外高桥的港口条件不能满足深水港的建设。在中央、长三角地区、上海市政府的大力支持

下，洋山港建设开始起步，并成为浦东开发的重要组成部分之一。其在土地使用、资金来源、政策适用等各方面都享受到了浦东开发开放的待遇。2005 年 12 月 10 日，洋山深水港区（一期工程）顺利开港，成为中国最大的集装箱深水港。2007 年 12 月，包括港区工程、东海大桥及芦潮港辅助配套工程在内的洋山港三期一阶段工程基本建成并开始调试试运行，标志着上海国际航运中心硬件基础设施达到国际先进水平。随着该工程的完工，上海港从此拥有 4 个 7—15 万吨级集装箱深水泊位，并迈入了拥有 15 米水深的深水港历史。洋山港的建成标志着上海国际航运中心的硬件水平有了历史性突破。

（二）浦东开发开放加快外高桥港口改造和发展

浦东开发开放之前，上海的港口主要是连接江海的外高桥港口。浦东开发开放之初，改造外高桥码头首当其冲被提上议事日程。资料显示，20 世纪的后十年，上海除了建造了多个 4—5 万吨级多用途泊位、航道深度达 10 米的码头外，还改造、发展了外高桥港区，使外高桥成为那个时期中国屈指可数的、高水平的、适合大型国际船舶停靠的港口。

（三）浦东开发开放推动浦东集疏运体系建设

随着上海国际航运中心建设的深入，浦东明确提出要建设"国际航运中心的核心功能区"，一方面要率先推动上海国际航运中心向第二代、第三代转型，另一方面，要增强服务长三角地区、长江流域的能力和水平。为此，在交通部支持下，近年来上海加快发展内河航运，促进上海港与内河航运联动发展。

首先，全面完成长江口深水航道治理工程。长江口通航水深已从 7 米提高到 12.5 米，航水深度的提高为长江口货物运输量迅速增长提供了保障；其次，有序开展上海市内河航道整治工程。截止到 2011 年底，上海已初步形成连通江浙的高等级内河航道网络。例如，对上海市内河航道中船流密度最高的航段黄浦江上游（分水龙王庙至大张泾河口）航道实施了整治工程，促进苏申外港台线、杭申线等省际干线航道的船舶进入。

三、浦东开发开放提升上海配置全球航运资源配置能力

一流的硬件设施及广袤的长江经济腹地等条件，使上海港成为名副其实的全球贸易集散地中心。但与建设卓越的全球城市和具有全球资源配置能力的国际航运中心的目标相比，上海国际航运中心肩负传统集散功能必须向航运金融等综合服务功能转变的重任。国际航运中心的产业构成，主要以服务业为主。其中，码头服务、仓储、报关、货运等劳动密集型产业为下游产业，协同带动作用有限。船舶租赁、拖船作业等资本密集型产业为中游产业，对当地经济有一定的带动作用，但其对经济的贡献主要依赖于资本。国际航运中心的上游产业为航运金融、海事保险、海事仲裁等知识密集型产业，是附加值最高的产业，其发展动力主要是技术。浦东综合配套改革作为浦东开发开放的一项重要改革试点，为上海国际航运中心的功能升级提出要求，也提供了有利条件。

（一）推动航运服务集聚区布局进一步优化

由于历史沿革等原因，上海航运产业分布在浦东、虹口、黄浦、长宁等多个区域，产业分工也并不明显，例如，虹口北外滩和浦东洋山深水港保税区分别集聚了部分大型航运企业，浦东新区内的航运产业还分

别在洋山港保税港区、浦东机场综合保税区和外高桥保税区。

随着浦东综合配套改革的启动和实施，2009 年，上海综合保税区管理委员会正式成立。综合保税区管理委员会的成立，并不是简单的"三区"合并，而是整合外高桥港、洋山深水港和浦东机场空港的优势资源，统一管理外高桥保税区（包括外高桥保税物流园区）、洋山保税港区和浦东机场综合保税区的行政事务，探索改革区域管理模式和发展方式的，促使航运服务业在这些区域能实现有效的分工合作。

（二）加速上海高端航运服务业发展

国际航运发展综合试验区是上海落实 2009 年国务院 19 号文的重要载体，也是浦东综合配套改革的一个重要实施项目。利用国际航运发展综合试验先行先试等政策优势，上海不断拓展航运金融业务，并明显提升了上海航运金融业水平。

如 2012 年，上海提出要加快推进国际航运发展综合试验区建设，不断寻求航运支持政策突破以丰富和提升航运功能。如通过期货保税交割业务试点提升贸易功能、以启运港退税政策提升物流功能、通过融资租赁业务规模化发展提升金融功能、以保税船舶登记试点实施探索综合创新功能等。这些功能提升，不仅有助于上海国际航运中心集疏运和航运服务体系的进一步完善，促进航运要素的全面集聚和优化提升，而且成为推进上海国际航运中心转型建设的重要载体，并取得有效成果。如截至 2014 年 6 月，全国所有的航运中心均落户上海。与此同时，我国首家专业性航运保险社团组织——上海航运保险协会正式成立；同年，交银租赁和招银租赁均在国内单船 SPV 项目上有实质性发展，等等。

(三)推动长三江航运体系联动发展

"一带一路"倡议为长三角地区及上海的航运发展带来新机遇和新要求。浦东以自贸试验区建设为契机,加快推动上海国际航运中心建设。

首先,进一步释放航运集散功能。以"水水"中转功能为例,尽管上海港早在 2011 年基本建成"水水"中转二次集拼的业务流程和网络体系,但数据显示,洋山港集装箱吞吐量"水水"中转比例多年徘徊在 37% 左右。2012 年 8 月 1 日,启运港退税政策正式在上海港试点,即由一个中转箱集拼一个本地箱"一对一"模式,拓展到多个外属地中转箱与多个本地箱进行多个目的港的"多对多"复合式拼箱模式。中转货物的货源地北起大连、青岛,南至厦门、福州、中至武汉、南京,初步覆盖沿江沿海经济腹地。中转的主要产品由电子和大宗货物扩展到包括普通货物、化工品、机构设备、高档服装、面料、精密仪器等多种产品。2012 年,上海港的"水水"中转比例即由 37% 提升到 46%。

其次,加快推动长三角航运产业链合理分工。长三角地区特别是苏浙沪三地的港口和航运业各有优势,但又存在产业结构相似度较高的竞争。特别是在行政区域管理格局下,三地航运产业发展各自为政,一方面加剧不必要的恶性竞争,另一方面又不能推动长三角区域的航运产业规模发展。"一带一路"倡议提出以来,三省市在探索各自的地位和角色的同时,加强了区域合作。例如上海利用上海航运交易所已有的大量信息中心和上海国际航运研究中心等力量,大力推动航运信息管理;宁波利用与上海港合作、巨大的货物吞吐量及国家级保险综合改革探索试验为基础,大力发展航运保险业;江苏以上海邮轮旅游业发展为契机进一步发挥丰富的人文自然旅游资源优势,等等。长三角航运联动发展体系建设得到切实重视并进一步推动。

第四节　浦东开发开放与上海国际贸易中心联动

一、浦东开发开放加快上海贸易流通体制改革

（一）促进贸易流通领域供给侧结构性改革

浦东开发开放尤其是上海自贸试验区建设，为贸易流通领域供给侧结构性改革提供了以"商品＋服务""线上＋线下""零售＋体验""品牌＋场景"为主要特征的消费供给升级新格局。同时，完善制度供给，建立公开透明的市场规则体系，构建以商务信用为核心的现代流通治理模式。围绕"流通创新、市场规则、市场治理"三大领域，建立政府间"事前告知承诺、事中分类评估、事后联动惩罚"的信用监管模式。如上海自贸试验区在商事登记制度改革过程中，分别经历 1.0 版的注册资本认缴制改革，2.0 版的先照后证改革和 3.0 版的"证照分离"改革，并且在全国范围内复制、推广。2015 年 7 月，国务院印发《关于同意在上海等 9 个城市开展国内贸易流通体制改革发展综合试点的复函》，同意在上海等城市开展国内贸易流通体制改革发展综合试点，在全国范围内推广探索建立创新驱动的流通发展机制，建设法治化营商环境，建立流通基础设施发展模式和健全统一高效的流通管理体制。至今，上海已全面完成国家内贸流通体制改革发展综合试点各项任务，内贸流通领域负面清单管理模式、以商务信用为核心的现代流通治理模式等 9 项试点成果纳

入了全国可复制推广经验清单。

（二）加快推动上海贸易投资制度创新

浦东开发开放加快推动上海贸易投资制度创新。如国务院 2013 年 9 月《中国（上海）自由贸易试验区总体方案》、2015 年 4 月《进一步深化中国（上海）自由贸易试验区改革开放方案》和 2017 年 3 月《全面深化中国（上海）自由贸易试验区改革开放方案》明确，进一步深化推进自贸试验区系统集成创新，进一步与国际高标准的投资贸易通行规则相衔接，加快建设开放度更高、便利化更优的自贸试验区。上海自贸试验区率先在全国探索贸易投资制度的创新，以顺应投资和贸易深度融合的趋势，推进"引进来"和"走出去"协调发展，从而激发贸易增长的新动能。具体分为以建立完善外商投资负面清单和市场准入负面清单为核心、推动投资便利化和扩大市场准入为重点的投资管理制度创新和深化国际贸易"单一窗口"2.0 版建设、完善扩大货物状态分类监管试点范围、推进以贸易便利化为重点的贸易监管制度创新。2016 年底，国务院印发《关于做好自由贸易试验区新一批改革试点经验复制推广工作的通知》，上海自贸试验区多项改革创新成果分领域、分层次在全国复制推广，发挥了服务全国"试验田"的作用。

二、浦东开发开放加快上海国际贸易中心功能转型

（一）有效加快贸易主体要素集聚

伴随浦东开发开放，浦东新区明确提出上海国际贸易中心核心功能区建设。一方面推进完善贸易核心功能框架，另一方面加快集聚贸易主

体，提升资源配置能力。资料显示，"十二五"期间，浦东贸易主体数量质量双提升，年进出口规模 10 亿美元以上企业分别增加 3 206 家、12 家，分别为 1.3 万余家、38 家。批发和零售业企业超 1.6 万家，年销售额超百亿的商业企业 44 家，共认定 24 家商贸类营运中心。上海自贸试验区成立之后，外商投资带动效应显著。"十二五"期间新设外商投资企业 8 910 家（投资性公司 41 家），占全市四成，吸引合同外资近 800 亿美元，年均增长 46％；实际利用外资 261 亿美元、年均增长 11％；外商投资平均成功率达 68.3％，居全国首位。

（二）提升上海国际贸易全球资源配置能力

浦东新区国内外大企业总部和研发中心的集聚度在全国领先，极大地提升了上海国际贸易全球资源配置能力。一方面，截至 2015 年底，浦东新区跨国公司地区总部达 246 家，其中 106 家具备全球或亚太区总部功能，对浦东销售额、税收、进出口贸易额的贡献均超过 30％。国内大企业总部和区域性总部落户浦东 58 家，其中 5 家位列 2015 年"财富世界 500 强"。浦东也是跨国公司在华设立全球性研发中心最集中的区域，总投资额超过 200 万美元的研发中心数量达 208 家。另一方面，浦东成为上海服务中国企业走出去的桥头堡。2016 年，上海市对外直接投资备案 1 425 项，备案中方对外投资总额 366.5 亿美元，实际对外投资额 251.29 亿美元，同比增长 51.7％，占全国比 14.7％，位居全国第一。同期，上海自贸试验区备案中方投资总额 251.87 亿美元，占全市比重 68.72％。其中，超过 50％来自国内外省市企业。截至 2016 年底，在对外投资方面，上海自贸试验区对"一带一路"沿线 25 个国家投资了 108 个项目，中方投资额为 26.3 亿美元；在吸引外资方面，"一带一路"沿线

50 个国家在上海自贸试验区投资新设企业 763 个，利用合同外资 37.6 亿美元。2017 年 1—9 月，浦东新区的自贸区扩区板块备案项目 138 个，中方出资额 25.9 亿美元，区外备案项目 64 个，中方出资额 17.22 亿美元。[①]

（三）助推上海国际贸易创新转型

"十三五"期间，上海国际贸易中心建设推进消费领域的供给侧结构性改革[②]，以平台经济为代表的流通和交易模式创新深入发展将成为传统市场转型升级的重要方向。浦东的平台交易撮合、金融服务、价格发现等功能进一步增强，如消费规模不断扩大、功能性项目取得实质性进展，商业布局不断完善，体验型、服务型业态显著增加，跨境电子商务试点取得突破。上海自贸区成为众多海淘电商以及海外品牌的运营中心，O2O 融合社区服务等商业新模式在浦东新区迅速发展，生活性服务业更富有智慧，聚焦商圈、业态、企业三大核心要素，"互联网＋"引领消费正在上海加快升级。

三、浦东开发开放助推中国迈向贸易强国

（一）进一步加快贸易结构转型

在全球贸易形势持续低迷的背景下，上海口岸贸易近年来占全球和全国的比重稳步上升，2016 年口岸货物进出口达 68 820 亿元，占全国的

---

① 王畅：《浦东新区服务"一带一路"建设的战略实践》，载《浦东经济发展报告（2018）》。

② 尚玉英：《加快国际贸易中心建设，向贸易强国迈进》，上海市商务委员会网站，2016 年 7 月 28 日。

28.3%，占全球的 3%以上，规模已超越香港、新加坡等传统国际贸易中心城市。深入推进国家服务贸易创新发展试点，服务进出口由 2011 年的 1 293 亿美元扩大到 2016 年的 2 019 亿美元，分别占全国的 25%、全球的 2%以上。服务贸易在对外贸易中的比重突破 30%，达 31.8%，比 2011 年提升 9 个百分点，比全国高 13.8 个百分点，并已显著超过国际平均水平。其中，2016 年商品销售总额首次突破 10 万亿元，达到 100 793 亿元，年均增长 10.9%，规模居全国中心城市首位。社会消费品零售总额迈入万亿级时代，2016 年达到 10 947 亿元，年均增长 9.9%，消费成为上海经济平稳健康发展的稳定器、压舱石。2016 年，商业增加值、商业税收分别占全市的 16.1%和 15.3%，占第三产业的 22.8%和 21.2%，贡献了全市近 300 万个工作岗位，有力助推了上海加快形成以服务经济为主的产业结构。①

（二）充分发挥总部经济效应

浦东开发开放推动上海提高统筹利用两个市场、两种资源的能力，使上海成为全球经贸网络中的重要枢纽和节点城市。

首先，绝大多数跨国公司总部坐落在浦东。尤其是外资研发中心为多。2016 年，上海新增外资研发中心累计达 411 家，其中世界 500 强企业研发机构 120 多家，分别占全国的 1/4 和 1/3，成为上海获取和利用全球创新要素、建设具有全球影响力的科技创新中心的重要力量。

其次，上海参与全球资源配置能力不断增强，是国家"一带一路"建设和自由贸易区战略实施的重要主体。目前上海走出去网络已覆盖 178

---

① 《上海推进国际贸易中心建设》，《国际商报》2017 年 4 月 19 日。

个国家和地区，并与新加坡、捷克、土耳其等 14 个"一带一路"沿线国家经贸部门和重要节点城市建立了经贸合作伙伴关系。通过投资并购海外品牌、技术、渠道等优势资源，大力发展上下游产业链，上海企业在全球范围内配置资源的能力明显增强。[①]

（三）打造贸易制度环境新高地

上海市将着力推进自贸试验区制度创新，打造贸易制度环境新高地。对此，浦东通过进一步扩大服务业开放，并将临港地区、世博地区、国际旅游度假区等新兴区域打造成下阶段对外开放的重量级载体。在政策服务和营商环境优化方面，强化金融服务功能，完善企业境外投资全生命周期服务体系和保障体系，巩固浦东作为服务"一带一路"企业"走出去"桥头堡地位。进一步完善政企良性互动、公共服务、法治环境和知识产权保护，打造法治化、国际化、便利化的营商环境，确保到 2020 年实现基本建成具有国际国内两个市场资源配置功能、与我国经济贸易地位相匹配的国际贸易中心的目标。

第五节　浦东开发开放助推全球科创中心建设

近年来，习近平总书记对上海、特别是对浦东未来的改革开放提出了新的要求和任务。他指出："当今世界，科技创新已经成为提高综合国力的关键支撑，成为社会生产方式和生活方式变革进步的强大引领，谁

---

① 《上海推进国际贸易中心建设》，《国际商报》2017 年 4 月 19 日。

牵住了科技创新这个牛鼻子，谁走好了科技创新这步先手棋，谁就能占领先机、赢得优势。要牢牢把握科技进步大方向，瞄准世界科技前沿领域和顶尖水平，力争在基础科技领域有大的创新，在关键核心技术领域取得大的突破。要牢牢把握产业革命大趋势，围绕产业链部署创新链，把科技创新真正落到产业发展上。要牢牢把握集聚人才大举措，加强科研院所和高等院校创新条件建设，完善知识产权运用和保护机制，让各类人才的创新智慧竞相迸发。"习近平总书记要求，上海要在推进科技创新、实施创新驱动发展战略方面走在全国前头、走在世界前列，加快向具有全球影响力的科技创新中心进军。

一、浦东开发开放加快推动上海科技体制改革

（一）以重大科技项目为突破口推动科研投入体制改革

科研投入体制改革是我国科技体制改革的重要组成部分，也是难点之一。浦东开发开放以重大科技项目为突破口推动了科研投体制改革。如 2016 年 3 月 30 日，国务院原则通过了《上海系统推进全面创新改革试验加快建设具有全球影响力的科技创新中心方案》后，浦东出台了《关于进一步推进张江高科技园区自主创新的实施意见》《张江高科技园区重大科技活动资助实施办法》和《张江高科技园区进一步支持行业协会发展的实施办法》等。近年来，浦东围绕全市科创中心建设 "22 条"意见，研究出台了《上海建设具有全球影响力的科技创新中心浦东新区行动方案（2015—2020）》，配合完善编制《张江综合性国家实验室建设方案》《上海张江综合性国家科学中心发展规划》《上海市重大科技基础

设施中长期规划》，落实《张江科学城规划实施行动方案》《张江科学城项目建设指导意见》并出台"人才新政 14 条"等具体配套政策。尤其是国务院批准的《上海系统推进全面创新改革试验加快建设具有全球影响力的科技创新中心方案》，聚焦六个方面改革重点，指出健全企业主体的创新投入机制，发挥金融财税政策对科技创新投入的放大作用，形成有利于科技创新的投融资体系。

（二）以科技成果转化为抓手推动科研体制改革

浦东积极探索科技成果转化。2006 年，张江园区顺利成为上海市高新技术成果转化工作张江联络站，上海市新认定高新技术企业中，张江园区企业达 39 家，占张江高新区（一区六园）的 64％。2014 年，浦东新区出台《张江高科技园区高新技术成果转化项目评估办法（暂行）》，对区内涉及电子与信息技术、生物工程和新医药技术、新材料及应用技术、先进制造技术、航空航天技术、现代农业技术、新能源与高效节能技术、环境保护新技术、海洋工程技术、核应用技术及其他在传统产业改造中应用的新工艺、新技术的企业，提供科技成果转移转化服务体系。

2016 年，为了进一步促进科技成果转化与科研体制改革，浦东积极配合《上海系统推进全面创新改革试验加快建设具有全球影响力的科技创新中心方案》，发挥市场在创新要素配置中的决定性作用，建立科技成果转化、技术产权交易、知识产权运用和保护的高效机制。该改革方案还指出，完善激励创新的收益分配机制，建立尊重知识、尊重创新、让创新主体获益的股权激励、收益分配等制度，让创新主体自主决定科研经费使用、成果转移转化等，更大地调动科技人员积极性。2017 年，浦东积极落实《上海市促进科技成果转移转化行动方案（2017—2020）》，针对聚焦科技成果转移转化要素功能提升、科技成果转移转化生态环境营造，集聚高端人才、前沿知识、核心技术、创新企业和金融资本等创新资源出台具体措施。

二、浦东开发开放推动科创要素进一步集聚上海

（一）推动科技人才跨国流动与集聚

浦东开发开放一直注重扩大开放和国际化理念，在科创中心核心区建设中集聚全球顶尖科研机构和全球高端人才，形成协同创新网络。如浦东多次举办"海外华人精英浦东行""华侨华人回国创业培训班"等品牌引才活动，吸引海内外精英人才与机构参与。2015年来，为加快推进科创中心建设，浦东再次强化海外人才高地建设，优化创新人才发展环境，一是制定落实新区海外人才"1＋X"政策，推进人才新政落地实施。从"降低门槛、搭建平台、优化服务、营造环境"四个方面，全覆盖满足海外人才发展需求，如推出"张江人才服务卡"、深化张江人才安居工程等。二是深入实施海外人才出入境政策试点，加快推动公安部授权上海的10项出入境新政落地，进一步拓宽外籍高层次人才、外籍华人、外籍投资者申请永久居留渠道，提供便利；扩大外籍人才、外籍华人申请长期居留许可、人才签证的范围；进一步为外国留学生毕业后创业、就业、来沪实习提供便利。三是深入推进自贸区海外人才离岸创新创业基地建设，重点推进离岸基地政策突破、引进高端海外人才、引进知名服务组织、创业服务功能配套等工作。四是实施五大人才计划：实施"张江首席科学家500计划""科学家领衔发展计划""张江创业精英100计划"，加大"张江

人才"评选力度，支持创新机构中的外籍人才申请科研项目，引进和培育一批具有国际影响力的科学家和领军型创新人才。

(二)科技金融发展助推创新资金要素集聚

科技金融，是上海科创中心与金融中心融合发展的又一亮点。2012年，浦东科技金融服务联合会成立，截止到2017年底，联合会累计举行宣讲培训、路演等200多场，服务企业5 000余家次，合作企业超过200余家。联合会主导的科技金融服务品牌"爱融"已在业界形成影响力。2016年8月，浦东科创集团成立，是运用市场化手段配置全球创新资源的核心平台。

为营造科技金融生态环境、打造科技金融服务体系，浦东科创主动融入全球创新网络，在产业投资促进、科技金融服务、创新生态营造等三大板块展开探索。一是发起科创产业投资引导基金、发起各类股权投资基金、发挥国资引导撬动作用，支持浦东重点战略性新兴产业发展，截至2017年底，聚焦战略新兴领域已累计直接投资科技企业上百家、投资金额近15亿元，投资创投基金近50只，所投基金总规模400多亿元。二是通过持续的科技金融创新，为科技企业提供全生命周期的、多品类、个性化、低成本的科技金融服务，包括科技贷款、科技担保、融资租赁等业务种类。三是拓展新型创新空间载体建设和运营，大力推进科技服务、技术贸易、人才引进、人才服务等业务领域改善和提升，提供全面的、优质的创新综合服务。

(三)推动在沪研发中心快速发展

"聚焦张江"战略实施以来，浦东科创中心核心功能建设又上一台阶。截至2017年底，在上海的外资研发中心已占内地总数四分之一的规模，上海外资研发中心累计达到 426 家，其中三分之二在浦东新区特别是张江集聚落户，尤其是在张江落户的跨国公司亚太研发总部企业达 50 余家，居全国之首。目前，入驻张江跨国孵化平台内的服务项目已超过 180 个，覆盖了人工智能、物联网、新材料、机器人等诸多前沿领域。

2015 年 11 月，《上海市鼓励外资研发中心发展的若干意见》明确在沪外资研发中心将在设立、融入上海创新体系、人才引进培养、财税政策和综合发展环境方面获得全方位支持。其中，市商务委委托浦东新区政府开展浦东新区内的外资研发中心的认定和服务工作；委托张江高科技园区管理委员会开展张江高科技园区内的外资研发中心的认定和服务工作。2017 年 10 月，《上海市关于进一步支持外资研发中心参与上海具有全球影响力的科技创新中心建设的若干意见》首次明确提出，要支持外资企业设立开放式创新平台。因此张江正着力进一步推动国内外著名高校在张江设立研发创新中心，推进一批公共技术平台和功能性服务平台建设，鼓励外资研发中心与国内企业共建公共研发平台、重点实验室和人才培养基地，并以税收优惠政策助力整合利用全球创新资源。

三、浦东开发开放提升科创中心服务全球城市建设能力

（一）提升科技创新中心核心区功能

近年来，浦东开发开放与科创中心核心功能区建设相辅相成，互为借力。如《上海建设具有全球影响力的科技创新中心浦东新区行动方案（2015—2020 年）》提出构建功能完备的科技综合服务体系，对促进城市公共服务配套全面提升，出形象、出功能、出效益均有较明确的部署。

如下表所示，浦东新区明确提出了建设科技创新中心核心区的主要指标。

浦东新区建设科技创新中心核心区 2020 年主要指标

	指标名称	2016 年	2020 年
创新服务	经认定的众创空间和孵化器（离岸基地合作空间）	97（7）家	120（15）家
	自贸试验区外资科技专业服务业企业	546 家	650 家
	国家和市级、区级公共服务平台	120 家	150 家以上

在科创中心核心功能区建设中，浦东张江高科技园区作为国家级重点高新技术开发区被赋予了新的使命，正向科学城转型发展。通过对美国硅谷和纽约、新加坡玮壹科技园、日本筑波科学城等国际知名科技创新中心的案例分析，《张江科学城规划实施行动方案》正按照注重集中度与显示度、注重产城融合的目标，以国际标准规划建设张江科学城，打造世界级科技创新中心的增长极；进一步聚焦战略发展方向，聚焦空间布局，聚焦解决突出问题，以"科学特征明显、科技要素集聚、环境人文生态、充满创新活力"为理念，积极推进张江科学城规划实施。

张江科学城将在创新品质、创新生态、创新文化等方面提升全球城市能级和竞争力，一是注重深度产城融合，既关注基础研究、原始创新等能力的提升，聚焦创新成果的转化，发展战略性产业，又重视优化城市形态、城市功能、城市环境，提升城市品位。二是完善创新要素的集聚，打造覆盖科技创新全生态链条，既包括基础教育、基础研究及原始创新活动等机构装置的集聚，又包括各类服务机构、生活设施、文化休闲、生态环境等的完善。三是营造鼓励成功、宽容失败的创新创业文化，为海纳百川、追求卓越、开明睿智、大气谦和的上海城市精神增添"英雄不问出处"的草根精神，鼓励创业者敢想、敢拼、敢闯、敢创,[①] 通过创新创业自我实现来提升市民的幸福感和满意度。

(二) 引领上海经济创新转型发展

浦东开发开放坚持创新驱动、转型发展的总方针，强调"四个更要注重"：不仅是数量的增长，更要注重结构的优化和质量效益的提高；不仅是总量规模的扩大，更要注重功能的凸显；不仅是以经济建设为中心，更要注重政治、社会、文化和生态文明等各方面的统筹兼顾；不仅是发展自己，更要注重发挥好服务辐射作用。[②]新形势下上海发展面临更为紧迫的人口、土地、环境、资源等生产要素瓶颈制约，经济综合成本持续上升，产业转型升级任务艰巨。浦东作为全国承接国际先进技术的前沿阵地，不断促进本土企业提升产品附加值、攀升价值链高端环节。从浦东开发开放初期以劳动密集型低端制造代工业（OEM）为主，向代工设计厂商（ODM）和自主品牌厂商（OBM）等"微笑曲线"两端转型，提升自主研发与品牌运营能力。

浦东以科创中心核心功能区建设为契机，"优二进三"围绕提升资源配置和城市服务功能，重点发展金融、航运、贸易产业以及文化创意、会展旅游、高技术现代性服务产业，形成以服务经济为主的产业结构；围绕高端高效的产业导向，着力发展先进制造业，加快培育发展战略性新兴产业，推动用数字制造、智能装备、互联网等先进技术改造升级传统产业，推动三二一产业融合发展。目前，浦东正以争创中国制造 2025 国家级示范区为抓手，对标最高标准、最好水平，探索制造业转型升级

---

① 《浦东全方位助力科创中心建设》，《浦东时报》2015 年 9 月 30 日。

② 浦轩：《科学发展观和创新驱动转型发展在浦东之一浦东聚焦的五大功能》，《浦东开发》2012 年第 12 期。

新路径,打造"科创引领新高地",来打响"上海制造"品牌。

(三)促进长三角区域创新要素集群的形成与发展

长三角地区主要领导座谈会提出"创新引领,携手打造世界级城市群",是继美国东北部大西洋沿岸城市群、北美五大湖城市群、日本太平洋沿岸城市群、英伦城市群和欧洲西北部城市群等五大世界级城市群之后,长三角区域协同发展的目标。目前长三角地区已初步形成了以企业为主导、政府、科研院所、中介组织、金融机构等密切协作、联动发展的区域协同创新网络。上海是这一区域协调创新网络的龙头。

浦东正在以张江科技城为核心,北部重点依托金桥和外高桥地区,南部重点推动临港地区工业4.0示范产业园、IC装备和智能制造产业园、微电子产业园、航空配套产业园、新材料产业园等一批专业园区的建设,结合陆家嘴、世博、高化等沿江地区和御桥等地区城市更新的功能拓展,打造一条创新链完整、集聚和辐射能力最强的百公里中部创新走廊,包含基础研究、源头创新、技术转移转化到高新技术产业等环节。以科创中心核心区建设为契机,浦东形成区域经济增长极并带动资源要素聚集,其发展效益正在向长三角城市群辐射。

目前沪苏浙皖参与合作共建的园区已达200多个,长三角地区科技中介战略联盟稳步运营,"科技创新行动计划"长三角科技联合攻关领域项目有序推进,有效地促进了知识、信息、技术、资本、设备等各类创新要素资源在长三角区域内的有效流动,促进城市之间的创新优势合作互补,推动区域产业体系完善和产业结构提升,有利于整个区域创新发展格局的不断推进。

第八章　迈向卓越的全球城市核心区

浦东开发开放的初始定位就是我国改革开放的先行区与试验区，1992 年党的十四大明确提出，要"以上海浦东开发开放为龙头，进一步开放长江沿岸城市，尽快把上海建成国际经济、金融、贸易中心之一，带动长江三角洲和整个长江流域地区经济的新飞跃"。2013 年中国（上海）自由贸易试验区的设立是我国持续深入推进开放战略的重大举措，浦东继续担当了我国改革开放先行者的角色。浦东将全面打造国家全面开放的新高地，率先构建具有活力的现代化经济体系，探索新型区域可持续发展路径，创建引领美丽中国的高品质浦东，为成为全球城市的核心区而努力奋斗。

第一节　打造国家全面开放的新高地

当前，我国经济总量已经位居世界第二，进出口总额稳居世界第一，经济发展已经全面融入经济全球进程，并且新一轮全球产业价值链分化与重构的浪潮正在兴起，许多国家正在抢占全球产业价值链的制高点，但是，全球多边贸易投资协定越来越难在不同国家之间达成共识，经济全球化的步伐受到全球投资贸易规则的掣肘。国内方面，我国正在推进供给侧改革，加快发展转型，提高经济发展质量，但是市场机制还需要进一步完善，生产要素特别是高端生产要素的阻滞迫切需要破除。适应时代的需要，我国政府正在抓紧推动形成全面开放新格局，即以"一带一路"建设为重点，坚持引进来和走出去并重，形成陆海内外联动、东西双向互济的开放格局，并且要打造高水平的贸易和投资自由化便利化政策的开放战略。在这新一轮国家开放战略中，许多战略行动将在浦东落地与实施，浦东开放优势的发挥又反过来进一步推动国家开放战略的深化与升华，因此，浦东将进一步成为全面开放的新高地。

一、努力建设最高水平的自贸试验区

（一）积极探索自由贸易港建设，进一步成为我国对外开放的排头兵

1. 自由贸易港是开放度最高的经济特别区。纵观全球各类经济特别区，例如经济技术开发区、经济特区、自由贸易区、自由贸易港等等，其中自由贸易港无疑是开放程度最高的经济特别区，虽然不同国家自由贸易港的开放程度有所差异，区域规模大小也不一。德国汉堡自由贸易区曾经是世界上最大最有影响的自由贸易港，其占港口面积的1/6；我国香港是高度自由的"自由港"；新加坡的"自由港"与一般的自由贸易区有着7个方面的功能差异；迪拜、伦敦的"自由贸易港"的特点主要表现为内陆（陆地）型；还有美国大到几十平方公里、小到1平方公里，

多到众多产业企业、少至 1 家私人企业拥有的"对外贸易区",等等。

自由贸易港最显著的特征"境内关外",实现货物、服务、金融和人员 4 个方面的自由流动,借助港口区域的自然条件划出一定的区域,用"物理围网"方式实现"一线放开、二线管住,区内自由"的监管方式。我国目前的 11 个自由贸易试验区本质上仍然属于"海关特殊监管区"的概念范畴,是在原保税园区功能和特征的基础上进一步开放与发展,与开放程度最高的自由贸易港相比还存在较大的差距。尤其是进入"互联网"信息革命的数字贸易时代,"物理围网"的管理方式显然不能适应企业的快速金融、物流、信息流、人流的区外渗透、内外联动的要求,并且这种落后的监管方式还将人为地隔断区内外人员、要素自由流动和资源的优化配置。自由贸易港的建设能够适应产业信息化,数字化,金融化的趋势,实现生产要素全球化快速高效集聚与扩散的要求。

伦敦、纽约、东京、香港和新加坡等全球重要国际贸易中心,都是通过自由贸易港功能的发挥,实现了从传统货物进出口的桥头堡,发展成为高端生产要素的集散与集成中心,进而已经成了全球金融贸易的营运与控制中心,占据了许多重要产业的资金、信息和贸易价值链管理的核心环节。

上海 20 世纪 80 年代末在探讨浦东开发开放的时候,也曾经提到过要建立自由贸易港。经过 28 年的改革与发展,浦东建设自由贸易港的条件已经成熟,一方面自从 2013 年以来自由贸易试验区的改革开放取得了成功经验,另一方面上海已是全球最大的集装箱港口,配套管理服务水平逐步向新加坡与中国香港看齐。浦东自由贸易港将在上海自由贸易试验区的基础上,加强同国际自由贸易港的制度和规则对接,以"区港一体、一线放开、二线安全高效管住"为核心，最为关键的是推进"一线放开"，稳步推进资金、人员、技术等要素的流动，实现更加高度自由化和高度便利化的贸易与投资。

2. 浦东自由贸易港在新形势下将成为我国改革开放先锋。从国内示范来看，上海自由贸易港要实行高度自由化和高度便利化的贸易与投资，包括政府管理体制改革、土地使用、财政税收、贸易航运和金融开放与风险防范等方面制度创新与规则设计，将成为我国许多改革的"试验田"与先锋，并将成为国内其他自由港、自由贸易试验区乃至全国体制改革提供借鉴和推广的"样板"。从对标国际上看，上海自由贸易港的投资贸易便利化政策将是我国参与新一轮全球化投资贸易的试验田。自由贸易港内货物、资金、技术、人员高度自由，税收很低甚至大多经济活动没有税收，因此，浦东自由贸易港将在金融、投融资、外汇管理及关税等方面探索既有中国特色又符合国际惯例的制度及政策。另外，符合国际惯例的商事仲裁、投资争端与纠纷仲裁等机构的设立与法律法规的建立，必须在我国国家政府的参与或者高度授权之下进行大胆探索。这些仲裁规则既要符合国际规范，又要体现我国的国情，既是我国参与经济全球化的新规则的提前试验，又是在某些方面有可能成为引领新一轮全球投资贸易规则构建的中国方案。

3. 浦东自由贸易港将进一步发挥上海卓越城市在国内国际上的带动作用。上海自由贸易港内部的政府机构按照自由贸易港"境内关外"监管模式，以最小化原则设置最为简化的政府机构，但是，政府管理必须能够保证"二线管住"的底线，必须确保高效安全管住，防范各类风险。与此同时，政策设计与管理机构的设置要发挥自由贸易港内部与国内经济主体之间联动作用，有利于自由贸易港整合国内外资金、信息、服务、技术、人才等资源，加快从创意设计、生产加工、信息处理、物流管理到销售服务等价值链整体系统集成，实现生产资源在全国、全球范围内的高效配置，提升产业发展引领和价值链管理能力。自由贸易港的最终目标不仅是贸易与投资便利化的重量级试验场，更重要的是带动长江三角洲、长江流域乃至全国的投资贸易要素便利化，在我国与全球的深度融合方面发挥先行先试的战略引领作用，发挥上海卓越城市在国内国际上的带动作用。

（二）发挥上海城市的功能，打造国家"一带一路"建设桥头堡

随着上海国际卓越城市的功能逐渐增强，浦东作为上海金融、贸易、航运中心、科技创新中心等"五个中心"核心功能区的国际国内辐射力增大，因此浦东可以把国家战略与自身发展充分结合起来，实现融合互动发展。浦东将发挥自由贸易试验区改革开放的引领作用，对接国家"一带一路"建设的新要求和高峰论坛成果清单，聚焦2017—2020年重点领域专项行动，建设国家"一带一路"建设的桥头堡。实施《上海服务国家"一带一路"建设发挥桥头堡作用行动方案》，把市场在资源配置中的决定性作用和企业的主体作充分结合起来，针对我国与"一带一路"沿岸国家市场主体开展双向投资、双向经贸的发展需求，建设多种投资、贸易平台，推进合作制度建设，打造国家"一带一路"建设桥头堡。

浦东建设国家"一带一路"建设桥头堡是全球城市建设国家战略在全球城市建设中的"样板"，许多学者研究指出，要重视国家在全球城市中的作用，全球城市的形成离开了国家的作用，就不能充分了解其形成机理①。

---

① 转引自周振华：《上海迈向全球城市战略行动》，上海世纪出版集团2012年版，第27页。

浦东建设国家"一带一路"建设桥头堡的机理是以浦东作为上海"五个中心"与改革开放前沿的优势，建设我国与"一带一路"国家开展平等互利合作的平台、枢纽，全面推进经济、金融、贸易投资、文化科技等互利合作，提升我国与"一带一路"国家开放合作的水平：在自由贸易区方面，将构建多层次贸易和投资合作网络，促进贸易和投资自由化便利化；在国家金融开放和人民币国际化方面，对接"一带一路"金融服务需求，依托上海自贸试验区金融改革创新，把浦东建成"一带一路"投融资中心和全球人民币金融服务中心；在科技方面实施国家"一带一路"科技创新行动计划，加强与建设具有全球影响力的科技创新中心联动，依托功能性平台和项目，利用优势科技资源，促进科技联合攻关和成果转化；在文化方面，按照"一带一路"建成文明之路的要求，依托上海国际文化大都市建设，发挥好重大"节、赛、会"作用，搭建更多文化艺术、教育培训、卫生医疗、旅游体育等交流机制和平台，全面提升与沿线国家（地区）的人文合作交流水平；在智库研究方面，充分发挥上海各类智库研究优势、网络优势和资源优势，加强对沿线国家（地区）全方位、多层次研究，通过优势互补、资源互利、信息互通，大力推动成果共享。

二、加快开放型经济条件下的政府管理体制创新

（一）率先构建开放型经济条件下一整套地方政府管理体制

上海自贸区扩区后，管理体制上的一大特色是自由贸易试验区管理委员会与浦东新区人民政府"合署办公"，这有利于在一个完整行政区内系统地进行政府管理体制的改革设计与科学有序推进改革。浦东发挥自

由贸易试验区管理委员会与区政府"合署办公"的特点，利用开放倒逼改革的机遇，以"简政放权、放管结合、优化服务"为重点，全面系统科学地推进政府管理体制改革，深入贯彻使市场在资源配置中起决定性作用和更好发挥政府作用，以及全面推进依法治国要求，在全国率先建成法治政府、高效政府和诚信政府。

浦东全面系统推进政府管理体制的改革。首先，科学设置政府机构。完善政府机构设置、职能配置、工作流程，严格绩效管理，确保权责一致。继续完善市场监管、知识产权、城市建设管理等领域综合执法的良好格局，有效提高行政效能。探索区域开发管理新体制，建立开发区管委会、开发主体以及属地街镇之间事权清晰、责任明确的组织体系和利益共享机制，强化开发区的经济统筹职能和街镇的社会管理职能。其次，建立简洁高效透明的事前审批制度。围绕"准入前国民待遇加负面清单管理模式"这一开放制度核心，加快取消扩大开放过程中不合理的前置审批，完善公平统一的市场准入，并且深化行政审批制度改革，形成高效政府审批体制。再次，率先建立完善的事中事后审查与执法制度。2013年9月开始，浦东率先试点市场监管体制改革，对工商、质监、食药监三局的执法职能进行合并，成立浦东新区市场监督管理局，后续又并入价格监督检查职能，形成"四合一"综合执法体制。2016年对原上海市工商局自贸区分局、上海市质监局自贸区分局进行整合，成立"中国（上海）自由贸易试验区市场监督管理局"全面负责市场的监督职能。随后，又率先探索商贸领域改革，将浦东酒类专卖局的执法职能整合进市场监管局。在现有综合执法改革的基础上，浦东将进一步健全综合执法制度，理顺法律授予的执法事权，建立与上下级政府部门、同级政府部门之间的合作协调和联动执法工作机制。进一步完善企业"体检报告"、"异常名录"、"黑名单"等事中事后审查制度。依托信息共享平台框架，健全协同和联合监管制度。

（二）营造符合国际惯例的营商环境

良好的符合国际惯例的营商环境具有综合性、多方位性，例如，公平统一的市场准入、透明高效的市场监管、投资贸易的便利化、良好的基础设施建设、规范的法律制度，等等。自贸试验区与国际接轨的投资贸易便利化改革，使得浦东营商环境在市场准入、贸易便利化等方面已经逐渐向国际惯例靠拢，另外，经过多年的建设，浦东的基础水平在总体上较高。今后浦东营造符合国际惯例的营商环境重点还是从政府内部改革入手，提高政府的效率，全面营造符合国际惯例的营商环境：第一，推进与国际政府先进理念接轨的政府办事体制建立。英国的"一站式"服务中心、美国的无缝隙政府都是比较典型高效政府的例子。浦东在现有政府管理体制改革的基础上，进一步完善浦东政府"一个窗口"受理、"一站式审批"等高效的政府办事形式，提高政府的办事效率。第二，提升电子政务建设水平。电子政务的建设不仅可以从技术上提高政府的管理效率，并且可以促进整体政府与无缝隙政府的建设，从而推动破除政府管理体制内部条块分割这个难点。浦东正在加快推动网上政务大厅建设，把尽可能多的审批事项接入网上政务大厅，实行全流程网上办理、实时电子监察和信息公开，并且推进大数据在政府管理中的运用，建设一流的电子政务。第三，率先探索政府主导社会治理体系的建设。为了更好发挥社会力量在激发市场活力方面的作用，要充分发挥社会组织在协调政府和企业关系、实现行业自我监督和管理等方面的作用，因此，浦东将率先建立全国社会组织建设创新示范区，积极探索进一步增强社会组织功能和效用的途径和方法，积累可复制可推广的经验。

三、提升金融市场参与全球资源配置能力

邓小平同志说过："金融很重要，是现代经济的核心，金融搞好了，一着棋活，全盘皆活。"在我国成为全球第一大贸易国的背景下，金融发展的重要性更加凸显。早在 2009 年，《国务院关于推进上海加快发展现代服务业和先进制造业建设国际金融中心和国际航运中心的意见》就明确提出，上海要建设与"我国经济实力以及人民币国际地位相适应的国际金融中心"。金融开放创新是上海自贸试验区的改革特色，上海自由贸易试验区成立以来，就成为国家金融改革开放最重要的试验场所。上海自贸试验区金融改革方向是与上海国际金融中心建设联动，提升金融国际化、市场化水平，更好地服务实体经济。目前上海自贸试验区金融改革取得了显著进展，以自由贸易账户为载体的跨境资金双向流动通道打通，基本建立起以资本项目可兑换和人民币国际化为目标的金融开放创新制度框架。

（一）增强金融辐射服务功能

浦东已聚集了证券、期货、钻石、石油、金融期货、人才、农产品、化工、国际黄金等 13 家国家级和市级要素的金融市场。其中上交所市场市价总值排名全球第四，交易量排名全球第三；上期所成交额列全球第一，其中螺纹钢、白银等大宗商品成交量全球第一，中金所股指期货成交额列全球第四，等等。部分市场已经形成国际定价影响力，例如"上

海金""上海铜"等。未来一段时间，浦东金融改革将紧紧围绕贸易投资便利化和服务实体经济，在自贸试验区"金改 40 条"框架下，深入推进金融创新开放试验，重点在跨境人民币业务创新发展、投融资便利化、离岸金融业务、金融要素平台建设等方面先行先试，鼓励金融机构开展金融创新，将建成金融业对外开放试验示范窗口，国际金融中心核心功能区初步确立。

1. 提升金融市场的国际资源配置力和辐射力。进一步完善各类金融市场，增加交易品种，推进上海证券交易所、中国金融期货交易所加快国际金融资产交易平台建设，深化中国外汇交易中心国际金融资产交易平台建设。浦东将建成国际上金融市场体系相当齐全、市场功能发达、国际资源的配置力与辐射力强大的金融中心核心功能区，助推人民币的国际地位提升与金融强国的发展。

2. 持续稳妥推进市场持续开放。在现有基础上，进一步拓展自由贸易账户功能，以更好服务实体经济：推动账户开立和使用便利化，启动 FT 账户本外币一体化各项业务，拓展自由贸易账户功能，启动 QDII2，允许符合条件的个人开展境外实业投资、不动产投资和金融类投资，允许或扩大符合条件的机构和个人在境内外证券期货市场投资等。探索推动有管理的资本项目可兑换，启动自贸试验区人民币债、流入限额内可兑换等试点。支持扩大人民币境外使用范围，拓宽境外人民币投资回流渠道，促进人民币跨境双向流动等等。

3. 加快金融离岸金融业务发展。适应跨境投资、贸易发展需求，相关离岸业务将在自由贸易试验区内扩展。探索建立离岸金融市场的发展，重点发展风险对冲工具、现券、回购、拆借等货币产品和外汇掉期、远期、期权等外汇产品。发展离岸保险业务，推动形成区域性保险交易、定价中心。

（二）建设具有国际影响力的航运枢纽

建立与国际航运中心建设目标相适应的航运制度，促进全球航运资源要素集聚，巩固航海、航空枢纽地位，提升上海国际航运中心的国际竞争力，是浦东航运中心核心功能区建设多年努力的目标。经过多年的探索，充分利用上海自贸试验区赋予的航运政策机遇，在国际中转集拼、沿海捎带等方面形成一系列的改革，使得相关航运功能实现了突破，物流集疏运能力增强，航运服务体系逐步完善，航运营商环境的逐步改善。

到 2020 年左右，浦东航运中心核心功能区的建设将进一步提高现代航运服务的市场集聚度，提高对内外辐射能力，探索形成具有国际竞争力的航运发展制度和运作模式，全面提升国际中转、高端航运服务、国际供应链管理等综合服务能力，打造与全球枢纽节点地位相匹配的国际航运中心服务能级，基本形成现代航运服务中心，提升全球航运资源配置能力，服务国家"一带一路"和"长江经济带"建设的作用将显著提高。

1. 深入推进国际中转集拼业务模式发展，提升航运中心的国际集散能力。国际中转集拼[①]是衡量国际枢纽港的重要指标。探索建立适应国际中转集拼发展的"一级货代、共享平台、跨港联运、区港一体"运作模式，探索普通出口拼箱货物、需转运出境的进口分拨货物、国内转关

---

① 国际中转集拼是顺应国际航运市场对不同来源集装箱综合处理需求而提供的新兴的国际物流服务。作者注。

入区拼箱货物等不同属性货物集中拼装运作。推进口岸与特殊监管区域管理的集成创新，探索国际中转集拼货物免于备案清单申报、凭舱单进出的口岸作业模式，逐步实现规模化运作。加强外高桥、洋山两港联动，减少转运时间和成本。

2. 大力推进与国际接轨的航运制度改革。完善国际船舶登记制度，在中资"方便旗"船舶回归上要取得突破。探索实施以"中国洋山港"为船籍港的特殊船舶登记制度，视登记船舶为特殊的中国籍国际航行船舶，从事国际航行和作业，不作为货物认定进出口。完善启运港退税政策试点，将离境港扩大到上海港所有港区，扩大启运港口至沿江的绝大部分港口，优化相应监管要求。优化沿海捎带监管模式。推动完善中资非五星旗船外贸进出口集装箱沿海捎带业务监管措施，扩大政策适用范围等等。

3. 拓展高端航运服务功能。推进航运金融发展，拓宽社会资本投资航运业渠道，培育航运金融专业外包服务，支持船舶融资租赁业务发展，鼓励航运金融产品创新，设立与航运相关的航运产业基金、船舶产业基金、航运新能源基金等。推动航运保险业创新发展，组建专业化地方法人航运保险机构，提升航运保险专业化和国际化水平。大力培育国际船舶运输、国际船舶管理、国际航运经纪等产业，力争在外资船舶管理企业从事海员外派业务的资质放开和审批门槛降低等方面取得突破。

（三）提升贸易中心的功能，助推贸易强国的发展

浦东新区在过去28年的发展是典型外向型经济模式，外资外贸对经济增长的拉动作用非常明显。在2008年之前，浦东新区外贸出口年均增速均超过20%，当前浦东的外贸出口仍然保持强劲增长，在我国建设贸易强国的过程中，继续推进浦东贸易升级，带动我国贸易走向高质量发展有义不容辞的责任与担当。上海自贸试验区4年来贸易监管制度创新的显著成效，为浦东国际贸易核心功能区与贸易的发展与升级注入新动力。随着自由贸易港的推进与科技创新中心核心功能区的发展，浦东贸易与金融、科技、航运的联动融合效应将进一步显现，浦东国际贸易中心核心功能区的国际国内两个市场资源配置功能将高效便捷、充满活力，助推我国贸易强国的发展。

1. 与国际规则、国际惯例、国际理念接轨的贸易监管制度将更加完善高效。对标国际领先的自由贸易园区，对接高标准国际贸易通行规则，以贸易便利化为核心，继续向纵深推进贸易监管服务制度改革，加快具有重大贸易制度创新试点，深化完善"一线放开、二线管住、区内自由"监管模式，切实提高全产业链条的贸易便利化水平，逐步实现监管模式、运行机制与国际接轨，形成具有国际竞争力、与开放型经济体制相适应的贸易监管服务制度。例如，海关综合监管制度创新。浦东将建立有关企业共用平台和审核、物控、风控、稽查四个中心的"1+4"管理构架，推进海关事务全流程标准化作业，整合海关业务和管理资源，实现整个通关作业的透明、稳定和可预期。国际贸易"单一窗口"制度将进一步得到改革与完善。先进的信息化技术将在贸易流程得到更加广泛深入的运用，实现跨部门、跨地区、跨行业信息交换与数据共享，"单一窗口"数据元标准建设，形成行业标准或国家标准。国际贸易"单一窗口"功能更加强大，在国内逐步扩大至服务长江经济带发展，在国际上将与国际重要口岸的数据联通和服务对接。全面建立货物状态分类监管制度。内外贸税收征管一体化试点将得到试点，对特殊监管区域内的物流贸易型企业实施货物状态分类监管。对允许采用状态分类监管的货物品类进行清单管理。

2. 推动贸易升级与提升贸易中心功能。浦东大宗商品交易国际市场功能将更加完善。持续吸引国际知名期交所在区内设立保税交割仓库，构成完整的大宗商品交易体系，力争成为全球主要大宗商品的交易中心、物流中心、信息中心和定价中心，大宗商品的国家定价权话语权得到实质提高。大宗商品市场现货交易模式更加丰富，交易手段更加多样，例如，保税货物仓单质押融资、海关联动监管、信用证与跨境电票结算、订单与提单交易、境内外一体化交易等操作。离岸贸易、跨境电商等新型贸易业态和高端功能，实现贸易发展方式的转变。总部经济进一步升级，随着浦东"亚太营运商计划"的深入实施，总部经济的税制、财政扶持、贸易便利化政府服务将建立个性化支持体系，集聚一批亚太区域订单中心、供应链管理中心、资金结算中心和贸易型总部。

3. 持续扩大贸易开放度，引领发展新型贸易形态。随着全球数字贸易发展趋势，数字贸易的新技术、新业态、新模式将在浦东更大发展，浦东贸易的示范引领作用持续显现。浦东的生物医药、软件信息、管理咨询、数据服务等服务外包业务发展迅猛。正在建设版权质押信贷业务，国际文化金融与文化贸易发展平台。在浦东货物贸易发展强大的基础上，跨境电子商务园区将发展迅速，外高桥、洋山、机场保税区打造物流服务园区发挥口岸、空运优势，提供跨境电子商务的仓储和物流服务；利用保税功能，推动跨境电子商务保税进口发展。在国家进一步扩大对外贸易开放的进程中，自由贸易试验区的贸易开放，特别是服务贸易的开放将更加深入。

第二节 构建助推科技强国建设的创新浦东

一、打造具有全球影响力的经济增长极

张江科学园区设立之初就立足于建设一流的高科技园区，经过 28 年的开发开放，现今已经形成科技创新基础雄厚的高科技园区，为建成国际一流的科学城奠定了雄厚的基础。一是重大科技设施和重要创新平台集群已经形成。上海光源作为我国迄今为止投资最大、用户最多、产出成果最丰富的大科学设施，总体性能位居国际领先行列。现有高校和国家级科研院所 11 家，国家重点实验室 8 家，市级创新服务平台 36 家，500 强企业跨国研发中心 138 家。二是张江科学园区初步形成了一批有一定国际竞争力创新产业集群。张江科学园区初步形成了以集成电路、生物医药、航空航天等为重点的高端化、国际化创新型产业集群。其中，集聚了国内集成电路设计企业 10 强中的 4 家企业、全国最大的 2 家集成电路制造企业；微创医疗诞生了全球首款心血管药物"靶向"洗脱支架；中信国健培育了国内首个大规模产业化的抗体类药物益赛普；中国商飞承担了具有自主知识产权的 ARJ21 支线飞机和 C919 大飞机总体设计，等等。

（一）加快建成国际一流的张江科学城

张江科学城规划的战略目标是建成"上海具有全球影响力科技创新

中心的核心承载区"和"上海张江综合性国家科学中心";发挥在张江高科技园区雄厚的科技基础,发展成为中国乃至全球新知识、新技术的创造之地、新产业的培育之地;成为以国内外高层次人才和青年创新人才为主,以科创为特色,集创业工作、生活学习和休闲娱乐为一体的现代新型宜居城区和市级公共中心;成为"科研要素更集聚、创新创业更活跃、生活服务更完善、交通出行更便捷、生态环境更优美、文化氛围更浓厚"的世界一流科学城。

张江科学城将在创新型国家建设中发挥示范引领作用。一是建成全球科研资源集聚的新高地。以世界一流重大科技基础设施集群为基础,以高水平大学、科研院所和科技企业等深度融合为依托,汇聚培育全球顶尖研发机构,形成一批围绕重大科技基础设施群的技术研发机构群和国际化前沿科学研究,代表国家在更高层次参与全球科技竞争合作。张江科学城已经落地上海光源二期、软 X 射线自由电子激光、超强超短激光装置、活细胞成像等重大科研设施,正在建设硬 X 射线电子激光装置等重大科研资源。二是打造全球某些前沿技术的原始创新策源地。依托重大科技基础设施,形成引领创新的核心科学圈,瞄准世界科技前沿,开展高水平研究,攻克一批对人类认识世界具有重要作用的科学前沿问题及关系国计民生和经济命脉的关键核心技术,迈入全球原始创新能力第一梯队。张江科学城正在推进张江国际创新中心、张江(中区)国际众创孵化集聚区、张江传奇创业广场等 5 个创新创业集聚区,引进和培育高端孵化机构,并营造完善服务环境,培育创新创业的文化,拓展公共活动空间。三是形成较为完善科技产业化的体制机制。依托国家科学中心,开展创新驱动相关体制机制改革探索,在重大科技基础设施建设和运营管理、高端创新人才引进、科研人员评价激励、科研机构评价等领域，进行先行先试，建立符合科学规律的多学科交叉前沿研究管理制度，发挥国家科学中心产学研用结合的协同创新作用、国际合作开放的溢出放大作用和体制机制改革的牵引催化作用。四是打造以科技创新为特色的城市副中心。坚持以人为本的思想理念，建设一流的科学城综合服务体系，为科技创新人员提供优良的生产生活环境。推进张江科学城的科学会堂、未来公园、科学城图书馆、科学城美术馆、科学城体育馆、科学城演艺馆等服务设施。提升生态品质，建设滨水绿地，增加建设公共绿地，配套建设智能化便捷的交通系统。

（二）构建全球科技创新要素集聚辐射中心

纵观当今国际科技创新中心，都具有国际性与开放型的特点，是经济全球化、科技全球化深入发展的一种载体，是全球创新资源、创新企业、创新人才与创新思潮的集聚与扩散中心。浦东张江科学城的建设具有集聚全球创新资源的多种叠加优势，地理区位优越，已经初步形成上海国际大都市物流、人流、信息流、资金流、技术流的重要节点。浦东张江科学园区是国家自主创新示范区、综合配套改革试点、自由贸易试验区，再加上自由贸易港等，有利于全球科技创新资源的优势的叠加、联动与耦合，将促进浦东全球科技创新要素集聚辐射中心的形成。

2015 年 11 月，上海市政府《关于加快推进中国（上海）自由贸易试验区和上海张江国家自主创新示范区联动发展的实施方案》发布以来，加快全球科技创新资源集聚的机制正在加快发育：第一，负面清单的实施"非禁即入"管理模式以及负面清单内容的不断缩小，将加快各类创新主体的设立，扩大企业的经营范围，促进创新资源的配置更加市场化，从而加快国内外各类创新主体集聚。与负面清单管理模式相适应的政府管理体制改革将适应创新模式的发展，有利于企业开放式创新网络联系日益向跨行业、跨领域渗透，催生大量的新业态、新商业模式、新产品、新技术发展。第二，以自由贸易账户设立为核心的金融改革开放为创新企业开展全球科技资本提供了多种渠道，例如，境外低息外币贷款、跨境投融资活动、自贸区企业自主调配境内外资金、实现资本项目可兑换、跨境并购融资、海外投资等等。第三，贸易体制的改革为创新企业开展全球创新资源利用提供了便利。国际贸易"单一窗口"建设，为建立与浦东科技创新核心区相适应的、具有区域特色的科技产品贸易监管体制奠定了基础。例如，"张江空服中心"为创新企业实现一站式通关制度，便利企业利用全球创新资源。第四，管理体制的改革为创新主体进行了产业全球价值链重构与提升。例如，方案中"对经认定的集成电路设计、生产、封装测试企业实行全程产业链的电子围网保税监管模式"，将突破长期束缚集成电路产业的税制瓶颈，重构提升集成电路产业的全球价值链地位。再比如，"开展创新药物上市许可持有人制度试点"，支持医药领域的委托生产（CMO）等组织模式发展。

随着"双自联动"的叠加，自由贸易港的政策发力，张江科学园区提出的目标——到 2020 年要形成"创新环境开放包容、创新主体高度集聚、创新要素自由流动、若干创新成果国际领先的科技城"；到 2030 年要成为"具有全球影响力的创新资源配置中心、创业孵化中心、技术贸易中心、科技创新中心的重要载体和示范区域"将有望实现。

（三）构建国家级人才改革创新试验区

以党的十七大提出的"人才强国战略"为标志，中国人才已经进入战略管理时代。习近平总书记提出"创新驱动实质上是人才驱动"。党的十九大进一步提出"培养造就一大批具有国际水平的战略科技人才、科技领军人才、青年科技人才和高水平创新团队"。浦东地位与事业舞台决定了浦东要率先面向全球建设国家级人才改革创新试验区，率先形成具有国际竞争力的人才制度优势，为浦东继续当好全国改革开放排头兵和创新发展先行者提供坚强的人才保障和坚实的智力支撑。

国家级人才改革试验区以提升国际人才竞争力为主线，以集聚高层次创新创业人才为重点，以优化人才发展环境为保障，全面加快人才发展体制机制改革和政策系统创新，加大人才投入，发挥人才在建设国际经济、金融、贸易、航运、科技中心和现代化国际化大都市中的战略支撑作用。

浦东国家级人才改革试验区的目的是探索一条人才的搜寻、发现、使用、评价与服务的人才政策系统，从而促进全球高端创新创业人才的集聚。在海外科技人才居留和出入境制度创新方面，率先试点海外科技人才绿卡制度，实施科技人员出入境便利措施，并实行一窗办理，试行外国人就业许可创新措施等。在人才的使用方面，试点实施"科技人才转化计划"，"领军型科技创新创业团队"遴选扶持机制等政策，重点科技人才转化和激励机制，例如股权期权激励，形成与国际接轨的人才激励机制。在人才的政府服务方面，建立完善的线上线下融合的国际人才综合服务平台，全位服务人才居留、工作与子女的入学就医等。在人才的评价方面，重视建立人才的社会化市场化评价体系，等等。通过人才改革试验区的系统政策推进，浦东能够吸引世界各地的优秀人才前来开展交叉前沿科学研究，造就一批世界水平的科学家、科技领军人才和高水平创新团队。

二、率先构建具有活力的现代化经济体系

（一）率先实现区域发展新旧动能的转换

浦东开发开放是在一大片农村的基础上，通过大规模、快速化的土地开发，浦东迅速演变成为一个现代化的城区，浦东走过了基础设施建设、形态开发、功能完善与创新驱动等阶段。在浦东开发开放的初期，资本和劳动的大规模投入成为浦东经济发展的主要推动力，人力资本、技术创新与全要素生产率对经济增长的贡献较低。根据有关研究①，目前浦东已经进入创新驱动阶段，其重要标志是全社会研发投入占 GDP 比重达到 2.5％以上，技术创新、全要素生产率已取代资本和劳动成为经济增长的主要驱动因素，消费、投资、出口的协同推进，经济增长的局面开始形成。但是技术创新、全要素生产率等对经济的贡献还不高，还低于国际上典型创新区域 70％的水平。

在浦东建设上海"五个中心"核心功能区的过程中，浦东将率先实现新旧动能的转换，在全国新常态发展中起到区域发展率先转型的示范与引领作用。浦东率先实现区域发展新动能转换的条件优越。第一，自由贸易试验区与自由贸易港带来的高端生产要素与产业的集聚。自由贸易试验区一开始的定位就不是重视一般贸易的数量，而在于重视高端生

---

① 参见张波、徐全勇：《浦东新区经济驱动因素及变动趋势的实证研究》，《上海商学院学报》2015 年第 6 期。

产要素的贸易；产业结构上不是重视传统的制造业，而在与重视现代服务业与创新型产业①。其次，自由贸易试验区率先改革开放造就的体制优势。上海自由贸易试验区的本质在于建设开放型经济新体制，这种新体制机制形成不但要对标国际规则，同时能够加快消除原有体制内部的一些障碍。因此，充分发挥浦东改革开放前沿的作用，可以率先实现从传统依靠要素投入增长方式，向依靠科技进步与制度创新的新发展模式转变，在我国新常态的发展中起到示范与引领作用。

（二）构建未来产业体系，抢占科技和产业制高点

1. 推进现代产业体系的发展。经济增长最终要靠产业来实现，浦东新区作为上海"五个中心"建设的核心功能区，现代服务业将是主要支柱产业，将继续大力发展金融、贸易、航运、专业服务业等现代服务业，着力提高服务业的国际化水平。同时，作为科技创新中心主要承载区，也要培育未来的创新驱动力，着手布局未来的主导产业。一方面要大力发展战略性新兴产业，依托自身产业优势基础，聚焦新一代信息技术、生物医药、高端装备、新一代汽车等战略性新兴产业，另一方面，要根据当今科技发展趋势、人类需求规律和国家战略目标，加快布局物联网、生命健康、智能机器人等未来产业。

2. 着力培育一批有国际影响力的企业。德国工业领先全球，除了一批极具影响力的大企业，背后更是千百家为大企业提供核心部件的中小企业，这些企业往往是该细分领域的全球领导者，被称为"隐形冠军"。

---

① 参见张幼文：《自贸区试验的战略内涵与理论意义》，《世界经济研究》2016 年第 7 期。

冠军也是一步一步走出来的。在我国部分城市，很多新兴产业的细分领域中已经聚集了一批全国乃至全球的行业领先者。浦东新区要切实突破"重大、轻新"的传统招商和企业扶持模式，下大力气吸引和培育中小型先进科技企业，给其更好的发展环境，打造一批全球隐形冠军、隐形亚军和隐形季军，为全国新兴产业发展奠定坚实基础。

（三）构建热带雨林式创新生态环境

完善创新生态系统与新兴产业发展息息相关，很大程度上决定了新兴产业发展的高度和水平。创新生态系统最核心的要素包括科技、人才、金融、文化四个部分，其中科技创新是新兴产业的源泉，高端人才是新兴产业的关键，科技金融是新兴产业发展壮大的血液，创新文化是新兴产业发展的沃土。浦东新区应将完善产业生态系统作为培育新兴产业和创新驱动力的主攻方向，从而打造未来产业发展的核心竞争力。进入互联网时代，从发达国家趋势看，以研究机构、大学、公共研发中心为主体的开放式、网络型创新，正在取代企业为主体的半封闭式创新，成为社会重大创新的主要来源。浦东新区要把握好这一重大创新趋势，充分发挥张江科学城、自主创新示范区和自由贸易试验区优势，以及金桥、外高桥、临港等产业科技基础和政策优势，放眼国际，面向全球，一方面着力吸引更多国际化高端科研机构、大学，搭建顶级公共研发中心，另一方面积极营造更加国际化的创新创业环境，吸引科技型企业，把浦东新区建设成为上海国际创新中心的核心区、国家开放型合作创新标志性平台、世界级科学知识和技术创新策源地。

（四）大力推动消费升级，打造全球消费引领示范区

1. 发挥迪士尼乐园国际旅游度假区的消费引领示范作用。从国内居

民目前的消费能力和消费趋势看，上海迪士尼乐园对消费和相关服务业的拉动潜力仍然很大。发挥迪斯尼乐园消费娱乐的作用，建设综合型、示范型的现代化国际旅游度假区，同时加强上海迪士尼乐园与周边区域、陆家嘴滨江、南汇新城、浦东机场、规划中的上海东站等地区的联动，打通交通连接和旅游消费路线，加大旅游消费基础设施布局投入和相关服务能力提升，为浦东新区经济增长注入强劲动力。

2. 建设全球高端消费体验中心。随着信息技术和电子商务的发展，国内居民的消费习惯和方式发生了重大变化，日常消费更加注重网购平台渠道，线下消费更加注重文化、艺术、生态、观光、展览等多种人文体验感受。浦东新区作为改革开放的桥头堡和科技创新的示范区，在现有成熟商圈内布局建设一批全球高端的科技体验店、博物馆零售、艺术购物中心、生态购物中心等，可满足上海市和长三角地区居民的体验式消费需求，增强体验效果。同时，还可以借助自贸试验区平台，打造全球精品商品进出口综合交易平台，满足高端消费需求。

三、探索新型区域可持续发展路径

（一）实现区域资源要素的有效统筹

积极应对当前资源环境约束的发展瓶颈，尊重城市发展规律。浦东坚持"多规合一"的理念，统筹人口、空间、土地、产业、基础设施、公共服务等整体布局，促进人口均衡发展、生产空间集约高效、生活空间宜居适度、生态空间山清水秀，提高城市发展持续性、宜居性。实施浦东区域资源的"五量"控制，即"总量锁定、增量递减、存量优化、流量增效、质量提高"，实现区域资源科学有效统筹，为全国区域资源科学统筹树立样板。提升人口管理和服务水平，结合城市更新、产城融合和城镇化建设，有序调整人口布局。通过推进城市更新，实施住宅总量调控，控制中心城区人口增长。加快中部城镇带和南汇新城建设，完善基础设施和公共服务设施，增加就业机会，促进产城融合，提升郊区城镇的人口容量和吸引力，引导中心城区人口向新城和新市镇转移。树立"精明增长""紧凑城市"理念，科学划定城市开发边界，合理调控建设用地结构和开发时序。从严控制建设用地总规模，提高土地综合产出效益。

（二）引领推进开发区升级转型

浦东开发区无论是在产业发展还是在开发模式上都在全国开发区中起到示范和引领作用，今后浦东开发区只有以新发展理念为指导，以第三代开发区为借鉴，在发展模式、产业结构与竞争优势继续创立新优势，才能够担当改革开放排头兵的作用。具体来讲，发展理念上从注重发展数量向注重以人为本的绿色生态协调的发展理念转变，产业选择上要由加工型向研发型转型，开发区功能上由单一的产业开发区向现代化综合功能区转型，优势塑造上从注重单一方面的比较优势向综合的竞争优势转型。

1. 加快成熟开发区转型升级。强化陆家嘴金融贸易区、保税区（含外高桥、空港、洋山）、张江高科技园区、金桥经济技术开发区等成熟开发区域核心功能的辐射能力，提升产业的发展水平，增加公共空间与设施，提升文化内涵，提高生态空间。陆家嘴金融贸易区建设成为全球一流的金融城、高端航运集聚区和世界级的中央商务区。积极引进总部型、功能性、国际性金融机构，着力发展以高能级融资租赁、资产管理等为代表的新兴金融业态。重点发展航运金融、航运信息咨询、海事法律和仲裁等高附加值的航运服务业，集聚高端航运人才。提升开发区内高端商务及休闲功能，增加文化艺术展演功能，满足多样人群的需要。外高桥等保税区着力构建国际贸易、金融服务、航运服务、专业服务和高端制造等重点产业发展的集聚区和对外投资的集聚区。进一步发挥国际贸易、国际航运、保税物流、外贸口岸等功能优势，努力在总部经济、离岸贸易与服务贸易、融资租赁、自由贸易账户等领域实现新的突破。继续深化"三港三区"①联动发展，外高桥保税区重点提升国际贸易、现代物流和金融服务功能，其中外高桥保税物流园区打造国际采购分拨、国际物流服务等功能，洋山保税港区深化国际航运服务功能，浦东机场综合保税区加快国际航空服务功能建设。张江高科技园区着力推进国际领先的科技城建设。依托"双自联动"优势，深化科技创新体制机制改革，加快建设张江综合性国家科学中心。金桥经济技术开发区努力建设成为全国智造业升级示范引领区、生产性服务业新兴业态培育区以及生态文明持续创新示范区。

2. 继续推进新兴开发区域建设。继续高起点、高标准推进世博地区、临港地区、国际旅游度假区和航空城等仍处于初期阶段的重点开发区域的开发，努力形成新的发展亮点。世博地区努力打造具有世界级水准的中央公共活动区。建设以总部经济、金融投资、专业服务、文化传媒等

---

① 作者注：即浦东的洋山保税港区、外高桥保税区（含外高桥保税物流园区）、浦东机场综合保税区以及外高桥港区、浦东国际机场空港、洋山港区。

功能为主的滨江现代服务业集聚带，以文化演艺创意、会展、时尚休闲娱乐为特征的高端文化产业发展带，以慢行慢骑等运动休闲型滨水活动为引领的开放、生态、健康、景观优美的滨水城市生活带。临港地区以建设高品质的未来滨海城市为目标，聚焦国际智能制造中心建设，全面推动产城融合发展，加快城市功能完善和优质服务资源配置。推进新能源装备、汽车整车及零部件、船舶关键件、海洋工程、工程机械、民用航空等装备制造业集群产业升级。培育壮大集成电路、再制造、光电信息、新材料等战略性新兴产业。国际旅游度假区以品牌塑造和功能集聚为主线，努力推进园区高品质运营，推动重点片区开发、产业集聚和功能完善，到 2020 年，初步建成管理规范、服务一流的迪士尼主题乐园，产业集聚、创新活跃的文化娱乐新地标，初步构建环境优越、功能齐全的国际旅游度假区和功能清晰、区域协调的现代化旅游城。航空城充分发挥国际国内客运、货运和飞机制造集中的优势，促进全球航空资源的集聚，形成覆盖航空服务和航空研发制造的全产业链，带动周边区域联动发展，重点发展航空制造业、物流产业、高端商务业、航空培训等。

（三）构建区域智能交通体系与建设全球领先的智慧城区

构建浦东"公、铁、海、空"一体化的综合交通枢纽及集疏运体系。浦东的空港和海港是上海成为国际枢纽城市的命脉。因此要进一步强化国际海港和空港能级，依托沪通铁路和铁路东站，建成国家沿海通道铁路枢纽，加强"公、铁、海、空"枢纽的衔接和协调，优化完善集疏运体系，推进浦东新区与长三角基础设施互联互通，基本建成全球领先、辐射区域、一体化的综合交通枢纽体系。强化浦东国际机场枢纽功能及集疏运体系建设，优化海港集疏运体系。努力构建区域一体、覆盖城乡、畅达全区的路网体系，进一步促进东西、南北交通对接，加强城市高速路、干道、轨道交通、越江隧道建设，初步形成安全、便捷、高效、绿色、经济的综合交通体系。加强智能交通体系建设，提高交通智能化水平。

建设全球领先的智慧城区。除了交通设施，信息基础设施已经成为一个城市最重要的基础设施。2016年开始，浦东就围绕"国家实施互联网＋行动计划"与"国家大数据战略"，全面推进信息化工作。作为上海"五个中心"的核心承载区，浦东新区顺应进入信息时代的大趋势，在信息基础设施建设方面瞄准全球先进水平，统筹布局建设"云、网、端"等新一代信息基础设施，破解国际信息交流瓶颈问题，增强信息网络综合承载能力和信息通信集聚辐射能力。推进以信息感知、业务协同、系统集成为重点的智能应用，开发建设智慧社区、智慧教育、智慧医疗、智慧养老等社会事业信息系统和平台，将向具有全球领先水平的信息中心和智慧城区迈进。

第三节　创建引领美丽中国的高品质浦东

一、全面推动绿色低碳发展

（一）优化生态空间布局，建设一流现代化生态城区

以生态文明建设为指导，自觉树立创新、绿色、开放、协调与共享等五大发展理念，尊重自然规律，统筹生产生活生态，构建浦东形态多

元、功能复合的城市生态开放空间，促进浦东形成人口均衡发展、生产空间集约高效、生活空间宜居适度，生态空间山清水秀的"开放、创新、高品质"的现代化生态城区。浦东多元城市生态开放空间，总体上表现为"一核、双环、三网、多点"生态网络结构。一核：中部区域生态绿核；双环：外环绿带城市环和大治河—绕城高速郊区环；三网：城市环内城市开放空间网、城郊环间郊野开放空间网和郊区环外滨海现代开放空间网；多点：围绕开发空间网络建设，形成一批大型城市公园、郊野公园。全面提升污染治理和生态建设水平，建设生态文明。加大生态工程建设投入力度，使居民有更多亲近大自然的活动空间。健全污染防治体制机制。实行零容忍的环境保护制度和严格的环境保护问责制。加快环评审批改革，对涉及环保要求的项目严格市场准入。强化规范和综合执法，加大对环境违法行为的监管和处罚。推动环境监测社会化，鼓励社会力量参与环境保护。建立减排市场机制，通过绿色信贷、环境保险、节能减排的补偿性和约束性税收政策等实现减排的良性循环。

（二）大力推进低碳城区建设

坚持"资源整合、全民参与、转型推动、特色示范"的原则，加快转变生产、生活方式，积极走具有浦东特色的低碳发展道路。进一步推进节能降耗。控制能源消费总量、改善能源消费结构，用节能降耗技术改造传统产业，全面实施清洁能源替代。加大落后产能淘汰力度，完成工业区块规划环评，加强工业节能降碳。加强技术创新，加快先进技术和节能环保产品的推广应用。进一步扩大合同能源管理。加快推进既有建筑节能改造，推广绿色建筑，推进装配式建筑和全装修住宅。提升循环经济发展水平。加强再生资源回收和生活垃圾分类回收，推进老港再生资源项目建设。发展再制造以及再生产品利用，扩大开发区低碳发展试点。积极推进电子废物回收体系建设。推进金桥经济技术开发区开展第一批国家低碳工业园区试点工作。加快推进国家餐厨废弃物无害化处置和资源化利用、临港地区再制造产业示范基地、金桥和临港低碳发展实践区等一批国家及全市低碳发展和循环经济试点。积极倡导绿色低碳的生活方式。把低碳循环的发展理念贯穿于生产生活的各个方面，推广绿色低碳公共交通，倡导自行车等绿色出行方式，积极推广新能源车的使用。结合浦东新区特色，大力开展低碳社区、低碳商业、低碳办公示范区建设。推进绿色医院、绿色旅游饭店、节水型学校等创建活动。

（三）推进新型大都市的乡村振兴战略，建设全球具有影响力的农业科技创新中心

浦东新区作为首批国家现代农业示范区，农业基础较好，在自由贸易试验区的背景下，浦东农村迎来了新的乡村振兴发展机遇与美好前景。第一，现代农业国家化水平将迅速提高。自贸区"负面清单"涉农条款，支持探索发展涉农金融国际化服务产业，支持涉农企业大胆"走出去"和"引进来"，支持探索重大涉农项目投资股本化、债券化融资，积极开展涉农重大项目国际融资租赁等等政策，将加快农业现代化建设步伐等等政策，为浦东农业国际化水平注入新动力。一批国家化的农业交易平台正在发展，例如，国内最大的大宗农产品蔬菜花卉等园艺产品交易平台和国际有影响力的农业要素国际交易平台，线上线下农业开始融合发展，新型的农业业态不断涌现。第二，农业科技创新中心的地位将逐步提高。依托浦东农业科技重大工程和重点产业化项目，吸引和集聚海内外顶级农业科技人才创新创业。以孙桥现代农业园区为核心，浦东具备打造具有全球影响力的现代农业科技创新中心基础。第三，美丽乡村建设的步伐加快。紧紧围绕"有魅力的乡村环境、有尊严的乡村生活、有乡愁的乡村文化"，打造田园风光秀美、浦东特色鲜明、人文内涵丰富的美丽乡村。完善美丽乡村的长效管理，巩固村庄改造成果，提升美丽乡村建设水平。选择一批有自然环境禀赋、产业发展特点和历史文化积淀的村庄，深入挖掘农村传统文化、乡土文化元素，加强对承载本土记忆的老街、老宅、老作坊、老仓库的保护性开发，建设具有江南水乡特色和浦东乡土韵味的美丽乡村。

二、打造高文化品质的魅力浦东

（一）打造我国文化产业发展的新高地

上海自由贸易试验区建设中有关在浦东率先对外开放文化服务领域的措施，使浦东文化产业的发展站在了一个新的起点上。2013 年《中国（上海）自由贸易试验区总体方案》就对文化服务领域的演出经纪、娱乐场所、游戏游艺设备等领域逐步对外资进行开放，随后的文化对外开放的政策不断完善与拓展，外商独资演出经纪机构、外商独资娱乐场所、外资企业从事游戏游艺设备的生产和销售等三项文化市场开放政策纷纷在自贸试验区内落地，从事文化全产业链的经营逐步具备条件，为浦东文化产业发展带来新的机遇。例如，建设中的亚太区国际艺术品交易中心。以艺术品交易全产业链为核心，进一步扩大文化领域的对外开放，引进国际知名的文化艺术品拍卖企业，创新监管方式，简化通关手续，将保税区域建成国际文化艺术品保税物流综合服务中心和全球定制化交易分拨中心。

　　浦东文化产业对外开放使得浦东作为东西方经济文化交流节点的优势凸显出来,文化产业新高地即将形成,除了游戏游艺设备、演艺经纪和娱乐场所三个领域外,新闻出版业、文物拍卖业、影视动漫业将迎来井喷式的发展。一系列的文化产业集聚区已经或者即将形成,例如,上海外高桥国家对外文化贸易基地,上海国际文化服务贸易平台,迪士尼文化产业集聚区,世博地区文化时尚产业集聚区等。通过建设一批文化功能性项目,形成一批具有核心竞争力的文化创意产品,打造一批具有国际影响力的文化创意活动品牌,培育一批具有行业带动力的文化龙头企业,浦东将很快建成全国最具创新活力的文化创意高地之一。

(二) 提升文化发展的整体水平

　　浦东将按照国际大都市人口的文化需求特点,全面提升文化的发展水平。着力打造"一环、一带、一面"的文化布局。积极推进环世纪公园大型公共文化设施集聚区、黄浦江东岸沿线和相邻腹地精品文化艺术集聚带建设,全面提升全区特色文化及亮点区块建设水平。重点推进上海博物馆东馆、上海图书馆东馆、上海大歌剧院等市级标志性文化项目,以及浦东美术馆、青少年活动中心、群艺馆等区级重大文化项目的规划建设。按照服务人口和服务半径配置街镇公共文化设施。到 2020 年,社区文化活动中心、村居综合文化活动室覆盖率达到 100%,使城市化地区居民步行 10 分钟、农村居民步行 15 分钟能够到达公共文化活动场所。加快制定浦东新区基本公共文化实施标准,进一步拓宽巩固文化服务覆盖面,推出更多受大众欢迎的公共文化产品。

(三) 激发文化发展创新活力

依托自贸试验区优势，发挥文化市场的力量，促进文化与制造业、金融贸易业以及其他产业融合发展。进一步开展文化领域的国际投资合作，积极引进国际文化先进企业，支持本土文化企业拓展文化产品和服务出口交易的平台和渠道。充分发挥自贸试验区和迪士尼乐园的溢出效应，加快建设一批具有全球影响力的重大文化休闲项目，进一步丰富文化消费业态。积极培育发展文化艺术产业，提高浦东新区在全球文化艺术品交易的参与度和文化市场的活跃度。促进文化与科技融合发展，在巩固创意设计、新媒体、数字内容、动漫游戏等产业的基础上，研发一批具有自主知识产权的核心技术，提升文化行业技术与装备水平，推动高新技术成果向文化领域的转化运用。加强优秀传统文化传承和保护，挖掘具有浦东特色的文化产品，支持建设富有文化特色内涵的文化古镇和特色村镇，建设具有江南水乡特色、体现传统风貌、展现浦东历史人文的文化展示区。分类发展历史文化街区和创意文化街区，积极推动金桥文化智造创意街区、世博文化传媒创意街区、文化公园演艺博览创意街、新浦东乡村体验创意街区等多个文化创意产业与其他业态深度融合的文化创意街区项目。

参考文献

Pereira L，J. Abud，Net and Todal Transition Costs：Timing of Economic Reform，World Development 1997.

陈高宏：《浦东开发开放战略与实践（上）》，《浦东开发》2017年第6期。

陈高宏：《浦东开发开放战略与实践（下）》，《浦东开发》2017年第7期。

陈少能主编：《浦东之窗》第三册，华东师范大学出版社1992年版。

李云新、贾东霖：《国家级新区的时空分布、战略定位与政策特征》，《北京行政学院学报》2016年第3期。

李正图：《浦东开发开放研究》，上海社会科学院出版社2015年版。

鲁品越：《改革开放的内在逻辑及其发展阶段》，《马克思主义研究》2007年第9期。

浦东新区商务咨询服务中心：《1993年上海浦东研究报告》。

钱运春：《论浦东模式》，《上海经济研究》2010年第8期。

上海市地方志办公室、当代上海研究所编：《上海改革开放三十年图

272

志　综合卷》上海人民出版社 2008 年版。

上海市人民政府发展研究中心：《建设卓越的全球城市 2017/2018 年上海发展报告》，格致出版社、上海人民出版社 2018 年版。

沈开艳：《上海经济发展报告（2016）》，社科文献出版社 2016 年版。

沈开艳、周奇：《浦东经济发展报告（2017）》，社科文献出版社 2017 年版。

唐连英：《建国后党中央关于上海发展战略思想的演变》，《党政论坛》2001 年第 6 期。

唐连英：《毛泽东、邓小平、江泽民发展上海战略的比较研究》，《中共党史研究》2001 年第 4 期。

万曾炜：《浦东开发的成功是国家战略的成功》，《浦东开放》2012 年第 1 期。

王翠萍：《浦东新区政府社会管理新方式的调查研究》，《上海党史与党建》2009 年第 8 期。

王践、张斌：《探索科学发展之路——浦东开发开放 20 年的特点与启示》，《浦东开发》2010 年第 5 期。

王建刚：《邓小平与浦东开发开放的国家战略决策》，《大江南北》2014 年第 8 期。

汪胜洋等：《跨世纪崛起：上海改革开放 30 年回顾、总结和展望》，上海财经大学出版社 2008 年版。

武鹏：《中国渐进式改革的特色及其意义》，《中州学刊》2018 年第 1 期。

谢广靖、石郁萌：《国家级新区发展的再认识》，《宏观规划》2016年第 5 期。

徐麟：《坚持浦东开发不动摇，勇当改革开放排头兵》，《求是》2010年第 8 期。

尤安山：《试论浦东开发开放的基本模式、效应及发展趋势》，《中国经济特区研究》2011 年第 1 期。

尤存：《时代中国的浦东样本——浦东开发开放 26 周年纪实》，《百年潮》2016 年第 7 期。

袁恩桢、万曾炜：《浦东开发的八大经济效应》，《浦东开发》2002年第 4 期。

袁志刚：《中国（上海）自由贸易试验区新战略研究》，格致出版社、上海人民出版社 2013 年 11 月版。

曾刚、倪外：《上海浦东发展路径研究》，《地域研究与开发》2009年第 4 期。

曾刚、尚勇敏、司月芳：《中国区域经济发展模式的趋同演化——以中国 16 种典型模式为例》，《地理学报》2015 年第 15 期。

曾刚、赵建吉：《上海浦东模式研究》，《经济地理》2009 年第 3 期。

张东保：《浦东开发开放的先行先试战略》，《上海党史与党建》2015年第 2 期。

张勇杰：《渐进式改革中的政策试点机理》，《改革》2017 年第 9 期。

张幼文：《自贸区试验的战略内涵与理论意义》，《世界经济研究》2016 年第 7 期。

赵启正：《浦东逻辑——浦东开发与经济全球化》，上海三联书店

2007 年版。

政协上海市委员会文史资料委员会、中共上海市委党史研究室、政协上海市浦东新区委员会编著：《浦东开发开放》（上、下），上海教育出版社 2014 年版。

中共上海市委宣传部、求是杂志社文化编辑部联合调研组：《探索中国特色社会主义道路的成功实践——浦东开发开放的经验与启示》，《求是》2008 年第 18 期。

中共中央党史研究室第三研究部编：《中国沿海城市的对外开放》，中共党史出版社 2007 年版。

周冰、靳涛：《制度滞后与变革时机》，《财经科学》2005 年第 3 期。

周小平、徐美芳：《上海浦东经济发展报告（2108）》，社会科学文献出版社 2018 年 1 月版。

周振华：《上海迈向全球城市战略行动》，上海世纪出版集团 2012 年版。

周振华等：《上海：城市嬗变及展望·中卷：中心城市的上海（1978—2010）》，上海格致出版社、上海人民出版社 2010 年版。

左学金、陆沪根主编：《上海浦东经济发展报告 2012》，社会科学文献出版社 2011 年版。

后　记

本书是上海市哲学社会科学规划"三大系列"研究项目（分别是"改革开放 40 周年"系列、"建国 70 周年"系列、"建党 100 周年"系列）之"改革开放 40 周年"系列的课题立项成果之一。本立项课题名称是"浦东开发开放与中国国家战略推进的关系研究"，在课题研究成果的基础上改编成本书。

众所周知，浦东开发开放是国家战略的重要一环。在研究和撰写本书的过程中，我们围绕浦东开发开放与国家战略推进的关系，在一些核心观点上力争有所突破和创新。一是本书的研究突破了"就浦东谈浦东"的局限，重点探究浦东发展历程中的每一步如何与国家战略布局紧密相连。从浦东开发开放的理念创新、知识创新、体制创新等方面，揭示浦东开发的成功是国家战略的成功，总结提炼浦东开发开放实践对于习近平新时代经济思想指导下解放思想、不断创新理论体系的证明与贡献。二是多角度、立体式阐述浦东开发开放与国家战略推进之间的关系。战略实施方式方面，突出"渐进式""自下而上与自上而下"的特征；战略规划布局方面，包含沿海开放、开发区、"四个中心"等；战略先行先试方面，涵盖体制机制、经贸规则、制度法律等；战略突破方面，区分了城市建设、开发园区、外资外贸、政府职能转变等。在回顾历史进程的同时，展望未来，对浦东开发开放如何在自贸区建设、"长江经济带"发展、"一带一路"建设、深化金融改革创新等新时期国家发展战略中的职能和作用进行探究。

本书的主要特色在于，一是分析了浦东开发开放模式的内涵。浦东开发开放将上海推向全国改革开放的前列，形成了开放倒逼改革、推进发展的改革开放模式，其许多特点也构成了中国改革开放模式的主要内容。将这些内涵总结提炼，进而形成对中国发展与开放战略的认识，为本书特色之一。二是梳理了浦东综合配套改革的核心特征。1990 年中央宣布浦东开发开放，给予浦东一系列的优惠政策，关注点是吸引外资；2005 年浦东批准成为全国第一家综合配套改革实验区。综合配套改革不是一个为改革而改革的试验，而是围绕发展和开放这两个重要环节，引入开放和发展元素，打破原有的平衡，通过改革达到新的平衡。对其核心特征的认识，有助于进一步研究拓展今后的改革思路。三是明确了新常态下浦东开发开放的新定位，包括现阶段浦东发展面临的挑战。

我们希望将浦东开发开放置于顶层设计的高度和国家战略的视角考察，既是对改革开放以来历代国家领导人思想的全面梳理、概括和提炼，也是对浦东再度面临新的历史使命，提高我国在全球资源配置的能力，增强参与国际竞争的影响力、话语权的充分阐述和肯定。我们期待，在我国改革开放 40 周年、浦东开发开放 28 周年的时间节点呈上此成果将会产生积极的社会影响和良好的宣传效果。

本书由课题负责人、上海社会科学院经济研究所所长沈开艳研究员担任主编，并负责本书的逻辑体系、框架结构、章节编排的构思和组织工作。本书的写作分工如下：第一章沈开艳、余开亮，第二章徐昂，第三章莫兰琼，第四章沈桂龙、张伯超，第五章陈建华，第六章胡云华，第七章徐美芳，第八章徐全勇、孙兰。本书在前期研究思路、研究方法和核心内容写作的谋划确立过程中，得到了经济研究所副所长沈桂龙研究员的大力支持，在后期的审稿、统稿过程中，得到了经济研究所政治经济学研究室主任陈建华副研究员的大力支持，在此一并感谢！

沈开艳

2018 年 5 月

图书在版编目(CIP)数据

浦东开发开放与国家战略推进的关系/沈开艳等著
.—上海:上海人民出版社,2018
(上海市纪念改革开放40年研究丛书)
ISBN 978-7-208-15415-5

Ⅰ.①浦… Ⅱ.①沈… Ⅲ.①区域经济发展-研究-
浦东新区 Ⅳ.①F127.513

中国版本图书馆 CIP 数据核字(2018)第 205989 号

责任编辑 李 莹
装帧设计 人马艺术设计·储平

上海市纪念改革开放40年研究丛书
浦东开发开放与国家战略推进的关系
沈开艳 等著

出 版 上海人民出版社
         (200001 上海福建中路 193 号)
发 行 上海人民出版社发行中心
印 刷 上海商务联西印刷有限公司
开 本 787×1092 1/16
印 张 18.25
插 页 4
字 数 203,000
版 次 2018 年 10 月第 1 版
印 次 2018 年 10 月第 1 次印刷
ISBN 978-7-208-15415-5/D·3276
定 价 58.00 元